全国环境影响评价工程师职业资格考试系列参考资料

环境影响评价相关法律法规
基础过关 800 题

（2020 年版）

雷　芬　主编

中国环境出版集团・北京

图书在版编目（CIP）数据

环境影响评价相关法律法规基础过关800题：2020年版/雷芬主编．—13版．—北京：中国环境出版集团，2020.3

全国环境影响评价工程师职业资格考试系列参考资料

ISBN 978-7-5111-4297-9

Ⅰ．①环…　Ⅱ．①雷…②徐　Ⅲ．①环境影响评价法—中国—资格考试—习题集　Ⅳ．①D922.68-44

中国版本图书馆CIP数据核字（2020）第024194号

出 版 人　武德凯
责任编辑　黄晓燕
文字编辑　张　倩
责任校对　任　丽
封面制作　宋　瑞

更多信息，请关注
中国环境出版集团
第一分社

出版发行　中国环境出版集团
（100062　北京市东城区广渠门内大街16号）
网　　址：http://www.cesp.com.cn
电子邮箱：bjgl@cesp.com.cn
联系电话：010-67112765（编辑管理部）
010-67112735（第一分社）
发行热线：010-67125803，010-67113405（传真）

印　　刷　北京中科印刷有限公司
经　　销　各地新华书店
版　　次　2007年1月第1版　2020年3月第13版
印　　次　2020年3月第1次印刷
开　　本　787×960　1/16
印　　张　15.5
字　　数　280千字
定　　价　37.00元

本 书 编 委 会

主　编　雷　芬

副主编　刘玉龙　胡伟伟

成　员　徐　颂　王　杰　柯　莺　徐　菲　贠　汶

张智锋　杨怡婷　孙　蕊　程晓庆

前 言

环境影响评价是我国环境管理制度之一，是从源头上预防环境污染的主要手段。环境影响评价工程师职业资格考试制度是提高环境影响评价水平的一种有效举措，自2005年实施以来，对于整体提高我国环境影响评价从业人员的专业素质起到了很大的推进作用。考试科目设《环境影响评价相关法律法规》、《环境影响评价技术导则与标准》、《环境影响评价技术方法》、《环境影响评价案例分析》共四科，其中前三个科目的考试全部采用客观题，包括单项选择题和不定项选择题。

为帮助广大考生省时高效地复习应考，我们在总结多年来考试试题的基础上，以最新的法律、法规、各种技术导则、标准和方法为依据，严格按照本年度考试大纲要求，精心编写了本书。本书的全部试题完全按照历年考试试题的形式和考试要求编写，题目涵盖了大纲所有的考点，知识点突出、覆盖面广、仿真性强，部分练习在答案中附有详细解析，方便考生使用。

本书的编写原则是强调实战，急考生之所急，有的放矢，在短时间内帮助考生快速提高应考能力。因为在复习过程中，做练习是检验复习效果的有效方法，也是提高考试成绩的理想途径。

本书可作为环境影响评价工程师考试的辅导材料，并可供高等院校环境科学、环境工程等相关专业教学时参考。

本书是在徐颂老师往年主编图书的基础上完成的，在编写的过程中得到了徐颂老师的精心指导和大力支持，在此表示衷心的感谢。还要感谢中圣环境科技发展有限公司领导和同事在本书编写过程中给予的协助和大力支持。本书编写过程中也参阅了部分国内相关文献和书籍，在此一并感谢。同时感谢中国环境出版集团黄晓燕编辑及其同事们为本书付出的劳动。

尽管我们为本书的编写付出了大量的精力，但由于编者水平有限，本书的内容仍然可能存在疏漏，不足之处在所难免，敬请同行和读者批评指正。编者联系方式：zhifzhang@qq.com。

编　者

2020年2月

目　录

第一章　环境保护法

一、单项选择题（每题的备选选项中，只有一个最符合题意）

1．《环境保护法》所称的环境是指影响人类生存和发展的各种（　）的总体。

A．自然因素和社会因素　　B．社会因素和文化因素

C．经济因素和自然因素　　D．天然的和经过人工改造的自然因素

2．根据《环境保护法》，下列环境因素中不属于人工改造的自然因素是（　）。

A．城市　　B．名胜古迹

C．农村　　D．湿地

3．根据《环境保护法》中所称“环境”的含义，下列环境因素中属于经过人工改造的自然因素是（　）。

A．矿藏　　B．野生生物

C．人文遗迹　　D．自然遗迹

4．根据《环境保护法》，环境保护坚持的原则是（　）。

A．保护优先、预防为主、防治结合、公众参与、污染者担责

B．保护优先、预防为主、因地制宜、合理利用

C．保护优先、预防为主、综合治理、公众参与、损害担责

D．全面规划、合理布局、综合利用、污染者担责

5．根据《环境保护法》，关于依法进行环境影响评价的有关规定，说法错误的是（　）。

A．编制有关开发利用规划应当依法进行环境影响评价

B．建设对环境有影响的项目，应当依法进行环境影响评价

C．未依法进行环境影响评价的开发利用规划，可以组织实施

D．未依法进行环境影响评价的建设项目，不得开工建设

6．根据《环境保护法》，国家在重点生态功能区、生态环境敏感区和脆弱区等区域（　）。

A．禁止开发　　B．划定生态保护红线，实行严格保护

C．限制开发　　D．允许开发

7．根据《环境保护法》，对具有代表性的各种类型的自然生态系统区域，珍稀、

濒危的野生动植物自然分布区域，应当采取措施加以保护，严禁破坏。该行为的法律责任主体是（　）。

A．县级人民政府　　B．省级人民政府

C．各级人民政府　　D．地方各级人民政府

8．根据《环境保护法》，各级人民政府应当采取措施加以保护、严禁破坏的区域是（　）。

A．河流、湖泊　　B．各种类型的自然生态系统

C．具有科学文化价值的地形地貌　　D．珍稀、濒危野生动物自然分布区

9．下列各种区域中，《环境保护法》明文规定应当采取措施加以保护，严禁破坏的是（　）。

A．温泉　　B．半干旱半湿润区

C．重要的水源涵养区　　D．平原微丘区

10．下列各种事物中，属于《环境保护法》明文规定的各级人民政府应采取措施加以保护，严禁破坏的是（　）。

A．引进的观赏花木物种

B．具有重大科学文化价值的自然遗迹和人文遗迹

C．畜禽养殖场所

D．农田和草场

11．根据《环境保护法》，（　）应当对具有代表性的自然生态系统区域，珍稀濒危的野生动植物自然分布区域、古树名木等采取措施加以保护，严禁破坏。

A．各级人民政府　　B．国务院林业行政主管部门

C．地方野生动植物保护主管部门　　D．国务院环境保护行政主管部门

12．根据《环境保护法》，开发利用自然资源，应当合理开发，（　），保障生态安全，依法制定有关生态保护和恢复治理方案并予以实施。

A．保护生态系统多样性　　B．保护物种多样性

C．保护基因多样性　　D．保护生物多样性

13．根据《环境保护法》，对于开发利用自然资源，说法错误的是（　）。

A．应当合理开发

B．保护生物多样性、保障生态安全

C．应当限制开发

D．制定有关生态保护和恢复治理方案并予以实施

14．根据《环境保护法》，（　）应当采取措施，防止对生物多样性的破坏。

A．引进外来物种

B．研究、开发和利用生物技术

C．引进外来物种以及研究、开发和利用生物技术

D．开发利用自然资源

15．根据《环境保护法》，关于加强对农业环境的保护，下列说法中，正确的是（　）。

A．各级人民政府应当加强对农业环境的保护，促进农业环境保护新技术的使用，加强对农业污染源的监测预警

B．各级人民政府及其农业等有关部门和机构应当加强对农业环境的保护，促进农业环境保护新技术的使用，加强对农业污染源的监测预警

C．各级农业主管部门应当加强对农业环境的保护，促进农业环境保护新技术的使用，加强对农业污染源的监测预警

D．各级农业机构应当加强对农业环境的保护，促进农业环境保护新技术的使用，加强对农业污染源的监测预警

16．根据《环境保护法》，（　）应当提高农村环境保护公共服务水平，推动农村环境综合整治。

A．各级人民政府　　B．县级、乡级人民政府

C．各级农业管理部门　　D．各级环境保护主管部门

17．根据《环境保护法》，关于农业、农村环境污染防治的规定，下列说法中，错误的是（　）。

A．不符合农用标准和环境保护标准的固体废物、废水禁止施入农田

B．畜禽养殖场、养殖小区、定点屠宰企业等的选址、建设和管理应当符合有关法律法规规定

C．限制施用农药、化肥等农业投入品，科学处置农用薄膜、农作物秸秆等农业废弃物，防止农业面源污染

D．从事畜禽养殖和屠宰的单位和个人应当采取措施，对畜禽粪便、尸体和污水等废弃物进行科学处置，防止污染环境

18．根据《环境保护法》，关于农业、农村环境污染防治的规定，下列说法中，错误的是（　）。

A．科学处置农用薄膜、农作物秸秆等农业废弃物

B．从事畜禽养殖和屠宰的单位和个人应当采取措施，对畜禽粪便、尸体和污水等废弃物进行科学处置，防止污染环境

C．各级人民政府及其农业等有关部门和机构应当指导农业生产经营者科学种植和养殖，科学合理施用农药、化肥等农业投入品

D．县级、乡级人民政府负责组织农村生活废弃物的处置工作

19．根据《环境保护法》，（　）应当采取措施，推广清洁能源的生产和使

用。

A. 国务院有关部门和地方各级人民政府

B. 地方各级人民政府

C. 地方经济主管部门和环境保护主管部门

D. 国务院环境保护行政主管部门和地方各级人民政府

20. 根据《环境保护法》“三同时”规定，建设项目防治污染的设施必须（ ）。

A. 到上一级环保行政主管部门申报登记

B. 符合经批准的环境影响评价文件的要求，不得擅自拆除或者闲置

C. 经上一级环保行政主管部门验收合格后方可投入生产、使用

D. 经原审批环境影响评价文件的环保行政主管部门验收合格后，方可投入生产、使用

21. 根据《环境保护法》，建设项目防止污染设施，必须与主体工程（ ）。

A. 同时设计、同时施工、同时投产使用

B. 同时设计、同时施工、同时竣工环保验收

C. 同时设计、同时投产使用、同时竣工环保验收

D. 同时施工、同时投产使用、同时竣工环保验收

22. 根据《环境保护法》，排放污染物的企业事业单位，应当建立（ ）制度，明确单位负责人和相关人员的责任。

A. 安全卫生　　B. 生产规模控制

C. 环境保护责任　　D. 计划目标责任

23. 根据《环境保护法》，（ ）应当采取措施，防治在生产建设或者其他活动中产生的废气、废水、废渣等对环境的污染和危害。

A. 地方人民政府

B. 地方环境保护行政主管部门

C. 国务院环境保护行政主管部门

D. 排放污染物的企业事业单位和其他生产经营者

24. 根据《环境保护法》，（ ）应当按照国家有关规定和监测规范安装使用监测设备，保证监测设备正常运行，保存原始监测记录。

A. 排污单位　　B. 地方监控的重点排污单位

C. 重点排污单位　　D. 国家监控的重点排污单位

25. 根据《环境保护法》，国家实行（ ）排放总量控制制度。

A. 重点污染物　　B. 一般污染物

C. 所有污染物　　D. 主要污染物

26. 根据《环境保护法》，重点污染物排放总量控制指标由国务院下达，（ ）

分解落实。

A. 省、自治区、直辖市环境保护主管部门

B. 省、自治区、直辖市人民政府

C. 各级人民政府

D. 各级环境保护行政主管部门

27. 根据《环境保护法》，对超过国家重点污染物排放总量控制指标或者未完成国家确定的环境质量目标的地区，省级以上人民政府环境保护主管部门应当(　)。

A. 暂停审批其新增污染物排放总量的建设项目环境影响评价文件

B. 暂停审批其重点污染物排放总量的建设项目环境影响评价文件

C. 暂停审批其新增重点污染物排放总量的建设项目环境影响评价文件

D. 停止审批其新增重点污染物排放总量的建设项目环境影响报告书

28. 根据《环境保护法》，企业事业单位应当按照国家有关规定制定突发环境事件应急预案，报环境保护主管部门和有关部门（　）。

A. 审批　　B. 备案　　C. 核准　　D. 审查

29. 根据《环境保护法》，当发生突发环境事件时，必须立即采取措施处理，及时通报可能受到污染危害的单位和居民的部门或单位是（　）。

A. 当地县级人民政府　　B. 当地公安行政主管部门

C. 造成突发环境事件的单位　　D. 当地县级环境保护行政主管部门

30. 某企业发生了化学反应釜爆炸，可能造成环境污染事故。根据《环境保护法》，该企业必须立即采取措施处理，及时通报（　）。

A. 当地环境保护行政主管部门，并向当地政府报告，接受调查处理

B. 当地人民政府，并向当地环境保护行政主管部门报告，接受调查处理

C. 可能受到危害的单位和居民，并向环境保护主管部门和有关部门报告

D. 可能受到危害的单位和居民，并向审批该项目环境影响报告书的环境保护行政主管部门和有关部门报告，接受调查处理

31. 根据《环境保护法》，（　）应当建立环境污染公共监测预警机制，组织制定预警方案。

A. 当地县级人民政府　　B. 县级以上人民政府

C. 当地公安行政主管部门　　D. 县级以上环境保护主管部门

32. 根据《环境保护法》，对依法应当编制（　）的建设项目，建设单位应当在编制时向可能受影响的公众说明情况，充分征求意见。

A. 环境影响报告书　　B. 环境影响报告表

C. 环境影响登记表　　D. 可行性研究

33. 根据《环境保护法》，负责审批建设项目环境影响评价文件的部门在收到

建设项目环境影响报告书后，（ ）。

A．应当公开报告书的简本

B．应当全文公开，涉及国家秘密和商业秘密的事项除外

C．应当公开报告书的提纲

D．应当书面公开报告书的全文

34．根据《环境保护法》，建设单位未依法提交建设项目环境影响评价文件，擅自开工建设的，由负有（ ）责令停止建设，处以罚款，并可以责令恢复原状。

A．审批环境影响评价文件的环境保护主管部门

B．审批环境影响评价文件的部门

C．当地环境保护主管部门

D．环境保护监督管理职责的部门

35．根据《环境保护法》，某建设单位的环境影响评价文件未经批准，擅自开工建设，由负有环境保护监督管理职责的部门（ ）。

A．责令停止建设，限期补办手续

B．逾期不补办手续的，可以处于 5 万元以上 20 万以下的罚款

C．责令停止建设，处以罚款，并可以责令恢复原状

D．责令停止建设，处于 5 万元以上 20 万以下的罚款

36．根据《环境保护法》，某建设项目未依法进行环境影响评价，被责令停止建设，但仍拒不执行，由（ ）对其直接负责的主管人员和其他直接责任人员进行拘留。

A．县级以上人民政府环境保护主管部门或者其他有关部门

B．县级以上人民政府

C．县级以上人民政府环境保护主管部门或者其他有关部门将案件移送公安机关

D．县级以上人民政府环境保护主管部门或者其他有关部门将案件移送司法机关

37．根据《环境保护法》，环境影响评价机构在环境服务活动中弄虚作假，对造成的环境污染和生态破坏负有责任的，除依照有关法律法规规定予以处罚外，还应当与造成环境污染和生态破坏的其他责任者承担（ ）。

A．行政处罚责任

B．连带责任

C．行政拘留责任

D．赔偿责任

38．根据《环境保护法》，下列关于严重污染环境的工艺、设备和产品的管理规定，说法正确的是（ ）。

A．国家对严重污染环境的材料、工艺、设备和产品实行淘汰制度

B．任何单位和个人不得生产、销售或者转移、使用严重污染环境的工艺、设备和产品

C．限制引进不符合我国环境保护规定的技术、设备、材料和产品

D．任何单位和个人不得生产、转移、使用污染环境的工艺、设备和产品

39．根据《环境保护法》，下列关于突发环境事件的规定，说法正确的是（　）。

A．仅企业事业单位，应当依照《中华人民共和国突发事件应对法》的规定，做好突发环境事件的风险控制、应急准备、应急处置和事后恢复等工作

B．县级以上环境保护主管部门应当建立环境污染公共监测预警机制，组织制定预警方案

C．企业事业单位应当按照国家有关规定制定突发环境事件应急预案，报环境保护主管部门和有关部门审批

D．在发生或者可能发生突发环境事件时，企业事业单位应当立即采取措施处理，及时通报可能受到危害的单位和居民，并向环境保护主管部门和有关部门报告

40．根据《环境保护法》，关于农业生产经营环境保护的相关规定的规定，说法正确的是（　）。

A．农业生产经营者要科学种植和养殖，限制施用农药、化肥等农业投入品

B．严格限制将不符合农用标准和环境保护标准的固体废物、废水施入农田

C．农业生产经营者要科学处置农用薄膜、农作物秸秆等农业废弃物，防止农业面源污染

D．农业生产经营者负责组织农村生活废弃物的处置工作

二、不定项选择题（每题的备选项中至少有一个符合题意）

1．根据《环境保护法》，下列环境因素中属于天然的因素有（　）。

A．沼泽　　B．滩涂　　C．乡村　　D．土地

2．根据《环境保护法》，属于影响人类生存和发展的各种经过人工改造的自然因素有（　）。

A．城市　　B．乡村　　C．自然遗迹　　D．人文遗迹

3．根据《环境保护法》，下列属环境保护坚持的原则有（　）。

A．谁污染、谁治理　　B．污染者担责

C．损害担责　　D．公众参与

4．根据《环境保护法》，下列属环境保护坚持的原则有（　）。

A．保护优先　　B．防治结合

C．预防为主　　D．污染者付费

5．根据《环境保护法》，下列属环境保护坚持的原则有（　）。

A．综合治理　　B．损害担责

C．公众参与　　D．合理利用

6．根据《环境保护法》，关于依法进行环境影响评价的有关规定，说法正确的是（　）。

A．编制专项规划，应当依法进行环境影响评价

B．建设对环境有影响的项目，应当依法进行环境影响评价

C．所有建设项目，应当依法进行环境影响评价

D．编制综合性规划，应当依法进行环境影响评价

7．根据《环境保护法》，关于依法进行环境影响评价的有关规定，说法正确的是（　）。

A．未依法进行环境影响评价的建设项目，不得开工建设

B．未依法进行环境影响评价的建设项目，可以补办环境影响评价

C．未依法进行环境影响评价的开发利用规划，不得组织实施

D．未依法进行环境影响评价的开发利用规划，审批机关可以审批

8．根据《环境保护法》，国家在（　）划定生态保护红线，实行严格保护。（　）

A．重点生态功能区　　B．生态环境敏感区

C．主体功能区　　D．生态环境脆弱区

9．根据《环境保护法》，以下应当由各级人民政府采取措施加以保护，严禁破坏的是（　）。

A．具有重大科学文化价值的地质构造　　B．重要的水源涵养区域

C．人文遗迹、古树名木　　D．著名溶洞和化石分布区

10．根据《环境保护法》，为了防止生物多样性保护的破坏，说法正确的有（　）。

A．引进外来物种，应当采取措施

B．研究生物技术，应当采取措施

C．开发生物技术，应当采取措施

D．利用生物技术，应当采取措施

11．根据《环境保护法》，各级人民政府应加强对农业环境的保护，农业环境保护包括（　）。

A．防治地面沉降　　B．防治植被破坏

C．防治土壤污染、土地沙化、石漠化　　D．水体富营养化

12．根据《环境保护法》，加强农业环境保护的有关规定包括（　）。

A．防治水土流失　　B．防治水源枯竭、种源灭绝

C．推广植物病虫害的综合防治　　D．防治土地沙化、盐渍化、贫瘠化

13．根据《环境保护法》，加强农业环境保护及污染防治的要求包括（　）。

A．科学合理施用化肥

B．禁止使用农药

C．科学处置农用薄膜、农作物秸秆等农业废弃物

D．推广植物病虫害的综合防治

14．根据《环境保护法》，企业在清洁生产和资源循环利用方面，说法正确的有（　）。

A．应当优先使用清洁能源

B．采用资源利用率高、污染物排放量少的工艺、设备

C．废弃物综合利用技术和污染物无害化处理技术

D．经济合理的废弃物利用技术和污染物处理技术

15．根据《环境保护法》，企业在清洁生产和资源循环利用方面，说法正确的有（　）。

A．废弃物综合利用技术　　B．资源利用率适中的设备和工艺

C．污染排放量适中的设备和工艺　　D．污染物无害化处理技术

16．根据《环境保护法》，关于建设项目防治污染设施“三同时”的规定包括（　）。

A．公用工程应当与主体工程同时投产使用

B．防治污染的设施应当与主体工程同时开工

C．防治污染的设施应当与主体工程同时设计

D．防治污染的设施应当与主体工程同时投产使用

17．根据《环境保护法》，关于建设项目防治污染设施“三同时”的规定，下列说法中，正确的是（　）。

A．建设项目中防治污染的设施，必须与主体工程同时设计、同时施工、同时投产使用

B．防治污染的设施应当符合经批准的环境影响评价文件的要求，不得擅自拆除或者闲置

C．防治污染的设施必须经原审批环境影响报告书的环境保护行政主管部门验收合格后，该建设项目方可投入生产或者使用

D．防治污染的设施不得擅自拆除或者闲置，确有必要拆除或者闲置的，必须征得所在地环境保护行政主管部门同意

18．根据《环境保护法》，排放污染物的企业事业单位和其他生产经营者，应当采取措施，防治在生产建设或者其他活动中产生的（　）对环境的污染和危害。

A．废气、废水、废渣　　B．粉尘、恶臭气体、电磁辐射

C．噪声、振动、放射性物质　　D．医疗废物、光辐射

19．根据《环境保护法》，下列（　）排污单位应当采取措施，防治在生产建设或者其他活动中产生的废气、废水、废渣等对环境的污染和危害。

A．企业　　B．国有事业单位

C．民办非企业单位　　D．个体工商户

20．根据《环境保护法》，关于排污者防治污染责任的规定，下列（　）的行为是禁止的。

A．通过暗管、渗井、渗坑、灌注排放污染物

B．篡改、伪造监测数据违法排放污染物

C．修改在线监测设备的参数，将超标排放变成“达标”排放

D．在在线监测设备的采样管上私接稀释装置，造成样品失真

21．根据《环境保护法》，关于排污者防治污染责任的规定，下列（　）的说法是错误的。

A．排放污染物的事业单位可以不采取措施，防治在生产建设或者其他活动中产生的各种污染物对环境的污染和危害

B．严禁通过篡改、伪造监测数据违法排放污染物

C．排放污染物的企业事业单位，应当建立环境保护责任制度，明确单位负责人和相关人员的责任

D．排污单位应当按照国家有关规定和监测规范安装使用监测设备，保存原始监测记录

22．根据《环境保护法》，关于国家实行重点污染物排放总量控制的说法，正确的有（　）。

A．重点污染物排放总量控制指标由国务院环境保护主管部门下达

B．重点污染物排放总量控制指标由省、自治区、直辖市人民政府分解落实

C．企业事业单位在执行国家和地方污染物排放标准的同时，应当遵守分解落实到本单位的重点污染物排放总量控制指标

D．企业事业单位只需执行国家和地方污染物排放标准的同时，对于分解落实到本单位的重点污染物排放总量控制指标可以不管

23．根据《环境保护法》，对（　），省级以上人民政府环境保护主管部门应当暂停审批其新增重点污染物排放总量的建设项目环境影响评价文件。

A．超过国家和地方污染物排放标准的地区

B．超过国家重点污染物排放总量控制指标的地区

C．未完成国家确定的生态功能区指标的地区

D．未完成国家确定的环境质量目标的地区

24．根据《环境保护法》，各级人民政府及其有关部门和企业事业单位，应当

依照《中华人民共和国突发事件应对法》的规定，做好突发环境事件的（　）等工作。

A．风险控制　　B．应急准备　　C．应急处置　　D．事后恢复

25．某企业发生化学品储罐泄漏，造成环境污染事故。根据《环境保护法》，该企业处理这一突发事件正确的做法应当包括（　）。

A．接受有关部门的调查处理

B．立即采取措施处理污染事故

C．及时通报可能受到污染危害的单位和居民

D．污染事故得到有效控制后，不再向当地环境保护行政主管部门和有关部门报告

26．根据《环境保护法》，关于突发环境事件的说法，正确的是（　）。

A．环境受到污染，可能影响公众健康和环境安全时，县级以上人民政府依法及时公布预警信息，启动应急措施

B．突发环境事件应急处置工作中，有关人民政府应当立即组织评估事件造成的环境影响和损失，并及时将评估结果向社会公布

C．企业事业单位应当按照国家有关规定制定突发环境事件应急预案，报当地人民政府备案

D．企业事业单位应当建立环境污染公共监测预警机制，组织制定预警方案

27．根据《环境保护法》，依法应当编制环境影响报告书的建设项目，对于环境影响评价的信息公开和公众参与的有关规定，说法错误的是（　）。

A．建设单位应当在编制后向可能受影响的公众说明情况，充分征求意见

B．建设单位应当在编制时向可能受影响的公众说明情况，充分征求意见

C．环评单位应当在编制时向可能受影响的公众说明情况，充分征求意见

D．建设单位应当在编制时向 2 km 范围内的公众说明情况，充分征求意见

28．根据《环境保护法》，关于环境影响评价的信息公开和公众参与的有关规定，说法正确的是（　）。

A．负责审批建设项目环境影响评价文件的部门在收到建设项目环境影响报告书后，应当全文公开

B．负责审批建设项目环境影响评价文件的部门在收到建设项目环境影响报告书后，除涉及国家秘密和商业秘密的事项外，应当全文公开

C．环评文件审批机关发现建设项目未充分征求公众意见的，应当把环评报告书退回在建设单位，要求重新编制，并开展公众参与工作

D．当地环境保护主管部门在收到建设项目环境影响报告书后，除涉及国家秘密和商业秘密的事项外，应当全文公开

29. 根据《环境保护法》，对（　）情况，由负有环境保护监督管理职责的部门责令停止建设，处以罚款，并可以责令恢复原状。

A. 建设单位未依法提交建设项目环境影响评价文件，擅自开工建设的

B. 建设单位未进行"三同时"验收的

C. 环境影响评价文件未经批准，擅自开工建设的

D. 建设单位改变了工艺、产能的

30. 根据《环境保护法》，建设单位未依法提交建设项目环境影响评价文件或者环境影响评价文件未经批准，擅自开工建设的，由负有环境保护监督管理职责的部门可以进行的处罚形式有（　）。

A. 限期补办环评手续　　B. 责令停止建设

C. 处以罚款　　D. 并可以责令恢复原状

31. 根据《环境保护法》，对（　）情况，企业事业单位和其他生产经营者尚不构成犯罪的，需行政拘留。

A. 建设项目未依法进行环境影响评价，被责令停止建设，拒不执行的

B. 环境影响评价文件未经批准，擅自开工建设的

C. 违反法律规定，未取得排污许可证排放污染物，被责令停止排污，拒不执行的

D. 生产、使用国家明令禁止生产、使用的农药，被责令改正，拒不改正的

32. 根据《环境保护法》，国家对严重污染环境的（　）实行淘汰制度。

A. 工艺　　B. 设备　　C. 材料　　D. 产品

33. 根据《环境保护法》，任何单位和个人不得（　）严重污染环境的工艺、设备和产品。

A. 生产　　B. 销售　　C. 转移　　D. 使用

34. 根据《环境保护法》，禁止引进不符合我国环境保护规定的（　）。

A. 工艺　　B. 设备　　C. 材料　　D. 产品

35. 根据《环境保护法》，（　）应当依照《中华人民共和国突发事件应对法》的规定，做好突发环境事件的风险控制、应急准备、应急处置和事后恢复等工作。

A. 各级人民政府　　B. 有关部门　　C. 企业单位　　D. 事业单位

36. 根据《环境保护法》，各级人民政府及其有关部门和企业事业单位，应当依照《中华人民共和国突发事件应对法》的规定，做好突发环境事件的（　）等工作。

A. 风险控制　　B. 事后恢复

C. 应急准备　　D. 应急处置

37．根据《环境保护法》，关于农业生产经营环境保护的相关规定的规定，说法错误的是（　）。

A．县级环境保护主管部门负责组织农村生活废弃物的处置工作

B．严格限制作用农用薄膜，科学处置农作物秸秆等农业废弃物，防止农业面源污染

C．从事畜禽养殖和屠宰的单位和个人应当采取措施，对畜禽粪便、尸体和污水等废弃物进行科学处置，防止污染环境

D．畜禽养殖场、养殖小区、定点屠宰企业等的选址、建设和管理应当符合有关法律法规规定

38．各级人民政府应当在财政预算中安排资金，支持（　）等环境保护工作。

A．农村饮用水水源地保护

B．生活污水和其他废弃物处理

C．畜禽养殖和屠宰污染防治

D．大气污染防治

参考答案

一、单项选择题

1．D　【解析】环保法对环境的定义采取概括加列举的方式，本法对环境作广义的理解，可以将环境分为天然环境和人工环境。只受人类轻微干预，尚保持自然风貌的环境也属自然环境。

2．D　【解析】新环保法在列举的环境要素中增加了“湿地”。湿地是指陆地和水域的过渡地带，包括沼泽、滩涂、湿草地等，也包括低潮时水深不超过 6 m 的水域。它具有净化水源、蓄洪抗旱、提供野生生物良好栖息地等功能。湿地也被称为“地球之肾”。

3．C　4．C　5．C　6．B　7．C

8．D　【解析】对于“各种类型的自然生态系统”应具有“代表性”。“地质构造、著名溶洞和化石分布区、冰川、火山、温泉等自然遗迹”应具有“重大科学文化价值”才须采取措施加以保护、严禁破坏。

9．C　【解析】选项 A 前面应加上“重大科学文化价值”几个字才正确。

10．B　11．A

12．D　【解析】生物多样性包括生态系统、物种、基因的多样性。

13．C　14．C

15. A 【解析】第三十三条：各级人民政府应当加强对农业环境的保护，促进农业环境保护新技术的使用，加强对农业污染源的监测预警。

16. B 【解析】第三十三条明确了具体担负起提高农村环境保护公共服务水平的责任主体是县级、乡级人民政府。县级、乡级人民政府更加拉近基层，更加接地气，方便开展此项工作。注意区别第四十九条的责任主体。第四十九条：各级人民政府及其农业等有关部门和机构应当指导农业生产经营者科学种植和养殖，科学合理施用农药、化肥等农业投入品，科学处置农用薄膜、农作物秸秆等农业废弃物，防止农业面源污染。另外，注意“农业”和“农村”用词的不同。

17. C

18. D 【解析】第四十九条：县级人民政府负责组织农村生活废弃物的处置工作。

19. A

20. B 【解析】选项 D 是旧环保法的内容，环保法第四十一条没有明确规定。

21. A 22. C 23. D

24. C 【解析】重点排污单位包括国家监控的重点排污单位和地方监控的重点排污单位，具体名录由生态环境部和地方环保部门公布。

25. A 【解析】第四十四条：国家实行重点污染物排放总量控制制度。重点污染物每个时期是不同的，如“十二五”期间，国家控制重点污染物为化学需氧量、氨氮、二氧化硫、氮氧化物。

26. B

27. C 【解析】对于节能减排不增加重点污染物排放总量的建设项目，不受影响，因此，选项 B 不能选。环境影响评价文件包括报告书、报告表、登记表。

28. B 29. C 30. C 31. B

32. A 【解析】环保法只规定了编制环影响报告书的建设项目，需要公众参与。报告表和登记表没有强制要求。

33. B 【解析】环保法并没有规定全文公开的形式，可以是书面公开，也可以电子数据公开。

34. D 【解析】执法主体是环境保护监督管理职责的部门。这里不限于环境保护部门，还包括其他有审批环境影响评价文件的部门，如海洋环境保护部门；也不限于有审批环境影响评价文件的部门，有可能是审批环境影响评价文件的部门的上级部门，或者受原审批环境影响评价文件部门的委托的部门。

35. C 【解析】第六十一条：建设单位未依法提交建设项目环境影响评价文件或者环境影响评价文件未经批准，擅自开工建设的，由负有环境保护监督管理职责的部门责令停止建设，处以罚款，并可以责令恢复原状。

36．C 【解析】行政拘留权只能由县级以上公安机关才能行使。

37．B 【解析】如果环境影响评价机构接受委托后，与委托人恶意串通，在环境影响评价活动中弄虚作假，致使环评结果严重失实，或者环境影响评价机构虽未与委托人恶意串通，但为了保住自己的市场地位，明知委托人提供的材料虚假，却故意作出有利于委托人的评价，致使评价结果严重失实。无论哪种情况，委托人获得环评批复后，其经营行为造成了环境污染或者生态破坏，除依照有关法律规定对委托人和环评机构予以处罚外，环评机构还应当与委托人对给第三人造成的损害承担连带责任。

38．B 【解析】第四十六条：国家对严重污染环境的工艺、设备和产品实行淘汰制度。任何单位和个人不得生产、销售或者转移、使用严重污染环境的工艺、设备和产品。禁止引进不符合我国环境保护规定的技术、设备、材料和产品。

39．D 【解析】选项A的正确说法是各级人民政府及其有关部门和企业事业单位，应当依照《中华人民共和国突发事件应对法》的规定，做好突发环境事件的风险控制、应急准备、应急处置和事后恢复等工作。选项B的正确说法是：县级以上人民政府应当建立环境污染公共监测预警机制，组织制定预警方案。选项C的正确说法是：企业事业单位应当按照国家有关规定制定突发环境事件应急预案，报环境保护主管部门和有关部门备案。

40．C 【解析】选项A的正确说法是：各级人民政府及其农业等有关部门和机构应当指导农业生产经营者科学种植和养殖，科学合理施用农药、化肥等农业投入品，科学处置农用薄膜、农作物秸秆等农业废弃物，防止农业面源污染。选项B正确说法是：禁止将不符合农用标准和环境保护标准的固体废物、废水施入农田。选项D的正确说法是：县级人民政府负责组织农村生活废弃物的处置工作。

二、不定项选择题

1．ABD 【解析】沼泽、滩涂、湿草地等属湿地的一种类型。

2．ABD

3．CD 【解析】本法的“损害”是指有污染环境和破坏生态的行为。污染者担责原则只体现了污染者的责任，不能涵盖生态破坏者的责任。

4．AC

5．ABC 【解析】“保护优先、预防为主、综合治理、公众参与、损害担责”原则可以从不同的方式命题，需记住。

6．ABD 【解析】编制有关开发利用规划，应当依法进行环境影响评价。这里的有关开发利用规划，包括综合性规划和专项规划，综合性规划编制环境影响篇章或者说明，专项规划编制环境影响报告书。

7．AC 【解析】未依法进行环境影响评价的建设项目，《环评法》可以补办环境影响评价，但环保法不能补办，环保法是后法，与前法不一致时，以后法为准。

8．ABD 【解析】所谓重点生态功能区，是水源涵养、土壤保护、防风固沙、生物多样性保护和洪水调蓄五类关系国家或区域生态安全的地域空间。所谓生态环境敏感区，是指对外界干扰和环境保护反应敏感，易于发生生态退化的区域。包括土壤侵蚀敏感区、沙漠化敏感区、盐渍化敏感区、石漠化敏感区和冻融侵蚀敏感区等。所谓生态环境脆弱区，也称生态交错区，是指两种不同类型生态系统交界过渡区域。《全国生态脆弱区保护规划纲要》明确提出了东北林草交错区、北方农牧交错区、西北荒漠绿洲交接区、南方红壤丘陵山地区、西南岩溶山地石漠化区、西南山地农牧交错区、青藏高原复合侵蚀区、沿海水陆交接带等是我国主要的陆地生态脆弱区类型。注意：此考点应与相关产业政策结合一并复习。

9．ABC 【解析】具有重大科学文化价值的地质构造、著名溶洞和化石分布区、冰川、火山、温泉等自然遗迹，以及人文遗迹、古树名木，应当采取措施予以保护，严禁破坏。注意：“具有重大科学文化价值”这几个字。

10．ABCD 【解析】新环保法中规定的“研究、开发和利用生物技术”，目前，主要的生物技术是转基因技术。

11．ABCD 【解析】新环保法对于农业环境的保护的规定进行了进一步的完善，增加了“石漠化”“水体富营养化”等情形。

12．ABCD

13．ACD 【解析】此题结合环保法的第三十三条和第四十九条的内容出题。

14．ABC 【解析】第四十条：企业应当优先使用清洁能源，采用资源利用率高、污染物排放量少的工艺、设备以及废弃物综合利用技术和污染物无害化处理技术，减少污染物的产生。选项 D 是旧环保法的说法。

15．AD

16．BCD

【解析】《中华人民共和国环境保护法》第四十一条对“三同时”制度再次给予确认：建设项目中防治污染的设施，应当与主体工程同时设计、同时施工、同时投产使用。防治污染的设施应当符合经批准的环境影响评价文件的要求，不得擅自拆除或者闲置。

17．AB 【解析】选项 CD 是旧环保法的内容。新环保法对于防治污染的设施的验收和拆除或者闲置，由哪级环境保护行政主管部门执行，没有明确的规定，目的是为整合环保审批环节、简化审批程序留下余地。“三同时”验收可以与第 45 条有排污许可管理制度的规定结合进行管理。

18．ABCD　【解析】相对于旧环保法，新环保法第四十二条列举了 11 种污染，增加了“医疗废物”“光辐射”。

19．ABCD　【解析】四个选项都属“排放污染物的企业事业单位和其他生产经营者”。

20．ABCD　【解析】第四十二条第四款：严禁通过暗管、渗井、渗坑、灌注或者篡改、伪造监测数据，或者不正常运行防治污染设施等逃避监管的方式违法排放污染物。选项 CD 属于“不正常运行防治污染设施等逃避监管的方式”。

21．AD　【解析】并不是所有的排污单位都要求安装使用监测设备。

22．BC　【解析】重点污染物排放总量控制指标由国务院下达。

23．BD　【解析】第四十四条第二款：对超过国家重点污染物排放总量控制指标或者未完成国家确定的环境质量目标的地区，省级以上人民政府环境保护主管部门应当暂停审批其新增重点污染物排放总量的建设项目环境影响评价文件。

24．ABCD

25．BC　【解析】新环保法中，没有 A 选项的内容。

26．A　【解析】选项 B 的正确说法是：突发环境事件应急处置工作结束后，有关人民政府应当立即组织评估事件造成的环境影响和损失，并及时将评估结果向社会公布。企业、事业单位应当按照国家有关规定制定突发环境事件应急预案，报环境保护主管部门和有关部门备案。公共监测预警机制应当是政府该做的事，不是企业、事业单位能做的。

27．ACD　【解析】第五十六条：对依法应当编制环境影响报告书的建设项目，建设单位应当在编制时向可能受影响的公众说明情况，充分征求意见。这条应注意“一个坚持”“三个新发展”，“一个坚持”是编制环境影响报告书的建设项目需执行公众参与环节。“三个新发展”是：第一，公众参与的时间应当在编制时；第二，公众参与的范围是可能受影响的公众，并不是所有的公众；第三，对公众参与的程度作了要求，是“充分”。

28．BC　【解析】选项 C 的意思是：审批机关发现建设项目未充分征求公众意见的，应当责成建设单位征求公众意见。选项 D 的错误在于并不是所有的环境保护主管部门有审批权限。

29．AC

30．BCD　【解析】新环保法没有“限期补办环评手续”的规定。环评法与环保法规定不一致的，适用本法。对于一般的未批先建行为，应当责令停止建设，处以罚款；对于情形恶劣的，严重不符合环保管理要求的，在责令停止建设，处以罚款的同时，还应当拆除已经建成的部分。

31．ACD　【解析】第六十三条规定了四种进行行政拘留。除本三个选项外，还有一种情形也会受到行政拘留：通过暗管、渗井、渗坑、灌注或者篡改、伪造监测数据，或者不正常运行防治污染设施等逃避监管的方式违法排放污染物的。

32．ABD　33．ABCD　34．ABCD

35．ABCD　【解析】各级人民政府及其有关部门和企业事业单位，应当依照《中华人民共和国突发事件应对法》的规定，做好突发环境事件的风险控制、应急准备、应急处置和事后恢复等工作。

36．ABCD

37．AB　【解析】选项 A 的正确说法是：县级人民政府负责组织农村生活废弃物的处置工作。选项 B 的正确说法是：科学处置农用薄膜、农作物秸秆等农业废弃物，防止农业面源污染。

38．ABC

第二章　环境影响评价法及规划环评

一、单项选择题（每题的备选选项中，只有一个最符合题意）

1．《环境影响评价法》中所称环境影响评价，是指对规划和建设项目实施后可能造成的环境影响进行分析、预测和评估，提出（　）不良环境影响的对策和措施，进行跟踪监测的方法与制度。

A．预防或者减轻　　B．预防

C．减轻　　D．预防和减轻

2．《环境影响评价法》中所称环境影响评价，是指对（　）实施后可能造成的环境影响进行分析、预测和评估，提出预防或者减轻不良环境影响的对策和措施，进行跟踪监测的方法与制度。

A．规划项目　　B．建设项目

C．规划和建设项目　　D．计划项目

3．《环境影响评价法》中所称环境影响评价，是指对规划和建设项目实施后可能造成的环境影响进行（　），提出预防或者减轻不良环境影响的对策和措施，进行跟踪监测的方法与制度。

A．分析和预测　　B．评估

C．预测和评估　　D．分析、预测和评估

4．《环境影响评价法》中所称环境影响评价，是指对规划和建设项目实施后可能造成的环境影响进行分析、预测和评估，提出预防或者减轻不良环境影响的对策和措施，进行跟踪监测的（　）。

A．方法　　B．方法与制度　　C．制度　　D．规章

5．《环境影响评价法》中所称环境影响评价，是指对规划和建设项目实施后可能造成的环境影响进行分析、预测和评估，提出预防或者减轻不良环境影响的对策和措施，进行（　）的方法与制度。

A．监测　　B．跟踪监测　　C．跟踪调查　　D．后评价

6．《环境影响评价法》规定：环境影响评价必须（　），综合考虑规划或者建设项目实施后对各种环境因素及其所构成的生态系统可能造成的影响，为决策提供科学依据。

A．客观、公开、公正　　B．公平、公开、公正
C．客观、公开　　D．科学、公开、公平

7．根据《环境影响评价法》，环境影响评价必须客观、公开、公正，综合考虑规划或者建设项目实施后对各种环境因素及其所构成的（　）可能造成的影响，为决策提供科学依据。

A．生境　　B．生物群落　　C．生态景观　　D．生态系统

8．根据《环境影响评价法》，国务院有关部门、设区的市级以上地方人民政府及其有关部门，对其组织编制的（　），应当在规划编制过程中，组织进行环境影响评价，编写该规划有关环境影响的篇章或者说明。

A．海域的建设、开发利用规划　　B．经济技术开发区有关专项规划
C．农业专项规划　　D．环境保护规划

9．根据《环境影响评价法》，对（　）应当在规划编制过程中组织环境影响评价，编写该规划有关环境影响的篇章或者说明。

A．土地利用的有关规划　　B．钢铁生产规划
C．能源规划　　D．文化教育发展规划

10．根据《环境影响评价法》，规划的环境影响评价分为（　）。

A．编写规划有关环境影响的篇章与说明书
B．编写规划有关环境影响的说明与报告表
C．编写规划有关环境影响的篇章或者说明和提出环境影响报告书
D．编写规划有关环境影响报告书和报告表

11．根据《环境影响评价法》，下列需要编制专项规划环境影响报告书的是（　）。

A．省级旅游区的总体规划　　B．教育发展规划
C．网络发展规划　　D．防止自然灾害规划

12．根据《环境影响评价法》，编制机关应当在报送审查的规划环境影响报告书中附具对（　）的说明。

A．公众意见采纳或不采纳　　B．公众概况
C．听证会概况　　D．网站公示情况

13．根据《环境影响评价法》，专项规划的编制机关对可能造成不良环境影响并直接涉及公众权益的规划，应当在规划草案（　）举行论证会、听证会，征求有关单位、专家和公众意见。

A．报送审批前　　B．报送审批后
C．报送审批期间　　D．规划编制前

14．根据《环境影响评价法》，专项规划的编制机关在报批规划草案时，未附送《环境影响评价法》规定有关文件，审批机关将（　）。

A．不予审批　　B．受理登记　　C．给予审批　　D．注册处理

15．根据《环境影响评价法》，国务院有关部门、设区的市级以上地方人民政府及其有关部门，对其组织编制的土地利用的有关规划、区域、流域、海域的建设开发利用规划，应当在规划编制过程中组织进行环境影响评价，编写（　）。

A．环境影响报告表　　B．环境影响登记表

C．环境影响报告书　　D．有关环境影响的篇章或说明

16．根据《环境影响评价法》，某设区的市级人民政府组织编制工业专项规划时进行了环境影响评价，所编制环境影响评价文件应提交给（　）审查。

A．该市行业主管部门　　B．该市生态环境主管部门

C．该市人民政府　　D．上一级环保行政主管部门

17．根据《环境影响评价法》，专项规划的编制机关对可能造成不良环境影响并直接涉及公众环境权益的规划，应当在该规划草案（　），征求公众对环境影响报告书草案的意见。

A．报送审批后　　B．报送审批前

C．正式批准前　　D．报送审批过程中

18．设区的某市发改委组织编制工业发展规划。报送审查的环评报告书草案的公众意见作采纳或者不采纳说明的单位应当是（　）。

A．该市环保局　　B．该市规划局

C．该市发改委　　D．该规划的审批机关

19．环境保护行政主管部门应当在收到专项规划环境影响报告书之日起（　）日内，对专项规划环境影响报告书进行审查，审查小组应当提出书面审查意见。

A．10　　B．15　　C．20　　D．30

20．根据《环境影响评价法》，对环境有重大影响的规划实施后，编制机关应当及时组织（　），并将结果报告审批机关。

A．环境审计　　B．公众参与

C．专家小组审议　　D．环境影响跟踪评价

21．根据《环境影响评价法》，设区的某市发改委组织编制该市高新技术产业规划。该市人民政府在审批专项规划草案，作出决策前，应当先由（　）指定生态环境主管部门或者其他部门召集有关部门代表和专家组成审查小组，对环境影响报告书进行审查。

A．该市发改委　　B．该市人民政府

C．该市的上级人民政府　　D．该市的上级生态环境主管部门

22．某设区的市人民政府拟制定煤炭发展规划。根据《环境影响评价法》及其配套规章，该市政府应当组织进行该规划的环境影响评价，编制该规划的（　）。

A．环境影响登记表　　B．环境影响篇章或说明

C．环境影响报告表　　D．环境影响报告书

23．根据《环境影响评价法》，专项规划环境影响评价过程中进行公众参与的主体是（　）。

A．规划编制机关　　B．规划审批机关

C．规划的环境影响评价单位　　D．环境保护行政主管部门

24．某省人民政府拟报送一流域水电规划草案。根据《环境影响评价法》和《规划环境影响评价条例》，该省人民政府在报送该规划草案时，应当（　）。

A．将该规划的环境影响报告书一并附送规划审批机关审查

B．只将审查小组对该规划的环境影响报告书的审查意见一并附送规划审批机关审查

C．将该规划的环境影响篇章或说明作为规划草案的组成部分报送规划审批机关

D．只将有关单位、专家和公众对该规划的环境影响报告书的意见一并附送规划审批机关审查

25．审查小组在审查某省跨流域调水规划环境影响报告书时，发现其中未就跨流域调水对生态系统的影响进行评价。根据《规划环境影响评价条例》，审查小组提出的审查意见应当是（　）。

A．对该规划的环境影响报告书进行修改并重新审查

B．对该规划的环境影响报告书进行修改并重新征求公众意见

C．对该规划的环境影响报告书进行修改并报环境保护主管部门审批

D．对该规划的环境影响报告书进行修改并与规划草案一并报送规划审批机关审批

26．某设区的市级人民政府在审批电镀行业规划草案时，拟不采纳审查小组对环境影响报告书的审查意见。根据《环境影响评价法》，该市人民政府应当（　）。

A．对该规划草案提出重新审查的要求

B．要求规划编制机关重新编制该规划的环境影响报告书

C．对不采纳审查小组的审查意见的理由作出说明，并存档备查

D．对不采纳审查小组的审查意见作出说明，并重新审查该规划的环境影响报告书

27．根据《规划环境影响评价条例》，环境保护主管部门发现某规划实施过程中产生重大不良环境影响时，应当（　）。

A．及时对该规划的环境影响进行核查

B．及时组织该规划环境影响的跟踪评价

C．要求重新编制该规划的环境影响报告书

D．取消编制该规划环境影响报告书的技术机构的资质

28．根据“关于进一步加强规划环境影响评价工作的通知”，以下说法错误的是（　）。

A．建设项目环境影响评价的内容可以根据规划环评的分析论证情况适当简化

B．对可能造成不良环境影响的规划方案，应根据环境影响评价的建议和结论及时进行优化调整

C．规划编制机关在报送审批专项规划草案时，应当将环境影响报告书和其审查意见一并附送规划审批机关

D．对规划实施过程中产生重大不良环境影响的，应当及时进行核查，并向规划审批机关提出采取改进措施或者修订规划的建议

29．国务院有关部门、设区的市级以上（　）及其有关部门，对其组织编制的土地利用的有关规划，区域、流域、海域的建设、开发利用规划，应当在规划编制过程中组织进行环境影响评价，编写该规划有关环境影响的篇章或者说明。

A．环境保护局　　B．地方人民政府

C．环境保护主管部门　　D．规划局

30．根据《环境影响评价法》有关规定，下列规划应当编制环境影响篇章或者说明的是（　）。

A．设区的市级以上流域水电规划

B．设区的市级以上跨流域调水规划

C．设区的市级以上防洪、治涝、灌溉规划

D．设区的市级以上地下水资源开发利用规划

31．某市人民政府编制了土地资源开发整理规划。根据《环境影响评价法》，该规划的环境影响评价文件的形式应当是（　）。

A．环境影响登记表　　B．环境影响报告表

C．环境影响报告书　　D．环境影响的篇章或者说明

32．根据《环境影响评价法》，国务院有关部门、设区的市级以上地方人民政府及其有关部门，对其组织编制的土地利用的有关规划，区域、流域、海域的建设及开发利用规划，应当在规划编制过程中组织进行环境影响评价，编写（　）。

A．环境影响报告表　　B．环境影响登记表

C．环境影响报告书　　D．有关环境影响的篇章或者说明

33．根据《环境影响评价法》，某下设两个区的城市在制定种植业发展规划时，须编制（　）。

A．环境影响报告书　　B．环境影响报告表

C．环境影响登记表　　D．环境影响篇章或者说明

34．根据《环境影响评价法》，组织进行专项规划环境影响评价的时间应当是（　）。

A．规划实施中　　B．规划实施后

C．规划草案上报审批后　　D．规划草案上报审批前

35．根据《环境影响评价法》，国务院有关部门、设区的市级以上地方人民政府及其有关部门，对其组织编制的土地利用的有关规划，区域、流域、海域的建设，开发利用规划，应当在规划（　）组织进行环境影响评价，编写该规划有关环境影响的篇章或者说明。

A．编制完成后　　B．编制完成前

C．大纲完成后　　D．编制过程中

36．规划编制机关在报送审批综合性规划草案和专项规划中的指导性规划草案时，应当将（　）作为规划草案的组成部分一并报送规划审批机关。

A．环境影响报告书　　B．环境影响报告表

C．环境影响篇章或者说明　　D．环境影响篇章

37．根据《环境影响评价法》，进行环境影响评价的规划的具体范围，由（　）会同国务院有关部门规定，报国务院批准。

A．国务院环境保护行政主管部门　　B．省级以上环境保护行政主管部门

C．市级以上环境保护行政主管部门　　D．当地环境保护行政主管部门

38．根据《环境影响评价法》，对可能造成不良环境影响并直接涉及公众环境权益的规划，征求公众对环境影响报告书草案意见的时间应当在（　）。

A．规划报送审批后　　B．规划报送审批前

C．规划正式批准前　　D．规划报送审批过程中

39．根据《环境影响评价法》，某专项规划环境影响评价过程中进行公众参与的主体是（　）。

A．规划编制机关　　B．当地规划审批机关

C．规划的环境影响评价单位　　D．当地环境保护行政主管部门

40．根据《规划环境影响评价条例》，规划编制机关对可能造成不良环境影响并直接涉及公众环境权益的专项规划，应当在（　），采取调查问卷、座谈会、论证会、听证会等形式，公开征求有关单位、专家和公众对环境影响报告书的意见。

A．规划草案报送审批后　　B．规划草案编制前

C．规划草案报送审批前　　D．规划草案编制时

41．根据《规划环境影响评价条例》，有关单位、专家和公众的意见与规划环境影响评价结论有重大分歧的，（　）应当采取论证会、听证会等形式进一步

论证。

A．环境影响评价编制单位　　B．规划审批机关

C．规划编制机关　　D．环境影响评价审批机关

42．根据《规划环境影响评价条例》，某省农业厅负责组织编制某项农业发展的专项规划草案，环境影响评价单位是某省环境科学研究院，审批机关是农业农村部，如需征求公众意见，则公众意见的征求单位是（　）。

A．某省环境科学研究院　　B．某省农业厅

C．农业农村部　　D．以上三个单位都可以

43．根据《环境影响评价法》，需编制环境影响的篇章或者说明的规划，编制机关在报送规划草案时，应当将环境影响的篇章或者说明（　）。

A．先报送规划审批机关

B．先报送当地环境保护行政主管部门

C．作为规划草案的组成部分一并报送规划审批机关

D．作为规划草案的组成部分一并报送当地的环境保护行政主管部门

44．根据《规划环境影响评价条例》，下列专项规划在该规划草案报送审批前，应当将编制的环境影响报告书草案征求公众意见（国家规定需要保密的情况除外）的是（　）。

A．设区的市级以上防洪、治涝、灌溉规划

B．设区的市级以上种植业发展规划

C．设区的市级以上海域建设、开发利用规划

D．设区的市级以上土地利用总体规划

45．根据《规划环境影响评价条例》，（　）应当在报送审查的环境影响报告书中附具对公众意见采纳与不采纳情况及其理由的说明。

A．环境影响评价编制单位　　B．规划审批机关

C．环境影响评价审批机关　　D．规划编制机关

46．《环境影响评价法》中所说的公众参与时机是（　）。

A．规划草案的环境影响报告书草案形成之后，规划草案报送审批机关审批之前

B．规划草案的环境影响报告书草案形成之前，规划草案报送审批机关审批之前

C．规划草案的环境影响报告书草案和规划草案报送审批机关审批之后

D．规划草案的环境影响报告书草案审批之前，规划草案审批之后

47．根据《环境影响评价法》，某下设四区的市级人民政府在审批电镀行业规划草案时，拟不采纳审查小组对环境影响报告书的审查意见。根据《环境影响评价法》，该市人民政府应当（　）。

A．对该电镀行业规划草案提出重新审查的要求

B. 提出重新编制该规划有关环境影响报告书的要求

C. 对不采纳审查小组的审查意见作出说明，并重新审查

D. 对不采纳环境影响报告书结论以及审查小组的审查意见作出说明，并存档备查

48. 《环境影响评价法》中所说的公众参与提意见的对象是（ ）。

A. 审批后专项规划

B. 专项规划草案

C. 规划草案的环境影响报告书草案

D. 规划草案的环境影响报告书草案和专项规划草案

49. 根据《环境影响评价法》，编制专项规划的机关对有关单位、专家和公众对环境影响报告书草案的意见，应当在报送审查的环境影响报告书中（ ）。

A. 采纳　　B. 不采纳

C. 附具对意见采纳或者不采纳的说明　　D. 以上三项都可以

50. 根据《环境影响评价法》，设区的市级以上人民政府在审批专项规划草案，做出决策前，应当先由人民政府指定的生态环境主管部门或者其他部门召集有关部门代表和专家组成（ ），对环境影响报告书进行（ ）。

A. 审议小组　审议　　B. 审查小组　审批

C. 审批小组　审批　　D. 审查小组　审查

51. 根据《规划环境影响评价条例》，设区的市级以上人民政府审批的专项规划，在审批前由其（ ）召集有关部门代表和专家组成审查小组，对环境影响报告书进行审查。

A. 环境保护行政主管部门　　B. 规划审批部门

C. 其他部门　　D. 规划编制部门

52. 根据《环境影响评价法》，由省级以上人民政府有关部门负责审批的专项规划，其环境影响报告书的审查办法，由（ ）制定。

A. 省级生态环境主管部门会同省级政府有关部门

B. 省级人民政府

C. 国务院生态环境主管部门会同国务院有关部门

D. 国务院办公厅

53. 根据《规划环境影响评价条例》，审查小组中专家人数不得少于审查小组总人数的（ ）。

A. 三分之一　　B. 二分之一

C. 四分之一　　D. 四分之三

54. 根据《规划环境影响评价条例》，审查小组的成员应当（ ）对环境影响报告书提出书面审查意见。

A．客观、公正、科学地　　B．客观、公正、公平地

C．客观、科学、公平地　　D．客观、公正、独立地

55．根据《专项规划环境影响报告书审查办法》，专项规划编制机关在报批专项规划草案时，应依法将环境影响报告书（　）。

A．单独呈送审批机关　　B．一并附送环保行政机关

C．单独呈送环保行政机关　　D．一并附送审批机关

56．根据《专项规划环境影响报告书审查办法》，专项规划的审批机关在做出审批专项规划草案的决定前，应当将专项规划环境影响报告书送（　），由（　）会同专项规划的审批机关对环境影响报告书进行审查。

A．上级环境保护行政主管部门　上级环境保护行政主管部门

B．同级环境保护行政主管部门　同级环境保护行政主管部门

C．省级环境保护行政主管部门　同级环境保护行政主管部门

D．同级环境保护行政主管部门　上级环境保护行政主管部门

57．根据《专项规划环境影响报告书审查办法》，环境保护行政主管部门自收到专项规划环境影响报告书之日起，会同有关部门对专项规划环境影响报告书进行审查的时限为（　）内。

A．30 日　　B．45 日　　C．60 日　　D．90 日

58．根据《专项规划环境影响报告书审查办法》，设区的市级以上人民政府在审批专项规划草案，做出决策前，应当先由人民政府（　）的环境保护行政主管部门或者其他部门召集有关部门代表和专家组成审查小组，对环境影响报告书进行审查。审查小组应当提出书面审查意见。

A．下属　　B．管辖　　C．指定　　D．主管

59．根据《专项规划环境影响报告书审查办法》，专项规划环境影响报告书审查意见应当经审查小组（　）以上成员签字同意。审查小组成员有不同意见的，应当如实记录和反映。

A．三分之一　　B．二分之一

C．四分之一　　D．四分之三

60．根据《规划环境影响评价条例》，规划审批机关在审批专项规划草案时，应当将（　）作为决策的重要依据。

A．环境影响报告书结论　　B．审查意见

C．环境影响报告书结论以及审查意见　　D．规划草案结论

61．根据《规划环境影响评价条例》，（　）对环境影响报告书结论以及审查意见不予采纳的，应当逐项就不予采纳的理由作出书面说明，并存档备查。

A．规划审批机关　　B．规划编制机关

C．市级以上人民政府　　D．市级以上环保主管部门

62．根据《规划环境影响评价条例》，对环境有重大影响的规划实施后，编制机关应当及时组织环境影响的（　），并将评价结果报告审批机关；发现有明显不良环境影响的，应当及时提出改进措施。

A．跟踪评价　　B．后评价　　C．监理　　D．检查

63．根据《规划环境影响评价条例》，（　）对规划环境影响进行跟踪评价。

A．规划的审批机关　　B．规划的编制机关

C．有资质的环境影响评价单位　　D．环境保护行政主管部门

64．根据《规划环境影响评价条例》，规划实施过程中产生重大不良环境影响的，（　）应当及时提出改进措施。

A．规划审批机关　　B．环境影响文件编制机构

C．规划编制机关　　D．环境保护主管部门

65．根据《规划环境影响评价条例》，环境保护主管部门发现规划实施过程中产生重大不良环境影响的，应当及时进行核查。经核查属实的，向（　）提出采取改进措施或者修订规划的建议。

A．规划审批机关　　B．环境影响文件编制机构

C．规划编制机关　　D．环境保护主管部门

66．根据《规划环境影响评价条例》，规划实施过程中产生重大不良环境影响的，规划编制机关应当及时提出改进措施，向（　）报告，并通报（　）等有关部门。

A．规划审批机关　环境保护

B．规划审批机关　环境影响文件编制机构

C．环境保护主管部门　规划审批机关

D．环境保护主管部门　当地政府

67．根据《规划环境影响评价条例》，规划实施区域的（　），应当暂停审批该规划实施区域内新增该重点污染物排放总量的建设项目的环境影响评价文件。

A．重点污染物排放浓度超过国家或者地方排放标准的

B．一般污染物排放总量超过国家或者地方规定的总量控制指标的

C．重点污染物排放总量超过国家或者地方规定的总量控制指标的

D．一般污染物排放浓度超过国家或者地方排放标准的

68．根据《规划环境影响评价条例》，规划实施区域的重点污染物排放总量超过国家或者地方规定的总量控制指标的，应当（　）审批该规划实施区域内新增该重点污染物排放总量的建设项目的环境影响评价文件。

A．禁止　　B．暂停　　C．限制　　D．继续

69．根据《环境影响评价法》，规划编制机关组织环境影响评价时弄虚作假或者有失职行为，造成环境影响评价严重失实的，应当由上级机关或者监察机关对直接负责的主管人员和其他直接责任人员（ ）。

A．给予通报批评　　B．给予经济处罚

C．建议移交司法机关处理　　D．依法给予行政处分

70．根据《规划环境影响评价条例》，规划环境影响评价技术机构弄虚作假或者有失职行为，造成环境影响评价文件严重失实的，由国务院环境保护主管部门予以（ ）。

A．通报　　B．刑事责任　　C．行政处分　　D．降低评价等级

71．实施（ ）年以上的产业园区规划，规划编制部门应组织开展环境影响的跟踪评价，编制规划的跟踪环境影响报告书，由相应的环境保护行政主管部门组织审核。

A．五　　B．三

C．四　　D．六

72．下列规划应当编制环境影响篇章或者说明的是（ ）。

A．省级矿产资源总体规划

B．设区的市级矿产资源总体规划

C．设区的市级以上矿产资源开发利用专项规划

D．县级矿产资源规划

73．根据《环境影响评价法》，（ ）应当加强对建设项目环境影响报告书、环境影响报告表编制单位的监督管理和质量考核。

A．设区的市级以上人民政府

B．县级人民政府

C．设区的市级以上人民政府生态环境主管部门

D．生态环境主管部门

74．根据《“生态保护红线、环境质量底线、资源利用上线和环境准入负面清单”编制技术指南（试行）》，其工作定位是以（ ）为核心。

A．绿色发展　　B．改善生态环境质量

C．生态保护红线　　D．环境质量底线

75．根据《“生态保护红线、环境质量底线、资源利用上线和环境准入负面清单”编制技术指南（试行）》，下列（ ）不属于该指南的主要任务。

A．开展基础分析，建立工作底图

B．明确生态保护红线，识别生态空间

C．确立环境质量底线，测算污染物允许排放量

D．突出差别准入

76．根据《环境影响评价法》，（　）应当对建设项目环境影响报告书、环境影响报告表的（　）负责。

A．建设单位　内容　　B．项目环评编制单位　内容和结论

C．建设单位　结论　　D．建设单位　内容和结论

77．根据《环境影响评价法》，（　）应当对建设项目投入生产或者使用后所产生的环境影响进行跟踪检查，对造成严重环境污染或者生态破坏的，应当查清原因、查明责任。

A．生态环境主管部门　　B．建设项目审批

C．环评报告编制部门　　D．建设单位

78．根据《环境影响评价法》，建设项目环境影响报告书、环境影响报告表存在基础资料明显不实，内容存在重大缺陷、遗漏或者虚假，环境影响评价结论不正确或者不合理等严重质量问题的，由设区的市级以上人民政府生态环境主管部门对建设单位处（　）的罚款。

A．五十万以上一百万以下　　B．五十万以上

C．一百万以上两百万以下　　D．五十万以上两百万以下

79．根据《环境影响评价法》，审批部门应当自收到环境影响报告书之日起（　）内，作出审批决定并书面通知建设单位。国家对环境影响登记表实行（　）。

A．六十日　备案审查　　B．三十日　备案管理

C．六十日　备案管理　　D．三十日　备案审查

80．根据《环境影响评价法》，生态环境主管部门应当对建设项目投入生产或者使用后所产生的环境影响进行（　），对造成严重环境污染或者生态破坏的，应当查清原因、查明责任。

A．跟踪监督　　B．跟踪检查

C．跟踪监测　　D．跟踪监督和检查

81．根据《关于规范区域建设用海规划环境影响评价工作的意见（国海发〔2011〕45号）》，区域建设用海规划经批准后，其范围内的具体海洋工程建设项目（　）开展海洋工程建设项目环境影响评价，并按现行有关规定向有核准权的（　）申报核准。。

A．仍须　环保部门　　B．不需要　海洋部门

C．不需要　环保部门　　D．仍须　海洋部门

82．根据《关于进一步加强公路水路交通运输规划环境影响评价工作的通知（环发〔2012〕49号）》，涉及航电枢纽建设的，要贯彻落实“（　）”基本原则，重点关注规划实施可能产生的重大生态环境影响。。

A．保护优先、统筹考虑、禁止开发、确保底线

B．生态优先、统筹考虑、禁止开发、确保底线

C．生态优先、统筹考虑、适度开发、确保底线

D．保护优先、统筹考虑、禁止开发、确保安全

83．根据《关于进一步加强水利规划环境影响评价工作的通知（环发〔2014〕43号）》，水利规划环境影响评价，应当树立尊重自然、顺应自然、保护自然的生态文明理念，坚持（　）为主的方针，落实流域统筹、综合规划要求，促进干支流、上下游科学有序开发。。

A．节约优先、保护优先、自然恢复

B．预防为主、防治结合、综合治理

C．预防为主、防治结合

D．节约优先、保护优先

84．根据《关于贯彻实施国家主体功能区环境政策的若干意见（环发〔2015〕92号）》，按照（　）原则，执行最严格的生态环境保护措施，保持环境质量的自然本底状况，恢复和维护区域生态系统结构和功能的完整性，保持生态环境质量、生物多样性状况和珍稀物种的自然繁衍，保障未来可持续生存发展空间。

A．依法管理、强制保护　　B．依法管理、优先保护

C．优先管理、强制保护　　D．优先管理、优先保护

85．以下选项不属于煤电基地规划环境影响评价总体要求的是（　）。

A．科学调控发展规模　　C．统筹区域内相关产业结构

B．推广可行的污染防治措施　　D．优化煤电基地发展布局

86．规划编制机关应在确定会商对象后（　）个工作日内确定会商形式并通知会商对象，向其提供会商材料。完成会商后应在（　）个工作日内形成会商意见。

A．5、10　　B．10、15

C．10、10　　D．5、15

二、不定项选择题（每题的备选项中至少有一个符合题意）

1．《环境影响评价法》规定：国务院有关部门、设区的市级以上地方人民政府及其有关部门，对其组织编制的（　）及建设，应当在规划编制过程中组织进行环境影响评价，编写该规划有关环境影响的篇章或者说明。

A．土地利用规划　　B．区域开发利用规划

C．流域开发利用规划　　D．海域开发利用规划

2．根据《环境影响评价法》中的规定，（　）对其组织编制的土地利用的有关规划，区域、流域、海域的建设、开发利用规划，可以由省、自治区、直辖市人民

政府根据本地的实况决定是否进行环境影响评价。

A．省（自治区） B．市（州）（不设区）

C．县（市） D．乡（镇）

3．根据《环境影响评价法》中的关于“规划实施后的环境影响的篇章或者说明”的评价要求是（ ）。

A．对规划实施后可能造成的环境影响做出分析

B．对规划实施后可能造成的环境影响做出预测

C．对规划实施后可能造成的环境影响做出评估

D．提出预防或者减轻不良环境影响的对策和措施

4．根据《规划环境影响评价条例》，下列专项规划应在草案上报审批前提出环境影响报告书的是（ ）。

A．设区的市级以上流域水电规划

B．设区的市级以上跨流域调水规划

C．设区的市级以上煤炭发展规划

D．设区的市级以上地下水资源开发利用规划

5．根据《规划环境影响评价条例》，下列专项规划在草案上报审批前编写该规划有关环境影响的篇章或者说明的是（ ）。

A．设区的市级以上海域建设、开发利用规划

B．设区的市级以上防洪、治涝、灌溉规划

C．设区的市级以上土地利用总体规划

D．设区的市级以上种植业发展规划

6．根据《规划环境影响评价条例》，下列专项规划在草案上报审批前编写该规划有关环境影响的篇章或者说明的有（ ）。

A．设区的市级以上矿产资源勘查规划 B．设区的市级以上城镇体系规划

C．设区的市级以上风景名胜区总体规划 D．设区的市级以上煤炭发展规划

7．根据《规划环境影响评价条例》，下列专项规划在草案上报审批前编写该规划有关环境影响的篇章或者说明的有（ ）。

A．设区的市级以上农业发展规划

B．设区的市级以上商品林造林规划（暂行）

C．设区的市级以上森林公园开发建设规划

D．设区的市级以上电力发展规划（流域水电规划除外）

8．根据《环境影响评价法》，某下设两区的市级人民政府在审批该市的旅游区发展总体规划草案时，应当将该规划的（ ）作为决策的重要依据。

A．环境影响的说明

B．环境影响的篇章

C．环境影响报告书结论

D．环境影响报告书审查小组的审查意见

9．根据《规划环境影响评价条例》，对规划进行环境影响评价，应当分析、预测和评估（　）。

A．规划实施的经济效益、社会效益与环境效益之间的关系

B．规划实施可能对环境和人群健康产生的长远影响

C．规划实施可能对相关区域、流域、海域生态系统产生的整体影响

D．规划实施的当前利益与长远利益之间的关系

10．根据《规划环境影响评价条例》，对规划进行环境影响评价时，应当分析、预测和评估规划实施可能对相关（　）生态系统产生的整体影响。

A．区域　　B．流域　　C．陆地　　D．海域

11．根据《规划环境影响评价条例》，专项规划的环境影响报告书应当包括（　）。

A．实施该规划对环境可能造成影响的分析、预测和评估

B．预防或者减轻不良环境影响的对策和措施

C．实施该规划对环境可能造成影响的预测和评估

D．环境影响评价的结论

12．根据《规划环境影响评价条例》，规划环境影响篇章或者说明应当包括（　）。

A．资源环境承载能力分析

B．不良环境影响的分析和预测

C．预防或者减轻不良环境影响的政策、管理或者技术等措施

D．与相关规划的环境协调性分析

13．根据《规划环境影响评价条例》，规划环境影响评价报告书的环境影响评价结论主要包括（　）。

A．规划草案的环境、经济合理性和可行性

B．规划草案的环境合理性和可行性

C．预防或者减轻不良环境影响的对策和措施的合理性和有效性

D．规划草案的调整建议

14．根据《规划环境影响评价条例》，规划环境影响评价文件可由（　）编制。

A．规划审批机关　　B．规划编制机关

C．当地环境保护行政主管部门　　D．组织规划环境影响评价技术机构

15．《环境影响评价法》中所说的公众参与形式有（　）。

A．听证会　　B．论证会　　C．座谈会　　D．调查问卷

16. 对已经批准的规划，对（　）的情况规划编制机关应当依照《规划环境影响评价条例》的规定重新或者补充进行环境影响评价。

A. 实施范围有重大调整　　B. 适用期限进行重大修订

C. 规划规模进行重大调整　　D. 结构和布局进行重大修订

17. 根据《规划环境影响评价条例》，下列关于专项规划环境影响报告书审查的有关规定，说法正确的有（　）。

A. 参与环境影响报告书编制的专家，可以作为该环境影响报告书审查小组的成员

B. 审查小组中专家人数少于审查小组总人数的二分之一的，审查小组的审查意见无效

C. 审查小组应当提交书面审查意见

D. 审查小组的成员应当客观、公正、独立地对环境影响报告书提出书面审查意见

18. 根据《规划环境影响评价条例》，专项规划环境影响报告书审查意见应当包括（　）。

A. 预防或者减轻不良环境影响的对策和措施的合理性和有效性

B. 环境影响分析、预测和评估的可靠性

C. 公众意见采纳与不采纳情况及其理由的说明的合理性

D. 基础资料、数据的真实性

19. 根据《规划环境影响评价条例》，下列（　）情形审查小组应当提出对环境影响报告书进行修改并重新审查的意见。

A. 内容存在其他重大缺陷或者遗漏的

B. 规划实施可能造成重大不良环境影响，并且无法提出切实可行的预防或者减轻对策和措施的

C. 环境影响评价结论错误的

D. 依据现有知识水平和技术条件，对规划实施可能产生的不良环境影响的范围不能作出科学判断的

20. 根据《规划环境影响评价条例》，下列（　）情形审查小组应当提出对环境影响报告书进行修改并重新审查的意见。

A. 环境影响评价结论不明确、不合理

B. 基础资料、数据失实的

C. 对不良环境影响的分析、预测和评估不准确、不深入，需要进一步论证的

D. 预防或者减轻不良环境影响的对策和措施存在严重缺陷的

21. 根据《规划环境影响评价条例》，下列（　）情形审查小组应当提出不予

通过环境影响报告书的意见。

A．内容存在其他重大缺陷或者遗漏的

B．规划实施可能造成重大不良环境影响，并且无法提出切实可行的预防或者减轻对策和措施的

C．依据现有知识水平和技术条件，对规划实施可能产生的不良环境影响的程度不能作出科学判断的

D．环境影响评价结论错误的

22．根据《规划环境影响评价条例》，下列（　）情形审查小组应当提出对环境影响报告书进行修改并重新审查的意见。

A．环境影响评价结论不明确

B．环境影响评价结论错误的

C．环境影响评价结论不合理

D．未附具对公众意见不采纳情况及其理由的说明，或者不采纳公众意见的理由明显不合理的

23．根据《规划环境影响评价条例》，下列关于专项规划环境影响报告书结论及审查意见采纳的有关规定，（　）说法是错误的。

A．有关单位、专家可以申请查阅不予采纳环境影响报告书结论以及审查意见的理由，但公众不可以

B．规划编制机关对环境影响报告书结论以及审查意见不予采纳的，应当逐项就不予采纳的理由作出书面说明，并存档备查

C．规划审批机关在审批专项规划草案时，只将审查意见作为决策的重要依据

D．规划审批机关对环境影响评价审查意见不予采纳的，应当就不予采纳的理由作出一个总体的书面说明，并存档备查

24．根据《规划环境影响评价条例》，规划环境影响的跟踪评价应当包括（　）。

A．跟踪评价的结论

B．公众对规划实施所产生的环境影响的意见

C．规划实施中所采取的预防或者减轻不良环境影响的对策和措施有效性的分析和评估

D．规划实施后实际产生的环境影响与环境影响评价文件预测可能产生的环境影响之间的比较分析和评估

25．根据《规划环境影响评价条例》，规划编制机关对规划环境影响进行跟踪评价时，应当采取（　）等形式征求有关单位、专家和公众的意见。

A．现场走访　　　　B．调查问卷

C．座谈会　　　　D．论证会

26．根据《规划环境影响评价条例》，规划环境影响评价技术机构因失职行为造成环境影响评价文件严重失实的，视情节可处所收费用（　）倍的罚款。

A．1　　B．2　　C．3　　D．5

27．根据《规划环境影响评价条例》，规划环境影响评价技术机构弄虚作假或者有失职行为，造成环境影响评价文件严重失实的，可以受到（　）处罚。

A．处所收费用 1 倍以上 3 倍以下的罚款

B．由国务院环境保护主管部门予以通报

C．构成犯罪的，依法追究刑事责任

D．由国务院环境保护主管部门予以行政处分

28．根据《规划环境影响评价条例》，规划编制机关在组织环境影响评价时弄虚作假或者有失职行为，造成环境影响评价严重失实的，对（　）依法给予处分。

A．间接负责的主管人员　　B．直接负责的主管人员

C．其他直接责任人员　　D．其他间接责任人员

29．根据“关于学习贯彻《规划环境影响评价条例》加强规划环境影响评价工作的通知”，下列关于规划环境影响评价与项目环境影响评价的联动机制的叙述，说法正确的是（　）。

A．规划环评结论是规划所包含建设项目环评的重要依据

B．未进行环境影响评价的规划所包含的建设项目，不予受理其环境影响评价文件

C．已经批准的规划在实施范围方面进行重大调整或者修订的，应当重新或者补充进行环境影响评价，未开展环评的，不予受理其规划中建设项目的环境影响评价文件

D．已经开展了环境影响评价的规划，其包含的建设项目环境影响评价的内容可以根据规划环境影响评价的分析论证情况予以适当简化

30．根据“关于学习贯彻《规划环境影响评价条例》加强规划环境影响评价工作的通知”，关于推进重点领域规划环境影响评价的要求，下列说法正确的是（　）。

A．努力提高城市规划环评质量，把规划环评早期介入城市总体规划及有关建设规划编制，实现与规划的全过程互动作为切入点

B．严格规范交通及重要基础设施、矿产资源开发规划环评

C．认真做好交通及重要基础设施规划环评，把协调好规划布局与重要生态环境敏感区的关系作为着力点

D．不断强化矿产资源开发规划环评的实效性，把保障资源开发区域的生态服务功能作为落脚点

31．根据《关于学习贯彻〈规划环境影响评价条例〉加强规划环境影响评价工作的通知》，严格规范各类开发区及工业园区规划环评，把（　）的环境合理性作为评价工作的重中之重。

A．园区布局　　B．产业结构

C．重要环保基础设施建设方案　　D．投资规模

32．根据《规划环境影响评价条例》，关于规划实施后环境影响跟踪评价，下列说法正确的有（　）。

A．规划的审批机关发现规划实施后有明显不良环境影响的，应当及时提出改进措施

B．所有需要编制环境影响报告书的规划实施后都要进行跟踪评价

C．组织跟踪评价的是规划的组织编制机关

D．跟踪评价的评价结果应当报告该规划的原审批机关

33．根据《规划环境影响评价条例》，规划编制机关违反《环境影响评价法》的有关规定，组织环境影响评价时弄虚作假或者有失职行为，造成环境影响评价严重失实的，对直接负责的主管人员和其他直接责任人员，由（　）依法给予行政处分。

A．规划编制机关的上级机关　　B．上级环境保护行政主管部门

C．规划编制机关　　D．监察机关

34．根据《环境影响评价法》，环境影响评价是指对规划和建设项目实施后可能造成的环境影响（　）。

A．进行分析、预测和评估

B．提出预防或者减轻不良环境影响的对策和措施

C．提出跟踪监测的方法与制度

D．提出对违法行为的处罚要求

35．根据《规划环境影响评价条例》，符合公众参与有关规定的有（　）。

A．规划编制机关应当就规划的环境影响报告书公开征求意见

B．规划编制机关应当就规划的环境影响篇章或说明公开征求意见

C．规划编制机关应当采取调查问卷、座谈会、论证会、听证会等形式，公开征求意见

D．规划环境影响评价技术机构应当就其编制的规划环境影响报告书公开征求意见

36．根据《规划环境影响评价条例》，审查小组提出的对规划环境影响报告书的审查意见应当包括（　）。

A．评价方法的适当性　　B．基础资料、数据的真实性

C．环境影响评价结论的科学性　　　　D．环境影响经济损益分析的合理性

37．根据《规划环境影响评价条例》，审查小组提出不予通过环境影响报告书的情形包括（　）。

A．对不良环境影响的分析、预测和评估不准确、不深入，需要进一步论证的

B．规划实施可能造成重大不良环境影响，并且无法提出切实可行的预防或者减轻对策和措施的

C．报告书未附具对公众意见采纳与不采纳情况及其理由的说明，或者不采纳公众意见的理由明显不合理的

D．依据现有知识水平和技术条件，对规划实施可能产生的不良环境影响的程度或者范围不能作出科学判断的

38．根据《规划环境影响评价条例》，规划环境影响跟踪评价的内容应当包括（　）。

A．跟踪评价的结论

B．对规划提出的修订建议

C．公众对规划实施所产生的环境影响的意见

D．规划实施中所采取的预防不良环境影响的措施有效性的分析和评估

39．根据《规划环境影响评价条例》，规划编制机关在组织环境影响评价时失职，造成环境影响评价严重失实的，由上级机关或监察机关（　）。

A．对规划编制机关处以罚款

B．对规划编制机关予以通报批评

C．对直接负责的主管人员，给予口头批评

D．对直接负责的主管人员，依法给予处分

40．根据《规划环境影响评价条例》及其配套的规范性文件，对规划所包含的建设项目环境影响评价文件不予受理的情形包括（　）。

A．规划未进行环境影响评价

B．规划内的建设项目，其环境影响评价文件的内容未进行简化

C．规划已批准，但规划的布局发生重大调整后未重新或者补充进行环境影响评价

D．规划已批准，但规划的总规模发生重大调整后未重新或者补充进行环境影响评价

41．农业的有关专项规划应编制环境影响报告书的有（　）。

A．设区的市级以上农业发展规划

B．设区的市级以上种植业发展规划

C．省级及设区的市级渔业发展规划

D．省级及设区的市级乡镇企业发展规划

42．国务院有关部门在组织编制有关全国交通指导性专项规划的过程中，编写的该规划有关环境影响的篇章内容应包括（　）。

A．规划审批建议

B．对规划实施后可能造成的环境影响进行后评价

C．提出预防或减轻不良环境影响的对策和措施

D．对规划实施后可能造成的环境影响作出分析、预测评估

43．《环境影响评价法》的立法目的包括（　）。

A．预防因规划和建设项目实施后对环境造成不良影响

B．实施可持续发展战略

C．发展循环经济和建设环境友好型社会

D．促进经济、社会和环境的协调发展

44．根据《“生态保护红线、环境质量底线、资源利用上线和环境准入负面清单”编制技术指南（试行）》，下列（　）属该指南的主要任务。

A．开展基础分析，建立工作底图

B．明确生态保护红线，识别生态空间

C．确立环境质量底线，测算污染物允许排放量

D．确定资源利用上线，明确管控要求

45．根据《“生态保护红线、环境质量底线、资源利用上线和环境准入负面清单”编制技术指南（试行）》，下列（　）属该指南的主要任务。

A．综合各类分区，确定环境管控单元

B．明确生态保护红线，识别生态空间

C．统筹分区管控要求，建立环境准入负面清单

D．集成“三线一单”成果建设信息管理平台

46．建设项目环境影响报告书、环境影响报告表存在基础资料明显不实，内容存在重大缺陷、遗漏或者虚假，环境影响评价结论不正确或者不合理等严重质量问题的，由设区的市级以上人民政府生态环境主管部门对建设单位处五十万元以上二百万元以下的罚款，并对建设单位的（　）处五万元以上二十万元以下的罚款。

A．法定代表人　　　　B．主要负责人

C．直接负责的主管人员　　　　D．其他直接责任人员

47．接受委托编制建设项目环境影响报告书、环境影响报告表的技术单位违反国家有关环境影响评价标准和技术规范等规定，致使其编制的建设项目环境影响报告书、环境影响报告表存在基础资料明显不实，内容存在重大缺陷、遗漏或

者虚假，环境影响评价结论不正确或者不合理等严重质量问题的，以下处置方法正确的有（ ）。

A. 由设区的市级以上人民政府生态环境主管部门对技术单位处所收费用三倍以上五倍以下的罚款

B. 情节严重的，禁止从事环境影响报告书、环境影响报告表编制工作

C. 由设区的市级以上人民政府对技术单位处所收费用三倍以上五倍以下的罚款

D. 有违法所得的，没收违法所得

48. 根据《关于规范区域建设用海规划环境影响评价工作的意见（国海发〔2011〕45 号）》，沿海地方政府在编制区域建设用海规划海域使用论证报告书的同时，应当根据规划所在海域的（ ），按照相关法律法规和技术规范的规定，组织编写区域建设用海规划海洋环境影响专题篇章，并与规划海域使用论证报告书一并报送国家海洋局。

A. 自然资源　　B. 生态环境

C. 社会经济发展　　D. 规划发展要求

49. 根据《关于规范区域建设用海规划环境影响评价工作的意见（国海发〔2011〕45 号）》，区域建设用海规划的海洋环境影响专题篇章有下列情形（ ），不予审查通过。

A. 依据现有知识水平和技术条件，对区域用海实施可能产生的不良环境影响的程度不能做出科学判断

B. 依据现有知识水平和技术条件，对区域用海实施可能产生的不良环境影响的范围不能做出科学判断

C. 区域用海实施可能造成重大不良环境影响，并且无法提出切实可行的预防对策和措施

D. 区域用海实施可能造成重大不良环境影响并且无法提出切实可行的减轻对策和措施

50. 根据《关于进一步加强公路水路交通运输规划环境影响评价工作的通知（环发〔2012〕49 号）》，需编写环境影响篇章或说明的公路水路交通运输规划主要包括：（ ）。

A. 港口布局规划　　B. 航道布局规划

C. 公路运输枢纽总体布局规划　　D. 其他指导性的交通运输规划

51. 根据《关于进一步加强水利规划环境影响评价工作的通知（环发〔2014〕43 号）》，需编写环境影响篇章或说明的水利规划有（ ）。

A. 水资源战略（综合）规划及水中长期供求规划等涉及水利可持续发展的战略规划

B．水利发展规划

C．防洪、治涝、抗旱、灌溉、采砂管理等专业规划或专项规划

D．流域综合规划

52．根据《关于进一步加强水利规划环境影响评价工作的通知（环发〔2014〕43号）》，需编写环境影响报告书的水利规划包括（　）。

A．流域综合规划

B．水力发电、水资源开发利用（含供水）等专业规划

C．河口整治

D．防洪、治涝、抗旱、灌溉、采砂管理等专业规划或专项规划

53．根据《关于做好煤电基地规划环境影响评价工作的通知（环办〔2014〕60号）》，煤电基地规划环境影响评价应重点做好的工作，包括（　）。

A．与相关规划等的协调性分析

B．区域生态环境现状分析和回顾性评价。

C．资源环境承载力分析

D．规划优化调整建议

54．根据《关于贯彻实施国家主体功能区环境政策的若干意见（环发〔2015〕92号）》，按照（　）原则，对已建自然保护区进行整合，通过建立生态廊道，增强自然保护区间的连通性，完善自然保护区建设管理的体制和机制。

A．强制保护　　B．多物种的栖息地综合保护

C．自然地理单元　　D．依法管理

55．产业园区规划的环境影响评价应体现（　）的原则。

A．合理布局　　B．统一监管

C．总量控制　　D．分散治理

56．根据《关于进一步加强规划环境影响评价工作的通知（环发〔2011〕99号）》，以下说法正确的是（　）。

A．规划环境影响评价工作应在规划编制完成后适时组织进行

B．规划编制机关在报送审批专项规划草案时，应当将环境影响报告书和其审查意见一并附送规划审批机关

C．在审批专项规划草案时，将环境影响报告书结论和审查意见作为规划审批决策的重要依据

D．建设项目环境影响评价的内容可以根据规划环评的分析论证情况适当简化，具体简化的内容应在审查意见中明确

57．规划环境影响报告书原则上应包含下列内容（　）。

A．规划实施的环境资源制约因素分析

B．规划与相关政策、法律法规以及其他相关规划的协调性分析

C．预防或减轻不良环境影响的对策及措施

D．公众参与以及对公众参与采纳与否的说明

58．根据《关于加强规划环境影响评价与建设项目环境影响评价联动工作的意见》，各级环保部门在召集审查小组对规划环境影响报告书进行审查时，应将（ ）作为审查的重点。

A．规划环评工作任务完成情况

B．措施有效性

C．资源环境承载力分析

D．规划环评结论的科学性

参考答案

一、单项选择题

1．A 2．C 3．D 4．B 5．B 6．A 7．D

8．A 【解析】《环境影响评价法》规定“一地，三域，十个专项”的规划需要进行规划环评。“一地（土地），三域（区域、海域、流域）”编写该规划有关环境影响的篇章或者说明。

9．A 10．C 11．A 12．A 13．A 14．A 15．D 16．B 17．B 18．C

19．D 【解析】环境保护行政主管部门应当自收到专项规划环境影响报告书之日起 30 日内，会同专项规划审批机关召集有关部门代表和专家组成审查小组，对专项规划环境影响报告书进行审查，并在审查小组提出书面审查意见之日起 10 日内将审查意见提交专项规划审批机关。

20．D 21．B

22．B 【解析】根据《编制环境影响报告书的规划的具体范围（试行）》和《编制环境影响篇章或说明的规划的具体范围（试行）》，设区的市级以上煤炭发展规划属于能源性专项规划，应编制环境影响篇章或说明。

23．A

24．A 【解析】《环境影响评价法》第十二条：专项规划的编制机关在报批规划草案时，应当将环境影响报告书一并附送审批机关审查；未附送环境影响报告书的，审批机关不予审批。

25．A 26．C 27．A 28．B

29．B 【解析】考查规划环评的组织者。

30．C　【解析】选项 ABD 都属“编制环境影响报告书”的规划。这种题年年都有 2～3 个，考生务必要注意。具体哪些规划需编制报告书，哪些需编制环境影响篇章和说明，参见《关于印发〈编制环境影响报告书的规划的具体范围（试行）〉和〈编制环境影响篇章或说明的规划的具体范围（试行）〉的通知》（环发〔2004〕98 号）。

31．C　32．D　33．A　34．D

35．D　【解析】考查规划环评的评价时机。“规划编制过程中”是指所评价的规划在形成初步方案至上报审批前。

36．C　37．A　【解析】《环境影响评价法》第九条：依照本法第七条、第八条的规定进行环境影响评价的规划的具体范围，由国务院环境保护行政主管部门会同国务院有关部门规定，报国务院批准。

38．B　39．A　40．C　41．C　42．B　43．C

44．B　【解析】此题灵活性较大。《环境影响评价法》的第十一条中规定了允许或者不允许公众参与环境影响评价的尺度应当是“对可能造成不良环境影响并直接涉及公众环境权益的规划”，因此，指导性的专项规划不需要征求公众意见，国家规定需保密的规划也不需要征求公众意见。选项 ACD 属“编制环境影响篇章和说明”的规划。土地利用的有关规划和区域、流域、海域的建设、开发利用规划为综合性规划，工业、农业、畜牧业、林业、能源、水利、交通、城市建设、旅游、自然资源开发为专项规划。

45．D　46．A　47．D

48．C　【解析】规划编制机关对可能造成不良环境影响并直接涉及公众环境权益的专项规划，应当在规划草案报送审批前，采取调查问卷、座谈会、论证会、听证会等形式，公开征求有关单位、专家和公众对环境影响报告书的意见。但是，依法需要保密的除外。

49．C

50．D　【解析】审查小组的性质仅是咨询，提出的意见仅供政府领导决策时参考，最终的决策者还是政府领导，所以用了“审查”两字，而非“审批”。

51．A　【解析】《规划环境影响评价条例》对召集人有了更为明确的规定。而《环境影响评价法》中规定的召集人可以是其他部门。

52．C　53．B　54．D　55．D　56．B

57．A　【解析】注意与建设项目环境影响评价文件的审批时限的比较。建设项目环境影响评价文件的审批时限是：审批部门应当自收到环境影响报告书之日起六十日内，收到环境影响报告表之日起三十日内，分别作出审批决定并书面通知建设单位。

58. C 【解析】用“指定”两字，据全国人大法律委员会负责人在法律委员会上的解释，主要考虑到对规划的编制、审批和开展环境影响评价有一个“级别管辖”问题。

59. D 60. C 61. A

62. A 【解析】所谓跟踪评价，是指对环境有重大影响的规划实施后，该规划的组织编制机关应当及时组织力量，对该规划的环境影响进行检查、分析、评估，并采取相应对策的制度。“后评价”是建设项目环境影响评价的概念。

63. B 64. C 65. A 66. A 67. C 68. B 69. D

70. A 【解析】规划环境影响评价文件的编制暂时不需要资质。

71. A 【解析】根据《关于加强产业园区规划环境影响评价有关工作的通知》，实施五年以上的产业园区规划，规划编制部门应组织开展环境影响的跟踪评价，编制规划的跟踪环境影响报告书，由相应的环境保护行政主管部门组织审核。

72. C 【解析】根据《做好矿产资源规划环境影响评价工作的通知》，需编写环境影响篇章或说明的矿产资源规划包括：全国矿产资源规划，全国及省级地质勘查规划，设区的市级矿产资源总体规划，重点矿种等专项规划。需编制环境影响报告书的矿产资源规划包括：省级矿产资源总体规划，设区的市级以上矿产资源开发利用专项规划，国家规划矿区、大型规模以上矿产地开发利用规划。县级矿产资源规划原则上不开展规划环境影响评价，各省级人民政府有规定的按照其规定执行。

73. C 74. B 75. D

76. D 【解析】《环境影响评价法》第二十条：建设单位应当对建设项目环境影响报告书、环境影响报告表的内容和结论负责，接受委托编制建设项目环境影响报告书、环境影响报告表的技术单位对其编制的建设项目环境影响报告书、环境影响报告表承担相应责任。

77. A【解析】《环境影响评价法》第二十八条：生态环境主管部门应当对建设项目投入生产或者使用后所产生的环境影响进行跟踪检查，对造成严重环境污染或者生态破坏的，应当查清原因、查明责任。

78. D 【解析】《环境影响评价法》第三十二条：建设项目环境影响报告书、环境影响报告表存在基础资料明显不实，内容存在重大缺陷、遗漏或者虚假，环境影响评价结论不正确或者不合理等严重质量问题的，由设区的市级以上人民政府生态环境主管部门对建设单位处五十万元以上二百万元以下的罚款。

79. C 【解析】《环境影响评价法》第二十二条：审批部门应当自收到环境影响报告书之日起六十日内，收到环境影响报告表之日起三十日内，分别作出审批决定并书面通知建设单位。国家对环境影响登记表实行备案管理。

80．B 【解析】《环境影响评价法》第二十八条：生态环境主管部门应当对建设项目投入生产或者使用后所产生的环境影响进行跟踪检查，对造成严重环境污染或者生态破坏的，应当查清原因、查明责任。

81．D 【解析】区域建设用海规划经批准后，其范围内的具体海洋工程建设项目仍须开展海洋工程建设项目环境影响评价，并按现行有关规定向有核准权的海洋部门申报核准。

82．C 【解析】涉及航电枢纽建设的，要贯彻落实“生态优先、统筹考虑、适度开发、确保底线”基本原则，重点关注规划实施可能产生的重大生态环境影响。

83．A 【解析】水利规划环境影响评价，应当树立尊重自然、顺应自然、保护自然的生态文明理念，坚持节约优先、保护优先、自然恢复为主的方针，落实流域统筹、综合规划要求，促进干支流、上下游科学有序开发。

84．A 【解析】按照依法管理、强制保护原则，执行最严格的生态环境保护措施，保持环境质量的自然本底状况，恢复和维护区域生态系统结构和功能的完整性，保持生态环境质量、生物多样性状况和珍稀物种的自然繁衍，保障未来可持续生存发展空间。

85．B 86．B

二、不定项选择题

1．ABCD 【解析】考查需进行环境影响评价的规划的类别。

2．BCD 【解析】对于选项 BCD，在《环境影响评价法》中没有明确规定需要进行环境影响评价。

3．ABCD 【解析】考查需进行环境影响评价的规划的环评要求。与对规划草案的环境影响报告书相比，“规划实施后的环境影响的篇章或者说明”的内容简单些，不需要“环境影响评价的结论”。

4．ABD 【解析】编制报告书和篇章或者说明的具体范围见下表。请各位考生注意总结一下容易混淆的一些规划，单独挑出来重点记忆，这几年每年都有考题。

编制环境影响报告书和篇章或说明的规划的具体范围

	编制环境影响报告书的规划的具体范围（试行）	编制环境影响篇章或说明的规划的具体范围（试行）
土地利用的有关规划		设区的市级以上土地利用总体规划
区域的建设、开发利用规划		国家经济区规划
流域的建设、开发利用规划		1. 全国水资源战略规划 2. 全国防洪规划 3. 设区的市级以上防洪、治涝、灌溉规划
海域的建设、开发利用规划		设区的市级以上海域建设、开发利用规划
工业的有关专项规划	省级及设区的市级工业各行业规划	全国工业有关行业发展规划
农业的有关专项规划	1. 设区的市级以上种植业发展规划 2. 省级及设区的市级渔业发展规划 3. 省级及设区的市级乡镇企业发展规划	1. 设区的市级以上农业发展规划 2. 全国乡镇企业发展规划 3. 全国渔业发展规划
畜牧业的有关专项规划	1. 省级及设区的市级畜牧业发展规划 2. 省级及设区的市级草原建设、利用规划	1. 全国畜牧业发展规划 2. 全国草原建设、利用规划
林业指导性专项规划		1. 设区的市级以上商品林造林规划（暂行） 2. 设区的市级以上森林公园开发建设规划
能源的有关专项规划	1. 油（气）田总体开发方案 2. 设区的市级以上流域水电规划	1. 设区的市级以上能源重点专项规划 2. 设区的市级以上电力发展规划（流域水电规划除外） 3. 设区的市级以上煤炭发展规划 4. 油（气）发展规划
水利的有关专项规划	1. 流域、区域涉及江河、湖泊开发利用的水资源开发利用综合规划和供水、水力发电等专业规划 2. 设区的市级以上跨流域调水规划 3. 设区的市级以上地下水资源开发利用规划	

	编制环境影响报告书的规划的具体范围（试行）	编制环境影响篇章或说明的规划的具体范围（试行）
交通的有关专项规划	1．流域（区域）、省级内河航运规划 2．国道网、省道网及设区的市级交通规划 3．主要港口和地区性重要港口总体规划 4．城际铁路网建设规划 5．集装箱中心站布点规划 6．地方铁路建设规划	1．全国铁路建设规划 2．港口布局规划 3．民用机场总体规划
城市建设的有关专项规划	直辖市及设区的市级城市专项规划	1. 直辖市及设区的市级城市总体规划（暂行） 2．设区的市级以上城镇体系规划 3．设区的市级以上风景名胜区总体规划
旅游的有关专项规划	省级及设区的市级旅游区的发展总体规划	全国旅游区的总体发展规划
自然资源开发的有关专项规划	1．矿产资源：设区的市级以上矿产资源开发利用规划 2．土地资源：设区的市级以上土地开发整理规划 3．海洋资源：设区的市级以上海洋自然资源开发利用规划 4．气候资源：气候资源开发利用规划	设区的市级以上矿产资源勘查规划

5．ABC　6．ABCD　7．ABCD　8．CD　9．ABCD　10．ABD　11．ABD

12．ABCD　【解析】在《环境影响评价法》中对规划环境影响篇章或者说明的内容也有叙述，但不详细。《规划环境影响评价条例》第十一条则有具体的内容。

13．BCD　14．BD

15．ABCD　【解析】《环境影响评价法》第十一条中所说的公众参与形式是"举行论证会、听证会，或者采取其他形式，征求有关单位、专家和公众对环境影响报告书草案的意见"，其中"采取其他形式"可以包括"座谈会、书面征求意见、调查问卷、个别了解情况等"。

16．ABCD　【解析】对已经批准的规划在实施范围、适用期限、规模、结构和布局等方面进行重大调整或者修订的，规划编制机关应当依照本条例的规定重新或者补充进行环境影响评价。

17．BCD

18．ABCD　【解析】《规划环境影响评价条例》规定了审查意见应当包括 6

个方面内容。除本题的 4 个方面外，还有“评价方法的适当性”“环境影响评价结论的科学性”也属审查意见。

19．AC 【解析】选项 B 和 D 的内容属审查小组应当提出不予通过环境影响报告书的意见。

20．ABCD 21．BC 22．ABCD

23．ACD 【解析】注意：规划审批机关对环境影响报告书结论以及审查意见不予采纳的，应当逐项就不予采纳的理由作出书面说明，而不是总体说明。

24．ABCD

25．ABC 【解析】规划编制机关对可能造成不良环境影响并直接涉及公众环境权益的专项规划，应当在规划草案报送审批前，采取调查问卷、座谈会、论证会、听证会等形式，公开征求有关单位、专家和公众对环境影响报告书的意见。

26．ABC 27．ABC 28．BC 29．ABCD 30．ACD 31．ABC

32．BCD 【解析】选项 A 的正确说法是：规划的组织编制机关发现规划实施后有明显不良环境影响的，应当及时提出改进措施。

第十五条：对环境有重大影响的规划实施后，编制机关应当及时组织环境影响的跟踪评价。也就是说跟踪评价的对象是所有对环境有重大影响的规划，跟踪评价的对象既包括综合性规划，也包括专项规划；在专项规划中，既包括指导性的专项规划，也包括非指导性的专项规划。因此，B 是正确的。

33. AD 34. ABC 35. AC 36. ABC 37. BD 38. ACD 39. D 40. ACD
41．BCD 42．CD 43．ABD

44．ABCD 【解析】指南的主要任务有 7 项，分别是：开展基础分析，建立工作底图；明确生态保护红线，识别生态空间；确立环境质量底线，测算污染物允许排放量；确定资源利用上线，明确管控要求；综合各类分区，确定环境管控单元；统筹分区管控要求，建立环境准入负面清单；集成“三线一单”成果建设信息管理平台。

45．ABCD

46．ABCD 【解析】《环境影响评价法》第三十二条：建设项目环境影响报告书、环境影响报告表存在基础资料明显不实，内容存在重大缺陷、遗漏或者虚假，环境影响评价结论不正确或者不合理等严重质量问题的，由设区的市级以上人民政府生态环境主管部门对建设单位处五十万元以上二百万元以下的罚款，并对建设单位的法定代表人、主要负责人、直接负责的主管人员和其他直接责任人员，处五万元以上二十万元以下的罚款。

47．ABD 【解析】《环境影响评价法》第三十二条：接受委托编制建设项目环境影响报告书、环境影响报告表的技术单位违反国家有关环境影响评价标准和技术规范等规定，致使其编制的建设项目环境影响报告书、环境影响报告表存在基础资料明显不实，内容存在重大缺陷、遗漏或者虚假，环境影响评价结论不正确或者不合理等严重质量问题的，由设区的市级以上人民政府生态环境主管部门对技术单位处所收费用三倍以上五倍以下的罚款；情节严重的，禁止从事环境影响报告书、环境影响报告表编制工作；有违法所得的，没收违法所得。

48．ABC　【解析】沿海地方政府在编制区域建设用海规划海域使用论证报告书的同时，应当根据规划所在海域的自然资源、生态环境、社会经济发展和环境保护要求，按照相关法律法规和技术规范的规定，组织编写区域建设用海规划海洋环境影响专题篇章，并与规划海域使用论证报告书一并报送国家海洋局。

49．ABCD　【解析】区域建设用海规划的海洋环境影响专题篇章有下列情形之一的，不予审查通过：依据现有知识水平和技术条件，对区域用海实施可能产生的不良环境影响的程度或者范围不能做出科学判断的；区域用海实施可能造成重大不良环境影响，并且无法提出切实可行的预防或者减轻对策和措施的。

50．ABCD　【解析】需编写环境影响篇章或说明的公路水路交通运输规划主要包括：港口布局规划、航道布局规划、公路运输枢纽总体布局规划、其他指导性的交通运输规划（即以发展战略为主要内容，提出预测性、参考性指标的一类规划）。

51．ABC　【解析】需编写环境影响篇章或说明的水利规划包括：水资源战略（综合）规划及水中长期供求规划等涉及水利可持续发展的战略规划；水利发展规划；防洪、治涝、抗旱、灌溉、采砂管理等专业规划。

52．ABC　【解析】需编制环境影响报告书的水利规划包括：流域综合规划；水力发电、水资源开发利用（含供水）等专业规划；河口整治、水库建设、跨流域调水等专项规划。作为一项整体建设项目的水利规划，按照建设项目进行环境影响评价，不进行规划的环境影响评价，其具体范围的界定标准由水利部会同环境保护部制定发布后实施。

53．ABCD

54．BC　【解析】按照自然地理单元和多物种的栖息地综合保护原则，对已建自然保护区进行整合，通过建立生态廊道，增强自然保护区间的连通性，完善自然保护区建设管理的体制和机制。

55．ABC　　56.BCD　　57.ABCD　　58.AD

第三章　建设项目环境影响评价

一、单项选择题（每题的备选选项中，只有一个最符合题意）

1. 根据《建设项目环境影响评价分类管理名录》，国家根据建设项目特征和所在区域的环境敏感程度，对建设项目的环境影响评价实行（　）。

A. 分类管理　　B. 分级管理　　C. 分步管理　　D. 垂直管理

2. 根据《环境影响评价法》，可能造成重大环境影响的建设项目，应当编制（　），对产生的环境影响进行（　）评价。

A. 环境影响报告书　全面　　B. 环境影响报告表　全面

C. 环境影响登记表　全面　　D. 环境影响报告书　部分

3. 根据《环境影响评价法》，可能造成轻度环境影响的建设项目，应当编制（　），对产生的环境影响进行分析或者专项评价。

A. 环境影响报告书　　B. 环境影响登记表

C. 环境影响报告表　　D. B 和 C 都可以

4. 根据《环境影响评价法》，对环境影响很小、不需要进行环境影响评价的建设项目，（　）。

A. 无需经环境保护行政主管部门审批　　B. 无需填报环境影响登记表

C. 应当填报环境影响报告表　　D. 应当填报环境影响登记表

5. 根据《环境影响评价法》，建设项目的环境影响评价分类管理名录，由（　）制定并公布。

A. 省级生态环境主管部门

B. 设区以上的市级生态环境主管部门

C. 国务院办公厅

D. 国务院生态环境主管部门

6. 根据《环境影响评价法》，对建设项目的环境影响评价应当按（　）实行分类管理。

A. 建设项目的投资规模　　B. 建设项目的投资主体

C. 建设项目的资金来源　　D. 建设项目对环境的影响程度

7. 根据《建设项目环境影响评价分类管理名录》，跨行业、复合型建设项目的环境影响评价类别确定方法是（　）。

A．按其中单项等级最高的确定

B．由省级生态环境主管部门确定

C．由国务院生态环境主管部门认定

D．按不同行业评价类别分别确定

8．对于《建设项目环境影响评价分类管理名录》未作规定的建设项目，下列说法中正确的是（　）。

A．均应填报环境影响登记表

B．由省级生态环境主管部门确定环境影响评价类别，报国务院生态环境主管部门备案

C．由省级生态环境主管部门提出环境影响评价类别建议，报国务院生态环境主管部门认定

D．由省级生态环境主管部门提出环境影响评价类别建议，报省级人民政府批准后实施，并抄报国务院生态环境主管部门

9．建设涉及环境敏感区的项目，应当按照《建设项目环境影响评价分类管理名录》确定其环境影响评价类别，（　）。

A．不得擅自改变环境影响评价类别

B．不得擅自提高环境影响评价类别

C．不得擅自降低环境影响评价类别

D．不得擅自降低环境影响评价类别，但可以据实际情况提高类别

10．根据《建设项目环境影响评价分类管理名录》，环境影响评价文件应当就该项目（　）作重点分析。

A．对周边居住区的影响　　B．产业政策

C．对环境敏感区的影响　　D．清洁生产

11．《建设项目环境影响评价分类管理名录》未作规定的建设项目，其环境影响评价类别由（　）根据建设项目的污染因子、生态影响因子特征及其所处环境的敏感性质和敏感程度提出建议，报（　）认定。

A．省级生态环境主管部门　国务院生态环境主管部门

B．市级生态环境主管部门　省级生态环境主管部门

C．县级生态环境主管部门　市级生态环境主管部门

D．省级生态环境主管部门　国务院

12．《建设项目环境影响评价分类管理名录》未作规定的建设项目，其环境影响评价类别最终由（　）认定。

A．省级生态环境主管部门　　B．县级生态环境主管部门

C．国务院生态环境主管部门　　　D．市级生态环境主管部门

13．根据《环境影响评价法》，环境影响报告表的内容和格式，由（　）制定。

A．国务院生态环境主管部门　　　B．省级生态环境主管部门

C．设区的地级市生态环境主管部门　　　D．上述三个部门都可

14．根据《环境影响评价公众参与办法》，建设项目环境影响报告书报送审批前向公众公告的次数和持续公开期限分别是（　）。

A．2 次、10 天　　　B．2 次、10 个工作日

C．3 次、10 天　　　D．3 次、10 个工作日

15．根据《环境影响评价法》，除国家规定需要保密的情形外，下列建设项目需征求有关单位、专家和公众的意见的有（　）。

A．编制环境影响报告表的建设项目

B．编制环境影响报告书的建设项目

C．填报环境影响登记表的建设项目

D．编制环境影响报告书和环境影响报告表的建设项目

16．根据《环境影响评价法》，对环境可能造成重大影响、应当编制环境影响报告书的建设项目，（　）应当在报批建设项目环境影响报告书前，举行论证会、听证会，或者采取其他形式，征求有关单位、专家和公众的意见。

A．环境影响评价单位　　　B．建设主管单位

C．建设单位　　　D．地方生态环境主管部门

17．根据《建设项目环境保护管理条例》，建设单位编制环境影响报告书，应当依照有关法律规定，征求建设项目所在地（　）的意见。

A．政府和居民　　　B．生态环境主管部门和居民

C．建设主管部门和居民　　　D．有关单位和居民

18．根据《环境影响评价法》，作为一项整体建设项目的规划进行环境影响评价时，下列说法中正确的是（　）。

A．不进行规划的环境影响评价，按照建设项目进行环境影响评价

B．建设项目的环境影响评价可以简化

C．规划的环境影响评价内容可适当简化

D．建设项目环境影响评价应落实规划环境影响评价中提出的要求

19．根据《环境影响评价法》，已经进行了环境影响评价的规划所包含的具体建设项目，下列说法中正确的是（　）。

A．其环境影响评价内容建设单位可以简化

B．规划的环境影响评价结论应当作为建设项目环境影响评价的重要依据，建

设项目环境影响评价的内容应当根据规划的环境影响评价审查意见予以简化

C．不进行建设项目的环境影响评价

D．建设项目环境影响评价应落实规划环境影响评价中提出的要求

20．以下不属于《建设项目环境影响报告表》格式中的主要章节的是（　）。

A．环境质量状况　　B．建设项目工程分析

C．环境影响分析　　D．公众参与

21．根据《环境影响评价法》，建设项目的（　）由建设单位按照国务院的规定报有审批权的生态环境主管部门审批。

A．环境影响报告书、报告表　　B．环境影响报告书、报告表、登记表

C．环境影响报告书、登记表　　D．报告表、登记表

22．根据《环境影响评价法》，下列哪个内容不属于建设项目的环境影响报告书的内容的是（　）

A．环境影响评价的结论　　B．水土保持

C．对环境影响的经济损益分析　　D．对建设项目实施环境监测的建议

23．对国家规定实行备案制的建设项目，建设单位提交环境影响评价文件的时限应当为（　）。

A．提交项目申请报告前　　B．报送可行性研究报告前

C．办理备案手续后至开工前　　D．申请竣工环境保护验收前

24．根据《环境影响评价法》，建设项目的环境影响评价文件，由建设单位按照国务院的规定报（　）审批。

A．当地生态环境主管部门　　B．行业主管部门

C．有审批权的生态环境主管部门　　D．建设单位主管部门

25．根据《环境影响评价法》，建设项目如有行业主管部门的，其环境影响报告书或者环境影响报告表应当（　）。

A．环境保护行政主管部门预审　行业主管部门审批

B．应当经行业主管部门预审后，报有审批权的生态环境主管部门审批

C．由建设单位按照国务院的规定报有审批权的生态环境主管部门审批

D．行业主管部门审核　生态环境主管部门

26．国家对环境影响登记表实行（　）。

A．登记管理　　B．行政审批管理

C．评估管理　　D．备案管理

27．根据《环境影响评价法》，审批环境影响评价文件的部门应当自收到环境影响报告书之日起（　）内，收到环境影响报告表之日起（　）内，分别作出审批决定并书面通知建设单位。

A. 60日 30日 B. 50日 20日 C. 70日 30日 D. 40日 20日

28. 根据《环境影响评价法》，下列关于环境影响评价文件审批的说法，正确的是（ ）。

A. 审批建设项目环境影响报告书，需收取一定的费用

B. 审批建设项目环境影响报告书、报告表，需收取一定的费用

C. 预审、审核建设项目环境影响评价文件，不得收取任何费用，但审批可以收费

D. 预审、审核、审批建设项目环境影响评价文件，不得收取任何费用

29. 根据《建设项目环境影响评价文件分级审批规定》，下列类型建设项目的环境影响评价文件，应当由环境保护部负责审批的是（ ）。

A. 涉及国家级自然保护区的建设项目

B. 垃圾焚烧等可能造成重大环境影响的建设项目

C. 由国务院有关部门备案的对环境可能造成重大影响的特殊性质的建设项目

D. 公众参与中争议较大、省级环境保护行政主管部门认为难以决策的建设项目

30. 根据《环境影响评价法》，建设项目可能造成跨行政区域的不良环境影响，有关生态环境行政主管部门对该项目的环境影响评价结论有争议的，其环境影响评价文件由（ ）审批。

A. 省级生态环境行政主管部门 B. 共同的上一级生态环境主管部门

C. 国务院生态环境行政主管部门 D. 地级以上生态环境行政主管部门

31. 根据《环境影响评价法》，应当将建设项目的环境影响评价文件报原审批部门重新审核的情形是（ ）。

A. 建设项目的规模发生重大变动

B. 建设项目采用的生产工艺发生重大变动

C. 环境影响评价文件自批准之日起超过五年方决定开工建设

D. 环境影响评价文件自批准之日起超过三年方决定开工建设

32. 根据《环境影响评价法》，收到建设项目的环境影响评价文件自批准之日起超过五年，方决定该项目开工建设的，其环境影响评价文件应当报原审批部门（ ）。

A. 重新备案 B. 重新报批 C. 重新审核 D. 报废

33. 根据《环境影响评价法》，建设项目的环境影响评价文件自批准之日起超过（ ）年，方决定该项目开工建设的，其环境影响评价文件应当报原审批部门重新审核。

A. 四 B. 三 C. 六 D. 五

34. 根据《环境影响评价法》，对需重新审核的建设项目的环境影响评价文件，原审批部门应当自收到建设项目环境影响评价文件之日起（ ）日内，将审核意见书

面通知建设单位。

A．10　　B．20　　C．30　　D．15

35．根据《环境影响评价法》，对需重新审核的建设项目的环境影响评价文件，原审批机关应当自收到建设项目环境影响评价文件之日起 10 日内，将审核意见（　）建设单位。

A．口头通知　　B．书面通知　　C．电话通知　　D．上述三项都可以

36．某市在人口密集地拟建一个具有 150 个床位的肿瘤医院，根据该项目的特点和社区的环境，需要说明放射性医疗废弃物对环境的影响。根据《环境影响评价法》，该建设项目的环境影响评价文件应是（　）。

A．环境影响报告书　　B．环境影响登记表

C．附有专家评价的环境影响登记表　　D．附有专项评价的环境影响报告表

37．某建设单位拟在严重缺水地区，建设年产 15 万 m^3 的采沙场，在报批该建设项目的环境影响评价文件前，拟举行论证会、听证会，根据《环境影响评价法》，征求有关单位、专家和公众意见的主持单位应当是（　）。

A．评价单位　　B．建设单位

C．当地人民政府　　D．当地环境保护行政主管部门

38．根据《环境影响评价法》，建设项目环境影响评价文件，由（　）按照国务院的规定报有审批权的生态环境主管部门审批。

A．评价单位　　B．专家评审组

C．建设单位　　D．地方人民政府

39．根据《环境影响评价法》，某建设单位拟建海岸工程建设项目，并编制了环境影响报告书，该环境影响报告书需（　）。

A．报海洋行政主管部门审核并审批

B．报环境保护行政主管部门审核并审批

C．经环境保护行政主管部门审核并签署意见后，报海洋行政主管部门审批

D．环境保护行政主管部门在批准环境影响报告书（表）之前，必须征求海洋、海事、渔业行政主管部门和军队环境保护部门的意见。

40．根据《环境影响评价法》，某农药制造项目，在运行过程中产生了不符合经审批的环境影响报告书的情形，建设单位应当组织（　），采取改进措施，并报原环境影响报告书审批部门和建设项目审批部门备案

A．专家论证　　B．公众听证

C．环境影响后评价　　D．编制环境影响报告表

41．根据《环境影响评价法》和《环境影响评价公众参与办法》，下列关于公众参与时机的说法中，错误的是（　）。

A. 建设单位向生态环境主管部门报批环境影响报告书前，应当组织编写建设项目环境影响评价公众参与说明

B. 建设单位向生态环境主管部门报批环境影响报告书前，应当通过网络平台，公开拟报批的环境影响报告书全文

C. 建设单位应当在确定了承担环境影响评价工作的评价机构后 7 日内，向公众公告有关信息

D. 对公众意见较大的建设项目，环境保护行政主管部门在公开征求公众意见后，可以组织开展深度公众参与

42. 根据《环境影响评价法》，建设单位组织编制的环境影响后评价文件应当（　）。

A. 由建设单位直接存档备查

B. 报建设项目所在地生态环境主管部门审批

C. 报原环境影响评价文件审批部门和建设项目审批部门备案

D. 报原环境影响评价文件审批部门审批，并报建设项目所在地人民政府备案

43. 根据《环境影响评价法》，对有行业主管部门的建设项目编制的环境影响报告表，有审批权的环境保护行政主管部门应当（　）作出审批决定。

A. 自收到环境影响报告表之日起 15 日内

B. 自收到环境影响报告表之日起 30 日内

C. 自收到行业主管部门预审意见之日起 15 日内

D. 自收到行业主管部门预审意见之日起 30 日内

44. 某煤矿环境影响报告书审批后，由于首采工作面移动了位置，致使采空区上方民房出现裂缝。根据《环境影响评价法》，该建设单位的下列做法中，正确的是（　）。

A. 重新报批该项目的环境影响评价文件

B. 组织该项目的环境影响后评价，采取改进措施

C. 将该项目环境影响评价文件报原审批部门重新审核

D. 在项目建成后，申请竣工环境保护验收时向原审批部门作出书面说明

45. 根据环保部发布环评管理中九种行业建设项目重大变动清单，下列哪种情况界定建设项目为重大变动的情况，说法正确的是（　）。

A. 建设项目的性质、规模、地点、生产工艺和环境保护措施五个因素中的一项或一项以上发生重大变动

B. 建设项目的性质、规模、地点、生产工艺和环境保护措施五个因素中的一项或一项以上发生重大变动，且可能导致环境影响显著变化（特别是不利环境影响加重）的

C．建设项目的性质、规模、地点、生产工艺和环境保护措施五个因素中的两项以上发生重大变动

D．建设项目的性质、规模、地点、生产工艺和环境保护措施五个因素中的两项以上发生重大变动，且可能导致环境影响显著变化（特别是不利环境影响加重）的

46．根据《“生态保护红线、环境质量底线、资源利用上线和环境准入负面清单”编制技术指南（试行）》，其工作定位是以（　）为核心。

A．绿色发展　　B．改善生态环境质量

C．生态保护红线　　D．环境质量底线

47．根据《“生态保护红线、环境质量底线、资源利用上线和环境准入负面清单”编制技术指南（试行）》，下列（　）不属于该指南的主要任务。

A．开展基础分析，建立工作底图

B．明确生态保护红线，识别生态空间

C．确立环境质量底线，测算污染物允许排放量

D．突出差别准入

48．根据《建设项目危险废物环境影响评价指南》，下列（　）不属于产生危险废物建设项目环境影响评价的原则。

A．科学划定，切实落地　　B．重点评价，科学估算

C．全程评价，规范管理　　D．科学评价，降低风险

49．根据《建设项目危险废物环境影响评价指南》，对于固体废物属性判定，说法错误的是（　）。

A．列入《国家危险废物名录》的直接判定为危险废物

B．环境影响报告书（表）中应对照《国家危险废物名录》明确危险废物的类别、行业来源、代码、名称、危险特性

C．未列入《国家危险废物名录》的固体废物可直接认定为一般固体废物

D．环评阶段不具备开展危险特性鉴别条件的可能含有危险特性的固体废物，环境影响报告书（表）中应明确疑似危险废物的名称、种类、可能的有害成分，并明确暂按危险废物从严管理

50．根据《建设项目危险废物环境影响评价指南》，关于工程分析中危险废物污染防治措施，说法错误的是（　）。

A．应给出危险废物收集、贮存、运输、利用、处置环节采取的污染防治措施

B．在项目生产工艺流程图中应标明危险废物的产生环节

C．危险废物贮存应关注“四防”（防风、防雨、防晒、防渗漏），明确防渗措施和渗漏收集措施，以及危险废物堆放方式、警示标识等方面内容

D．在厂区布置图中应标明危险废物贮存场所（设施）、自建危险废物处置设施的位置

51．根据《建设项目危险废物环境影响评价指南》，下列（　）不属于危险废物建设项目产生量核算方法。

A．物料衡算法　　B．产排污系数法
C．类比法　　D．资料引用法

52．根据《关于做好环境影响评价制度与排污许可制衔接相关工作的通知》，下列说法错误的是（　）。

A．纳入排污许可管理的建设项目，可能造成重大环境影响、应当编制环境影响报告书的，原则上实行排污许可重点管理
B．可能造成轻度环境影响、应当编制环境影响报告表的，原则上实行排污许可简化管理
C．分期建设的项目，建设单位应分期申请排污许可证
D．改扩建项目的环境影响评价，应当将排污许可证执行情况作为现有工程回顾评价的唯一依据

53．根据《关于做好环境影响评价制度与排污许可制衔接相关工作的通知》，申请排污许可证的前提和重要依据是（　）。

A．环境影响评价制度　　B．环保竣工验收制度
C．总量控制制度　　D．事中事后监督制度

54．根据《关于做好环境影响评价制度与排污许可制衔接相关工作的通知》，下列说法正确的是（　）。

A．建设项目验收合格之前，排污单位应当按照国家环境保护相关法律法规以及排污许可证申请与核发技术规范要求，不得无证排污或不按证排污
B．环境影响报告书（表）获得批准的建设项目，其环境影响报告书（表）以及审批文件中与污染物排放相关的主要内容应当纳入排污许可证
C．建设项目无证排污或不按证排污的，环保部门不得出具该项目验收合格的意见，验收报告中与污染物排放相关的主要内容应当纳入该项目验收完成当年排污许可证执行年报
D．排污许可证执行报告、台账记录以及自行监测执行情况等应作为开展建设项目环境影响后评价的重要依据

55．依据《建设项目环境影响评价文件分级审批规定》，下列类型建设项目的环境影响评价文件，应当由生态环境部负责审批的是（　）。

A．涉及国家级自然保护区的建设项目
B．垃圾焚烧等可能造成重大环境影响的建设项目

C．由国务院有关部门备案的对环境可能造成重大影响的特殊性质的建设项目

D．公众参与中争议较大、省级环境保护行政主管部门认为难以决策的建设项目

56．下列（　）不属于生态环境部审批环境影响评价文件类型。

A．在跨界河流、跨省（区、市）河流上建设的项目

B．国务院有关部门核准的煤炭开发项目

C．绝密工程

D．年产超过 50 万吨的煤制油项目

57．根据《建设项目环境保护管理条例》，下列（　）不属于环境影响报告书、环境影响报告表审批重点审查的内容。

A．环境影响分析预测评估的可靠性

B．环境影响评价结论的科学性

C．环境保护措施的有效性

D．公众参与的代表性

58．根据《建设项目环境保护管理条例》，下列（　）不属于环境影响报告书、环境影响报告表审批重点审查的内容。

A．建设项目的环境可行性　　B．工程分析源强的准确性

C．环境保护措施的有效性　　D．环境影响分析预测评估的可靠性

59．根据《建设项目环境保护管理条例》，下列（　）不属于环境保护行政主管部门对环境影响报告书作出不予批准的情形。

A．工程分析部分源强估算不准确

B．基础资料数据明显不实

C．环境影响评价结论不明确

D．所在区域环境质量未达到国家环境质量标准

60．根据《建设项目环境保护管理条例》，某技改项目编制的环境影响报告书，下列（　）不属于环境保护行政主管部门对环境影响报告书作出不予批准的情形。

A．未针对项目原有环境污染和生态破坏提出有效防治措施

B．公众参与的代表性不够

C．采取的污染防治措施无法确保污染物排放达到地方排放标准

D．建设项目类型不符合环境保护法律法规和相关法定规划

61．某单位建设了核设施项目，根据《建设项目环境保护事中事后监督管理办法（试行）》，下列（　）不是事后监督管理的内容。

A．该单位遵守国家环境保护法律、法规的情况

B．该单位遵守当地环境保护法律、法规的情况

C. 该单位开展环境影响后评价及落实相应改进措施的情况

D. 该单位的排污许可证的实施情况

62. 根据《建设项目环境保护事中事后监督管理办法（试行）》，建设单位未依法提交建设项目环境影响评价文件、环境影响评价文件未经批准，或者建设项目的性质、规模、地点、采用的生产工艺或者环境保护措施发生重大变化，未重新报批建设项目环境影响评价文件，擅自开工建设的，以下处理正确的是（ ）。

A. 由环境保护部门依法责令停止建设，处以罚款，并可以责令恢复原状

B. 由环境保护部门依法责令停止建设

C. 由环境保护部门依法处以罚款，并可以责令恢复原状

D. 由环境保护部门责令恢复原状

63. 根据《关于规划环境影响评价加强空间管制、总量管控和环境准入的指导意见（试行）》，加强总量管控，是指应以推进（ ）为目标，明确区域（流域）及重点行业污染物排放总量上限，作为调控区域内产业规模和开发强度的依据。

A. 环境功能区　　B. 环境质量改善

C. 总量控制　　D. 污染物达标排放

64. 根据《关于规划环境影响评价加强空间管制、总量管控和环境准入的指导意见（试行）》，加强环境准入，是指在符合（ ）要求的基础上，提出区域（流域）产业发展的环境准入条件，推动产业转型升级和绿色发展。

A. 空间管制和总量管控　　B. 区域管制和总量管控

C. 污染管制和总量管控　　D. 总量管控

65. 根据《关于规划环境影响评价加强空间管制、总量管控和环境准入的指导意见（试行）》，规划区域已经划定生态保护红线的，应将（ ）作为生态空间的核心部分。

A. 总量管控　　B. 环境质量改善

C. 生态保护红线区　　D. 环境保护要求

66. 根据《建设项目环境影响登记表备案管理办法》，建设项目环境影响登记表备案采用（ ）方式。

A. 纸质备案　　B. 网上备案

C. 纸质或网上备案　　D. 提交纸质备案并网上备案

67. 根据《建设项目环境影响登记表备案管理办法》，关于建设项目环境影响登记表备案说法，正确的是（ ）。

A. 填报环境影响登记表需有环评资质的单位编写

B. 编写单位对其填报的建设项目环境影响登记表内容的真实性、准确性和完整性负责

C. 县级环境保护主管部门负责本行政区域内的建设项目环境影响登记表备案管理

D. 建设项目的建设地点涉及多个县级行政区域的，建设单位应当向建设地点所在地的上一级环境保护主管部门备案

68. 根据《建设项目环境影响登记表备案管理办法》，建设单位未依法备案建设项目环境影响登记表的，由县级环境保护主管部门（　）。

A. 责令备案　B. 责令备案，处五万元以下的罚款

C. 责令备案，处一万元以下的罚款　D. 处五万元以下的罚款

69. 根据《“十三五”环境影响评价改革实施方案》，下列关于提高建设项目环评效能的说法，错误的是（　）。

A. 涉及自然保护区、饮用水水源保护区、风景名胜区等法定保护区域的项目，在符合法律法规规定的前提下，不将主管部门意见作为环评审批的前置

B. 对未列入分类管理名录且环境影响或环境风险较大的新兴产业，由省级环保部门确定其环评分类，报环境保护部备案；对未列入分类管理名录的其他项目，无需履行环评手续

C. 将公参意见作为完善和强化建设项目环保措施的决策依据

D. 在项目环评中建立“三线一单”约束机制，强化准入管理

70. 根据《关于强化建设项目环境影响评价事中事后监管的实施意见》，关于加强事中监管的内容，下列说法错误的是（　）。

A. 对环保部门要重点检查其环评审批行为和审批程序合法性、审批结果合规性

B. 对技术评估机构要重点检查其技术评估能力、独立对环评文件进行技术评估并依法依规提出评估意见情况，是否存在乱收费行为

C. 对环评单位要重点开展环评文件质量抽查复核

D. 对建设单位要重点监督其依法依规履行环评程序、开展公众参与情况

71. 根据《关于强化建设项目环境影响评价事中事后监管的实施意见》，关于加强事后监管的内容，下列说法错误的是（　）。

A. 对环保部门要重点检查其对建设项目环境保护“三同时”监督检查情况

B. 对环评单位要重点开展环评文件质量抽查复核

C. 对建设单位要重点监督落实环评文件及批复要求，在项目设计、施工、验收、投入生产或使用中落实环境保护“三同时”及各项环境管理规定情况

D. 对技术评估机构要重点检查其技术评估能力、独立对环评文件进行技术评估并依法依规提出评估意见情况，是否存在乱收费行为

72．根据《关于做好畜禽规模养殖项目环境影响评价管理工作的通知》，鼓励根据土地承载能力确定畜禽养殖场的适宜养殖规模，土地承载能力可采用（　）发布的测算技术方法确定。

A．农业农村主管部门　　B．环境保护主管部门

C．环保部　　D．人民政府

73．建设单位未依法报批建设项目环境影响报告书、报告表，或者未依照规定重新报批或者报请重新审核环境影响报告书、报告表，擅自开工建设的，由（　）责令停止建设，根据违法情节和危害后果，处建设项目总投资额（　）的罚款，并可以责令恢复原状；对建设单位直接负责的主管人员和其他直接责任人员，依法给予行政处分。

A．环境保护主管部门　百分之一以上百分之五以下

B．县级以上环境保护行政主管部门　百分之一以上百分之五以下

C．环境保护主管部门　百分之五以上百分之十以下

D．县级以上环境保护行政主管部门　百分之五以上百分之十以下

74．根据《关于建设项目“未批先建”违法行为法律适用问题的意见（环政法函〔2018〕31 号）》，违法行为在（　）内未被发现的，不再给予行政处罚。法律另有规定的除外。

A．三年　　B．四年　　C．一年　　D．两年

75．根据《关于加强“未批先建”建设项目环境影响评价管理工作的通知》，各级环境保护部门要按照“（　）”原则，对“未批先建”建设项目进行拉网式排查并依法予以处罚。

A．属地管理　　B．垂直管理

C．属地管理、垂直管理　　D．统一领导与指挥原则

76．根据《环保部关于印发制浆造纸等十四个行业建设项目重大变动清单的通知》），合成氨或尿素、硝酸铵等主要氮肥产品生产能力增加（　）及以上被列入重大变动清单。

A．30%　　B．20%　　C．10%　　D．40%

77．根据《环保部关于印发制浆造纸等十四个行业建设项目重大变动清单的通知》，对于纺织印染建设项目重大变动清单中，建设规模发生的变动包括：纺织品制造洗毛、染整、脱胶或缫丝规模增加（　）及以上，其他原料加工（编织物及其制品制造除外）规模增加（　）及以上。

A．30%　40%　　B．30%　50%　　C．40%　30%　　D．40%　20%

78. 根据《环保部关于印发制浆造纸等十四个行业建设项目重大变动清单的通知》，对于钢铁建设项目重大变动清单中，建设规模发生的变动包括：烧结、炼铁、炼钢工序生产能力增加（ ）及以上；球团、轧钢工序生产能力增加（ ）及以上。

A. 10% 20%　B. 20% 30%　C. 15% 30%　D. 10% 30%

79. 根据《在国家级自然保护区修筑设施审批管理暂行办法》，在国家级自然保护区修筑设施的相关规定，下列说法错误的是（ ）。

A. 国家林业局负责全国国家级自然保护区修筑设施的监督检查工作；县级以上地方人民政府林业主管部门负责本行政区域内国家级自然保护区修筑设施的监督检查工作

B. 准予修筑设施的行政许可决定的有效期为两年

C. 修筑设施的单位或者个人应当向国家林业局提出申请，国家林业局应当自受理之日起 20 日内作出是否准予行政许可的决定，出具准予行政许可决定书或者不予行政许可决定书，并告知申请人

D. 未经批准擅自在国家级自然保护区修筑设施的，国家林业局应当责令停止建设或者使用设施，并采取补救措施

80. 为推进石油天然气开发与生态环境保护相协调，生态环境部发布《关于进一步加强石油天然气行业环境影响评价管理的通知》，关于石油天然气行业推进规划环评影响评价的说法错误的是（ ）。

A. 编制油气开发相关专项规划，应当依法同步编制规划环境影响报告书，报送生态环境主管部门依法召集审查

B. 有关单位编制油气发展规划等综合规划或指导性专项规划，应当依法同步编制环境影响篇章或说明

C. 在重点污染物排放总量超过国家或者地方规定的总量控制指标区域内，应当暂停规划油气开发项目

D. 涉及海洋油气开发的，应当通报生态环境部及其相应流域海域生态环境监督管理局

81. 以下关于油气田项目环评报告类型说法错误的是（ ）。

A. 油气开采项目原则上应当以区块为单位开展环评

B. 滚动开发区块产能建设项目环评文件中还应对现有工程环境影响进行回顾性评价，对存在的生态环境问题和环境风险隐患提出有效防治措施

C. 未确定产能建设规模的陆地油气开采新区块，建设勘探井应当依法编制环境影响报告表

D. 海洋油气勘探工程应当依法编制环境影响报告表

82 以下关于化工园区环境保护工作说法错误的是（ ）。

A. 禁止在人口集中居住区、重要生态功能区、自然保护区、饮用水水源保护区、基本农田保护区以及其他环境敏感区域内设立园区

B. 已经批准的园区规划在实施范围、适用期限、建设规模、结构与布局等方面进行重大调整或修订的，应当及时重新开展规划环境影响评价工作

C. 规划实施三年以上的园区，应组织开展环境影响跟踪评价

D. 入园项目必须开展环境影响评价工作

83. 根据《关于进一步加强环境影响评价管理防范环境风险的通知》，（ ）是环境风险防范的责任主体。

A. 建设单位及其所属企业　　B. 环评单位

C. 生态环境保护主管部门　　D. 环境监理单位

84. 以下哪家单位可以作为编制环境影响报告书（表）的技术单位（ ）。

A. 建设单位具备环境影响评价技术能力的，可以自行对其建设项目开展环境影响评价，编制环境影响报告书（表）

B. 个体工商户、农村承包经营户，可以自行对其建设项目开展环境影响评价，编制环境影响报告书（表）

C. 由生态环境主管部门出资的单位，可以自行对其建设项目开展环境影响评价，编制环境影响报告书（表）

D. 由其他负责审批环境影响报告书（表）的部门出资的单位，可以自行对其建设项目开展环境影响评价，编制环境影响报告书（表）

85 失信行为和失信记分相关情况在信用平台的公开期限为（ ）。禁止从事环境影响报告书（表）编制工作的技术单位和终身禁止从事环境影响报告书（表）编制工作的编制人员，其失信行为和失信记分公开期限为（ ）。

A. 三年　永久　　B. 五年　十年

C. 五年　永久　　D. 三年　十年

86. 信用管理对象列入《生态环境部令 部令 第 9 号 建设项目环境影响报告书（表）编制监督管理》办法规定的守信名单、重点监督检查名单、限期整改名单和“黑名单”的相关情况在信用平台的公开期限为（ ）。

A. 一年　　B. 二年

C. 三年　　D. 五年

二、不定项选择题（每题的备选项中至少有一个符合题意）

1. 《环境影响评价法》中的环境影响评价文件指的是（ ）。

A. 环境影响报告书　　B. 环境影响报告表

C. 环境影响登记表　　D. 环境影响评价的有关规章制度

2. 根据《建设项目环境影响评价分类管理名录》，确定建设项目环境影响评价类别的重要依据是建设项目所处环境的（　）。

A. 区位　B. 敏感性质　C. 敏感区数量　D. 敏感程度

3.《建设项目环境影响评价分类管理名录》未作规定的建设项目，其环境影响评价类别由省级环境保护行政主管部门根据建设项目的（　）提出建议，报国务院环境保护行政主管部门认定。

A. 污染因子　B. 生态影响因子特征

C. 行业　D. 投资规模

E. 所处环境的敏感性质和敏感程度

4. 根据《建设项目环境影响评价分类管理名录》，下列关于环境影响评价分类管理中类别的确定，说法错误的有（　）。

A. 建设涉及环境敏感区的项目，应当严格按照《建设项目环境影响评价分类管理名录》确定其环境影响评价类别，不得擅自降低环境影响评价类别，但可以提高

B. 跨行业、复合型建设项目，其环境影响评价类别按其主导行业的等级确定

C.《建设项目环境影响评价分类管理名录》未作规定的建设项目，其环境影响评价类别只能由省级环境保护行政主管部门认定

D. 建设项目所处环境的敏感性质和敏感程度，是确定建设项目环境影响评价类别的唯一依据

5. 下列区域属于《建设项目环境影响评价分类管理名录》所指的环境敏感区的有（　）。

A. 基本草原　B. 地质公园

C. 天然林　D. 结构性缺水地区

E. 资源型缺水地区

6. 下列区域属于《建设项目环境影响评价分类管理名录》所指的环境敏感区的有（　）。

A. 世界文化遗产地　B. 重要湿地

C. 世界自然遗产地　D. 天然林

E. 所有湿地

7. 下列区域属于《建设项目环境影响评价分类管理名录》所指的环境敏感区的有（　）。

A. 居住区　B. 科研区

C. 医疗卫生区域　D. 行政办公区

E. 文化教育区域

8．下列区域属于《建设项目环境影响评价分类管理名录》所指的环境敏感区的有（　）。

A．水土流失重点防治区　　B．沙化土地封禁保护区
C．封闭及半封闭海域　　D．重要水生生物的越冬场
E．重要水生生物的洄游通道

9．下列区域属于《建设项目环境影响评价分类管理名录》所指的环境敏感区的有（　）。

A．重要水生生物的自然产卵场及索饵场　　B．文物保护单位
C．封闭及半封闭湖泊　　D．高等院校
E．基本农田保护区

10．下列区域属于《建设项目环境影响评价分类管理名录》所指的环境敏感区的有（　）。

A．饮用水水源保护区　　B．天然渔场
C．珍稀濒危野生动植物天然集中分布区　　D．耕地
E．基本农田保护区

11．下列区域属于《建设项目环境影响评价分类管理名录》所指的环境敏感区的有（　）。

A．森林公园　　B．自然保护区
C．风景名胜区　　D．博物馆
E．人工桉树林

12．下列区域属于《建设项目环境影响评价分类管理名录》所指的环境敏感区的有（　）。

A．某县人民政府批准的粮食生产基地　　B．某地级市的蔬菜生产基地
C．某农业科学研究院的教学试验田　　D．工业区
E．水土流失重点防治区

13．《建设项目环境影响评价分类管理名录》所称环境敏感区包括（　）。

A．珊瑚礁　　B．基本草原
C．生态功能保护区　　D．沙化土地封禁保护区
E．以行政办公为主要功能的区域

14．根据《环境影响评价法》，建设项目的环境影响报告书必须包括的内容有（　）。

A．环境影响评价结论
B．环境风险影响评价
C．对建设项目实施环境监测的建议

D．建设项目对环境影响的经济损益分析

E．建设项目环境保护措施及其技术、经济论证

15．根据《环境影响评价法》，（　）是建设项目环境影响报告书中的法定内容。

A．建设项目概况

B．建设项目对环境可能造成影响的分析、预测和评估

C．对建设项目水土保持方案

D．建设项目周围环境现状

E．建设项目对环境影响的经济损益分析

16．根据《建设项目环境影响报告表》内容及格式的有关要求，建设项目环境影响报告表的结论与建议应当包括的内容有（　）。

A．环境管理机构及定员　　B．实施环境监测的建议

C．污染防治措施的有效性　　D．建设项目环境可行性的明确结论

E．项目达标排放和总量控制的分析结论

17．根据《建设项目环境影响报告表》内容及格式的有关要求，建设项目环境影响报告表的结论和建议应包括（　）。

A．清洁生产　　B．达标排放

C．总量控制的分析　　D．污染防治的有效性

E．经济损益分析

18．根据《建设项目环境影响报告表》内容及格式的有关要求，建设项目环境影响报告表的结论和建议应包括（　）。

A．总量控制的分析　　B．污染防治的有效性

C．清洁生产　　D．达标排放

E．建设项目环境可行性

19．根据《环境影响评价法》，建设项目的环境影响评价文件经批准后，建设项目的（　）发生重大变动的，建设单位应当重新报批建设项目的环境影响评价文件。

A．采用的生产工艺　　B．地点

C．规模　　D．性质

E．防治污染、防止生态破坏的措施

20．根据《环境影响评价法》，下列建设项目的环境影响评价文件经批准后，需经原审批部门再次报批的是（　）。

A．建设项目的性质发生了重大变动

B．建设项目采用的生产工艺发生了重大变动

C. 建设项目的地点发生了重大变动

D. 建设项目防止生态破坏的措施发生了重大变动

E. 建设项目自批准日超过五年才开工建设的

21. 根据《环境影响评价法》，建设项目建设过程中，建设单位应当同时实施（ ）。

A. 环境影响报告书中提出的环境保护对策措施

B. 环境影响评价文件审批部门审批意见中提出的环境保护对策措施

C. 环境影响报告表中提出的环境保护对策措施

D. 可研报告中提出的环境保护对策措施

22. 根据《建设项目环境保护管理条例》，建设项目需要配套建设的环境保护设施，必须与主体工程（ ）。

A. 同时设计　　B. 同时施工　　C. 同时竣工　　D. 同时投产使用

23. 根据《环境影响评价法》，关于建设项目的环境影响后评价，下列说法正确的是（ ）。

A. 组织开展建设项目环境影响后评价的单位是建设单位

B. 开展建设项目环境影响后评价的时间是在项目完成之后

C. 对建设项目的环境影响后评价以及所采取的措施，应当报原环境影响评价文件审批部门和建设项目审批部门备案

D. 原环境影响评价文件审批部门可以责成建设单位进行环境影响后评价

E. 所有编制环境影响报告书的建设项目均应当进行环境影响后评价

24. 根据《环境影响评价法》，建设项目可能造成的跨行政区域的不良环境影响，有关环境保护行政主管部门对该项目的环境影响评价结论有争议的，其环境影响评价文件由（ ）审批。

A. 共同的上一级行政主管部门　　B. 共同的上一级环境保护行政主管部门

C. 上一级环境保护行政主管部门　　D. 上一级行业主管部门

25. 根据《建设项目环境影响评价文件分级审批规定》，（ ）的建设项目的环境影响文件由环境保护部负责审批。

A. 国务院审批　　B. 国家规定需要保密

C. 国务院授权有关部门核准　　D. 国务院有关部门备案

26. 根据《环境影响评价法》，下列建设项目的环境影响评价文件由国务院环境保护行政主管部门负责审批的有（ ）。

A. 由国务院审批的建设项目

B. 跨省、自治区、直辖市行政区域的建设项目

C. 由国务院授权有关部门审批的建设项目

D．核设施、绝密工程等特殊性质的建设项目

27. 根据《环境影响评价法》，建设项目环境影响报告书应当包括的内容有（　）。

A．环境影响评价结论

B．对建设项目实施环境监测的建议

C．建设项目对环境影响的经济损益分析

D．建设项目环境保护措施及其技术、经济论证

28．根据《环境影响评价法》，建设项目环境影响评价文件经批准后，该项目的建设单位应当重新报批环境影响评价文件的情形有（　）。

A．该项目采用的生产工艺发生重大变化

B．该项目的性质、规模、地点发生重大变化

C．该项目环境影响评价文件自批准之日起三年内未开工建设

D．该项目采用的防治污染、防止生态破坏的措施发生重大变化

29．根据环保部发布环评管理中九种行业建设项目重大变动清单，下列（　）应当重新报批环境影响评价文件。

A．建设项目的性质发生了重大变动，且可能导致不利环境影响加重的

B．建设项目的规模发生重大变动，且可能导致不利环境影响加重的

C．建设项目地点发生变动

D．建设项目的生产工艺发生了重大变动，但可能导致不利环境影响不加重的

30．根据《“生态保护红线、环境质量底线、资源利用上线和环境准入负面清单”编制技术指南（试行）》，下列（　）属于该指南的主要任务。

A．开展基础分析，建立工作底图

B．明确生态保护红线，识别生态空间

C．确立环境质量底线，测算污染物允许排放量

D．确定资源利用上线，明确管控要求

31．根据《“生态保护红线、环境质量底线、资源利用上线和环境准入负面清单”编制技术指南（试行）》，下列（　）属于该指南的主要任务。

A．综合各类分区，确定环境管控单元

B．明确生态保护红线，识别生态空间

C．统筹分区管控要求，建立环境准入负面清单

D．集成“三线一单”成果建设信息管理平台

32．根据《涉及国家级自然保护区建设项目生态影响专题报告编制指南（试行）》，以下（　）不属于涉及国家级自然保护区建设项目。

A．传统农业生产　　B．三级公路

C．社区医院　　D．自建住宅

33. 根据《涉及国家级自然保护区建设项目生态影响专题报告编制指南(试行)》，关于专题报告，说法正确的有（ ）。

A. 编制《专题报告》，要坚持“尊重自然、保护优先；科学调查、客观公正”的原则

B.《专题报告》编制的评价范围应包括项目建设和运营直接影响和间接影响区，以及整个国家级自然保护区的范围

C.《专题报告》编制单位可以不具有相应的建设项目环境影响评价资质证书

D.《专题报告》项目负责人应具有高级专业技术职称，编制人员应当具有自然保护区及生态学等方面专业背景

34. 根据《建设项目危险废物环境影响评价指南》，（ ）属于危险废物建设项目产生量核算方法。

A. 物料衡算法　　B. 产排污系数法

C. 类比法　　D. 实测法

35. 根据《建设项目危险废物环境影响评价指南》，关于危险废物建设项目产生量核算方法，说法正确的是（ ）。

A. 对于改、扩建项目可采用实测法统计核算危险废物产生量

B. 对于生产工艺成熟的项目，应通过产排污系数法分析估算危险废物产生量，必要时采用类比法校正，并明确类比条件、提供类比资料

C. 若无法按物料衡算法估算危险废物产生量，可采用类比法估算，但应给出所类比项目的工程特征和产排污特征等类比条件

D. 采用物料衡算法、类比法、实测法、产排污系数法等相结合的方法核算建设项目危险废物的产生量

36. 根据《建设项目危险废物环境影响评价指南》，对（ ）中有重大环境风险，建设地点敏感，且持续排放重金属或者持久性有机污染物的建设项目，提出开展环境影响后评价要求，并将后评价作为其改扩建、技改环评管理的依据。

A. 冶金行业　　B. 石化行业

C. 化工行业　　D. 火电行业

37. 根据《关于做好环境影响评价制度与排污许可制衔接相关工作的通知》，下列说法正确的是（ ）。

A. 国家将分行业制定建设项目重大变动清单

B. 环境影响报告书（表）经批准后，建设项目发生重大变动的，建设单位应当依法重新报批环境影响评价文件，并在申请排污许可时提交重新报批的环评批复（文号）

C. 发生变动但不属于重大变动情形的建设项目，排污许可证核发部门按照污染

物排放标准、总量控制要求、环境影响报告书（表）以及审批文件从严核发

D. 环境保护部负责统一建设建设项目环评审批信息申报系统，并与全国排污许可证管理信息平台充分衔接

38. 根据《关于做好环境影响评价制度与排污许可制衔接相关工作的通知》，对于分期建设的项目，下列说法正确的是（　）。

A. 环境影响报告书（表）以及审批文件应当列明分期建设内容

B. 环境影响报告书（表）以及审批文件应当明确分期实施后排放口数量、位置以及每个排放口的污染物种类、允许排放浓度和允许排放量、排放方式、排放去向、自行监测计划等与污染物排放相关的主要内容

C. 建设单位应分期申请排污许可证

D. 分期实施的允许排放量之和可以高于建设项目的总允许排放量

39. 根据《建设项目环境保护管理条例》，环境影响报告书、环境影响报告表审批应当重点审查的内容包括（　）。

A. 建设项目的环境可行性

B. 环境影响分析预测评估的可靠性

C. 环境保护措施的有效性

D. 环境影响评价结论的科学性

40. 根据《建设项目环境保护管理条例》，对（　）的情形，环境保护行政主管部门应当对环境影响报告书、环境影响报告表作出不予批准。

A. 建设项目类型及其选址、布局、规模等不符合环境保护法律法规和相关法定规划

B. 所在区域环境质量未达到国家环境质量标准，且建设项目拟采取的措施不能满足区域环境质量改善目标管理要求

C. 建设项目采取的污染防治措施无法确保污染物排放达到国家和地方排放标准

D. 建设项目未采取必要措施预防和控制生态破坏

41. 根据《建设项目环境保护管理条例》，对（　）的情形，环境保护行政主管部门应当对环境影响报告书、环境影响报告表作出不予批准。

A. 改建、扩建和技术改造项目，未针对项目原有环境污染和生态破坏提出有效防治措施

B. 建设项目的环境影响报告书、环境影响报告表的基础资料数据明显不实

C. 建设项目的环境影响报告书、环境影响报告表的内容存在重大缺陷、遗漏

D. 建设项目的环境影响报告书、环境影响报告表的环境影响评价结论不明确、不合理

42．根据《建设项目环境保护事中事后监督管理办法（试行）》，（　）是事中监督管理的内容。

A．经批准的环境影响评价文件及批复中提出的环境保护措施落实情况

B．环境保护部门做出的行政处罚决定落实情况

C．施工期环境监理和环境监测开展情况

D．竣工环境保护验收和排污许可证的实施情况

43．根据《建设项目环境保护事中事后监督管理办法（试行）》，（　）不是事后监督管理的内容。

A．遵守环境保护法律、法规的情况

B．环境保护部门做出的行政处罚决定落实情况

C．开展环境影响后评价及落实相应改进措施的情况

D．排污许可证的实施情况

44．根据《建设项目环境保护事中事后监督管理办法（试行）》，建设项目审批和事中监督管理过程中发现环境影响评价文件存在（　）问题，环境影响评价机构和相关人员除依照《环境影响评价法》的规定处理外，还应当依法追究连带责任。

A．环境保护目标遗漏

B．主要环境保护措施缺失

C．环境影响评价结论错误

D．因环境影响评价文件所提污染防治和生态保护措施不合理而造成环境污染事故

45．根据《建设项目环境影响评价信息公开机制方案》，（　）属于建设项目环境影响评价信息公开的内容。

A．建设单位在建设项目环境影响报告书编制过程中，应当向社会公开建设项目的工程基本情况、拟定选址选线、周边主要保护目标的位置和距离、主要环境影响预测情况、拟采取的主要环境保护措施、公众参与的途径方式

B．建设单位在建设项目环境影响报告表编制过程中，应当向社会公开建设项目的工程基本情况、拟定选址选线、周边主要保护目标的位置和距离、主要环境影响预测情况、拟采取的主要环境保护措施、公众参与的途径方式

C．公开环境影响报告书（表）全本

D．公开建设项目开工前的信息

46．根据《建设项目环境影响评价信息公开机制方案》，（　）属于建设项目环境影响评价信息公开的内容。

A．公开环境影响报告书（表）全本

B．公开建设项目开工前的信息

C．公开建设项目建成后的信息

D．公开建设项目施工过程中的信息

47．根据《关于规划环境影响评价加强空间管制、总量管控和环境准入的指导意见（试行）》，纳入排放总量管控的主要污染物，除化学需氧量、氨氮、二氧化硫、氮氧化物外，一般应包括（　）。

A．总磷　　B．挥发性有机物

C．烟粉尘　　D．苯

48．根据《关于规划环境影响评价加强空间管制、总量管控和环境准入的指导意见（试行）》，关于明确环境准入，推动产业转型升级的说法，正确的是（　）。

A．在综合考虑规划空间管制要求、环境质量现状和目标等因素的基础上，论证区域产业发展定位的环境合理性，提出环境准入负面清单和差别化环境准入条件

B．对规划区域资源环境影响突出、经济社会贡献偏小的行业原则上应列入禁止准入类

C．根据环境保护政策规划、总量管控要求、清洁生产标准等，明确应限制或禁止的生产工艺或产品清单

D．当区域（流域）环境质量现状超标时，超标因子涉及的行业、工艺、产品等应列入禁止准入类

49．根据《建设项目环境影响登记表备案管理办法》，关于建设项目环境影响登记表备案说法，错误的是（　）。

A．对国家规定需要保密的建设项目，建设项目环境影响登记表无需备案

B．各地环境保护行政主管部门需设立建设项目环境影响登记表网上备案系统

C．建设单位应当在建设项目建成并投入生产运营前，登录网上备案系统，在网上备案系统注册真实信息，在线填报并提交建设项目环境影响登记表

D．网上备案时，建设单位的法定代表人或者主要负责人无需签署姓名

50．根据《建设项目环境影响登记表备案管理办法》，建设项目环境影响登记表备案完成后，在（　）情况下建设单位应当依照本办法规定再次办理备案手续。

A．建设单位在建设项目建成并投入生产运营前发生变更的

B．法定代表人在建设项目建成并投入生产运营前发生变更的

C．建设单位在建设项目投入生产运营后发生变更的

D．法定代表人在建设项目投入生产运营后发生变更的

51．根据《关于以改善环境质量为核心加强环境影响评价管理的通知》，“三挂钩”机制是指（　）。

A. 建立项目环评审批与战略环评联动机制

B. 建立项目环评审批与规划环评联动机制

C. 建立项目环评审批与现有项目环境管理联动机制

D. 建立项目环评审批与区域环境质量联动机制

52. 根据《关于以改善环境质量为核心加强环境影响评价管理的通知》，“三线一单”约束是指（ ）。

A. 生态保护红线　　B. 环境质量底线

C. 资源利用上线　　D. 环境准入负面清单

53. 根据《“十三五”环境影响评价改革实施方案》，下列（ ）属该方案的内容。

A. 推动战略和规划环评“落地”

B. 提高建设项目环评效能

C. 不断强化事中事后监管

D. 营造公平公开的环评技术服务市场

54. 根据《“十三五”环境影响评价改革实施方案》，关于提高建设项目环评效能，重点把握（ ）等方面。

A. 选址选线环境论证　　B. 环境影响预测

C. 清洁生产　　D. 环境风险防控

55. 根据《“十三五”环境影响评价改革实施方案》，关于不断强化事中事后监管的说法，正确的是（ ）。

A. 取消环保竣工验收行政许可

B. 强化环境影响跟踪评价

C. 强化环境影响后评价

D. 强化属地管理及环保层级监督，严肃查处项目环评违法行为

56. 根据《关于强化建设项目环境影响评价事中事后监管的实施意见》，下列说法正确的有（ ）。

A. 按照“谁审批、谁负责”的原则，县级以上环评审批部门在日常管理中负责对环评“放管服”事项和技术评估机构、环评单位从业情况进行检查

B. 按照“属地管理”原则，各级环境监察执法、核与辐射安全监管部门在日常管理中加强建设单位环境保护“三同时”要求落实情况的检查

C. 下放环评审批权限，应综合评估承接部门的承接能力、承接条件，严禁下放石化化工、有色、钢铁、造纸等环境影响大、环境风险高项目的环评审批权

D．架构并严守“三线一单”

57．根据《关于强化建设项目环境影响评价事中事后监管的实施意见》，下列说法正确的有（　）。

A．各级环保部门要根据“三线一单”环境管控要求，从空间布局约束、污染物排放管控、环境风险防控、资源开发效率等方面提出优布局、调结构、控规模、保功能等调控策略及导向性的环境治理要求，制定区域、行业环境准入限制或禁止条件

B．下放调整审批权限应履行法定程序，对下放的环评审批事项，上级环保部门不得随意上收

C．环评文件委托审批应依法开展，委托审批的环保部门对委托审批后果承担法律责任

D．落实分类管理，建设项目环评文件的编制应符合《建设项目环境影响评价分类管理名录》要求，不得擅自更改和降低环评文件类别

58．根据《关于强化建设项目环境影响评价事中事后监管的实施意见》，关于强化技术机构管理，下列说法正确的有（　）。

A．环境保护部制定环评文件技术复核管理办法，上级环保部门可以对下级环保部门审批的建设项目环境影响报告书（表）开展技术复核

B．各级环保部门可通过政府采购方式委托技术评估机构开展环境影响报告书（表）的技术评估

C．建设单位可以委托或者采取公开招标等方式选择具有资质的环评单位，对其建设项目进行环境影响评价、编制建设项目环境影响报告书（表）

D．技术评估机构要改进技术评估方式方法，完善技术手段，为环评审批严把技术关，对其提出的技术评估意见负责

59．根据《关于强化建设项目环境影响评价事中事后监管的实施意见》，关于加大惩戒问责力度，下列说法正确的有（　）。

A．严肃查处环评单位及人员不负责任、弄虚作假致使建设项目环境影响报告书（表）失实或存在严重质量问题等行为；造成环境污染或生态破坏等后果的，还应追究连带责任

B．各级环保部门应建立环评单位和人员的诚信档案，记录建设项目环境影响报告书（表）编制质量差、扰乱环评市场秩序等不良信用情况和行政处罚情况，并向社会公开

C．省级环境保护部门定期对累积失信次数多的单位和人员名单进行集中通报

D．对建设项目环评违法问题突出的地区，要约谈地方政府及相关部门负责人

60. 根据《关于生产和使用臭氧层破坏物质建设项目管理有关工作的通知》，下列说法错误的是（ ）

A. 禁止新建、扩建生产和使用作为制冷剂、发泡剂、灭火剂、溶剂、清洗剂、加工助剂、气雾剂、土壤熏蒸剂等受控用途的消耗臭氧层物质的建设项目

B. 改建、异址建设生产受控用途的消耗臭氧层物质的建设项目，禁止增加消耗臭氧层物质生产能力

C. 新建、改建、扩建生产化工原料用途的消耗臭氧层物质的建设项目，生产的消耗臭氧层物质仅用于企业自身下游化工产品的专用原料用途，允许对外销售

D. 新建、改建、扩建副产四氯化碳的建设项目，可以不配套建设四氯化碳处置设施

61. 根据《关于做好畜禽规模养殖项目环境影响评价管理工作的通知》，当地未划定禁止养殖区域的，应避开的地方有（ ）。

A. 饮用水水源保护区、风景名胜区

B. 自然保护区的核心区和缓冲区

C. 村镇人口集中区域

D. 法律、法规规定的禁止养殖区域

62. 根据《关于加强“未批先建”建设项目环境影响评价管理工作的通知》，除（ ）外，建设项目开工建设是指，建设项目的永久性工程正式破土开槽开始施工，在此以前的准备工作，如地质勘探、平整场地、拆除旧有建筑物、临时建筑、施工用临时道路、通水、通电等不属于开工建设。

A. 火电项目　　B. 交通项目

C. 水电项目　　D. 电网项目

63. 根据《关于加强“未批先建”建设项目环境影响评价管理工作的通知（环办环评〔2018〕18号）》，（ ）属于未批先建。

A. 建设单位未依法报批建设项目环境影响报告书（表），擅自开工建设的行为

B. 建设单位未依法重新报批或者重新审核环境影响报告书（表），擅自开工建设的行为

C. 建设项目环境影响报告书（表）未经批准，擅自开工建设的行为

D. 建设项目环境影响报告书（表）未经原审批部门重新审核同意，擅自开工建设的行为

64. 根据《城市轨道交通、水利（灌区）两个行业建设项目环境影响评价文件审批原则》，项目水资源开发利用符合（ ）原则，未超出流域区域水资源利用上

限，灌溉定额、灌溉用水保证率、灌溉水有效利用系数满足流域区域用水效率控制要求。

A. 以水定城　　B. 以水定人

C. 以水定产　　D. 以水定地

65. 根据《城市轨道交通、水利（灌区）两个行业建设项目环境影响评价文件审批原则》，项目对水生生态系统及鱼类等造成不利影响的，提出了（　）等措施。项目对景观产生不利影响的，提出了避让、优化设计、景观塑造等措施。

A. 优化工程设计及调度　　B. 拦河闸坝建设过鱼设施

C. 引水渠首设置拦鱼设施　　D. 栖息地保护修复

E. 增殖放流

66. 《中国受控消耗臭氧层物质清单》，按照《议定书》及相关修正案规定，禁止生产和使用的选项为（　）。

A. 第六类含氢溴氟烃　　B. 第五类含氢氯氟烃

C. 第四类甲基氯仿　　D. 第七类溴氯甲烷

67. 根据《火电建设项目环境影响评价文件审批原则（试行）》，以下说法正确的是（　）。

A. 不予批准城市建成区、地级及以上城市规划区除热电联产以外的燃煤发电项目和大气污染防治重点控制区除“上大压小”和热电联产以外的燃煤发电项目

B. 不予批准超过大气污染物排放总量控制指标或未完成大气环境质量改善目标地区的火电项目

C. 热电联产项目灰渣应综合利用，仅设置事故备用会场（库），储量不宜超过一年

D 城市热电和位于人口集中区的项目，宜选用液氨作为脱硝还原剂

68. 根据《高速建设项目环境影响评价文件审批原则（试行）》，以下说法正确的是（　）。

A. 声环境质量不达标的，项目实施后声环境质量原则上仍须达标

B. 沿线产生的固体废物分类妥善处置

C. 改扩建项目应全面梳理现有工程存在的环保问题，提出整改措施

D. 项目经过耕地、林地集中路段，结合工程技术经济条件采取减小桥隧比、加高路基、收缩边坡等措施

69. 根据《关于进一步加强石油天然气行业环境影响评价管理的通知》，陆地油气开采区块项目环评批复后，出现以下哪些情况，需要重新报批环评文件（　）。

A. 产能总规模、新钻井总数量增加20%及以上，回注井增加，占地面积范围内新增环境敏感区，井位或站场位置变化导致评价范围内环境敏感目标数量增加

B. 与经批复的环境影响评价文件相比，危险废物实际产生种类增加或数量增加、危险废物处置方式由外委改为自行处置或处置方式变化导致不利环境影响加重

C. 开发方式、生产工艺、井类别变化导致新增污染物种类或污染物排放量增加

D. 主要生态环境保护措施或环境风险防范措施弱化或降低等情形

70. 各级生态环境主管部门在审批区块环评时，哪些做法是符合要求的（ ）。

A. 各级生态环境主管部门在审批区块环评时，不得违规设置或保留水土保持、规划选址用地（用海）预审、行业或下级生态环境主管部门预审等前置条件

B. 各级生态环境主管部门在审批区块环评时，涉及自然保护地、饮用水水源保护区、生态保护红线等法定保护区域的，在符合法律法规的前提下，主管部门意见应该作为环评审批的前置条件

C. 对于已纳入区块环评且未产生重大变动情形的单项工程，各级生态环境主管部门不得要求重复开展建设项目环评

D. 勘探井转为生产井的，可以纳入区块环评

71. 各级环境保护部门在召集港口、码头、桥梁、航道、水电、航电、水利等开发建设规划环境影响报告书审查时，涉及可能对水生生物资源及其生境造成不良影响的，应严格执行以下要求（ ）。

A. 将渔业部门以及水生生态、水生生物资源、渔业资源（重点是鱼类）保护等方面的专家纳入审查小组

B. 审查小组应将水生生物影响评价内容和有关结论作为审查重点之一，对可能造成重大不良环境影响的规划方案，应在书面审查意见中给出明确结论

C. 审查小组成员应当客观、公正、独立地对环境影响报告书提出书面审查意见，规划审批机关、规划编制机关、审查小组的召集部门不得干预

D. 形成审查意见前，需取得农业部门的同意

72. 根据《关于进一步加强涉及自然保护区开发建设活动监督管理的通知》，以下说法正确的是（ ）。

A. 禁止在自然保护区核心区、缓冲区、实验区开展任何开发建设活动，建设任何生产经营设施

B. 对违法排放污染物和影响生态环境的项目，要责令限期整改；整改后仍不达标的，要坚决依法关停或关闭

C. 建设项目选址（线）应尽可能避让自然保护区，确因重大基础设施建设和自然条件等因素限制无法避让的，要严格执行环境影响评价等制度

D. 地方各有关部门要认真执行《国家级自然保护区调整管理规定》，从严控制自然保护区调整

73. 以下不得作为编制环境影响报告书（表）的技术单位的是（ ）。

A. 生态环境主管部门或者其他负责审批环境影响报告书（表）的审批部门设立的事业单位

B. 由生态环境主管部门作为业务主管单位或者挂靠单位的社会组织，或者由其他负责审批环境影响报告书（表）的审批部门作为业务主管单位或者挂靠单位的社会组织

C. 受生态环境主管部门或者其他负责审批环境影响报告书（表）的审批部门委托，开展环境影响报告书（表）技术评估的单位

D. 个体工商户、农村承包经营户

74. 以下（　）属于信用管理对象失信行为。

A. 由两家以上单位主持编制环境影响报告书（表）或者由两名以上编制人员作为环境影响报告书（表）编制主持人的情形

B. 环境影响报告书（表）编制单位未进行相关资料存档的情形

C. 环境影响报告书（表）编制单位在信用平台提交的编制人员信息不完整的情形

D. 环境影响报告书（表）编制单位未进行环境影响评价质量控制的情形

参考答案

一、单项选择题

1. A　2. A　3. C　4. D　5. D　6. D　7. A　8. C　9. A　10. C　11. A　12. C　13. A

14. D　【解析】建设单位应当在确定了承担环境影响评价工作的环境影响评价机构后 7 日内，向公众公告一次；第二次公示：建设项目环境影响报告书征求意见稿形成后，建设单位应当公开下列信息，征求与该建设项目环境影响有关的意见，建设单位征求公众意见的期限不得少于 10 个工作日；第三次公示：第二十条 建设单位向生态环境主管部门报批环境影响报告书前，应当通过网络平台，公开拟报批的环境影响报告书全文和公众参与说明。

15. B　【解析】对编制环境影响报告表或者填报环境影响登记表的建设项目，《环境影响评价法》并不要求征求有关单位、专家和公众的意见。但并不排除行政法规或者地方法规要求对可能对有关单位或者公众利益产生一定影响的建设项目，需征求有关单位、专家和公众的意见，如《建设项目环境保护管理条例》。

16. C　【解析】现在的公众意见调查基本是环评单位去做，那是受建设单位或规划单位的委托进行的。因此，不要误认为公众意见调查是环评单位法定要做的事。2016 年修订的总纲，明确公众参与单独编制，独立成册。

17．D 18．A

19．B 【解析】环评法是这样规定的：作为一项整体建设项目的规划，按照建设项目进行环境影响评价，不进行规划的环境影响评价。已经进行了环境影响评价的规划包含具体建设项目的，规划的环境影响评价结论应当作为建设项目环境影响评价的重要依据，建设项目环境影响评价的内容应当根据规划的环境影响评价审查意见予以简化。

20．D 21．A 【解析】国家对环境影响登记表实行备案管理。

22．B 【解析】环评法删除了水土保持的内容，该内容不属于环保主管的。

23．C 24．C

25．C 【解析】选项B的说法是原环评法的内容。

26．D 27．A 28．D 29．C

30．B 【解析】《环境影响评价法》第三章第二十三条：建设项目可能造成跨行政区域的不良环境影响，有关生态环境主管部门对该项目的环境影响评价结论有争议的，其环境影响评价文件由共同的上一级生态环境主管部门审批。

31．C 32．C 33．D 34．A 35．B 36．D

37．B 【解析】本题考察公众参与的主体。环评单位只是咨询单位，不是主体。

38．C 39．D 40．C 41．B 42．C

43．B 【解析】是否有行业主管部门，不影响审批时限。

44．A 45．B

46．B 47．D 48．A

49．C 【解析】选项C的正确说法是：未列入《国家危险废物名录》，但从工艺流程及产生环节、主要成分、有害成分等角度分析可能具有危险特性的固体废物，环评阶段可类比相同或相似的固体废物危险特性判定结果，也可选取具有相同或相似性的样品，按照《危险废物鉴别技术规范》（HJ/T 298）、《危险废物鉴别标准》（GB 5085.1～6）等国家规定的危险废物鉴别标准和鉴别方法予以认定。

50．C 【解析】选项C属于环境影响分析的内容。

51．D 【解析】采用物料衡算法、类比法、实测法、产排污系数法等相结合的方法核算建设项目危险废物的产生量。

52．D 【解析】改扩建项目的环境影响评价，应当将排污许可证执行情况作为现有工程回顾评价的主要依据。

53．A 【解析】环境影响评价制度是建设项目的环境准入门槛，是申请排污许可证的前提和重要依据。

54．D 【解析】选项A的正确说法是：建设项目发生实际排污行为之前，排污单位应当按照国家环境保护相关法律法规以及排污许可证申请与核发技术规范要求，不得无证排污或不按证排污。先有排污许可证，后验收。选项B的正确说法是：环境影响报告书（表）2015年1月1日（含）后获得批准的建设项目，其环境影响报告书（表）以及审批文件中与污染物排放相关的主要内容应当纳入排污许可证。选项C中，验收的主体是建设单位，不是环保部门。

55. C　56. D　57. D　58. B　59. A　60. B

61. D　【解析】选项D是事中监督的内容。事后监督管理的内容主要是，生产经营单位遵守环境保护法律、法规的情况进行监督管理；产生长期性、累积性和不确定性环境影响的水利、水电、采掘、港口、铁路、冶金、石化、化工以及核设施、核技术利用和铀矿冶等编制环境影响报告书的建设项目，生产经营单位开展环境影响后评价及落实相应改进措施的情况。

62. A　【解析】《环境影响评价法》第十三条：建设单位未依法提交建设项目环境影响评价文件、环境影响评价文件未经批准，或者建设项目的性质、规模、地点、采用的生产工艺或者环境保护措施发生重大变化，未重新报批建设项目环境影响评价文件，擅自开工建设的，由环境保护部门依法责令停止建设，处以罚款，并可以责令恢复原状；拒不执行的，依法移送公安机关，对其直接负责的主管人员和其他直接责任人员，处行政拘留。

63. B　64. A　65. C

66. B　【解析】第七条：建设项目环境影响登记表备案采用网上备案方式。对国家规定需要保密的建设项目，建设项目环境影响登记表备案采用纸质备案方式。

67. C　【解析】选项B的正确说法是：建设单位对其填报的建设项目环境影响登记表内容的真实性、准确性和完整性负责。选项D的正确说法是：建设项目的建设地点涉及多个县级行政区域的，建设单位应当分别向各建设地点所在地的县级环境保护主管部门备案。

68. B　【解析】第十八条：建设单位未依法备案建设项目环境影响登记表的，由县级环境保护主管部门根据《环境影响评价法》第三十一条第三款的规定，责令备案，处五万元以下的罚款。

69. C　【解析】将公参意见作为完善和强化建设项目环保措施的重要手段。

70. C　【解析】选项C属于事后监管的内容。对环评单位来说事中监管的内容是：重点监督其是否依法依规开展作业，确保环评文件的数据资料真实、分析方法正确、结论科学可信。

71. D　【解析】对技术评估机构来说，没有事后监管的内容。

72. A　【解析】鼓励根据土地承载能力确定畜禽养殖场的适宜养殖规模，土地承载能力可采用农业农村主管部门发布的测算技术方法确定。

73. B 【解析】建设单位未依法报批建设项目环境影响报告书、报告表，或者未依照本法第二十四条的规定重新报批或者报请重新审核环境影响报告书、报告表，擅自开工建设的，由县级以上环境保护行政主管部门责令停止建设，根据违法情节和危害后果，处建设项目总投资额百分之一以上百分之五以下的罚款，并可以责令恢复原状；对建设单位直接负责的主管人员和其他直接责任人员，依法给予行政处分。

74. D 【解析】违法行为在二年内未被发现的，不再给予行政处罚。法律另有规定的除外。前款规定的期限，从违法行为发生之日起计算；违法行为有连续或者继续状态的，从行为终了之日起计算.

75. A 【解析】各级环境保护部门要按照“属地管理”原则，对“未批先建”建设项目进行拉网式排查并依法予以处罚。

76. A 【解析】《环保部关于印发制浆造纸等十四个行业建设项目重大变动清单的通知》（环办环评〔2018〕6 号），对于于化肥（氮肥）建设项目重大变动清单中，建设规模为：合成氨或尿素、硝酸铵等主要氮肥产品生产能力增加 30%及以上。

77. B 【解析】《环保部关于印发制浆造纸等十四个行业建设项目重大变动清单的通知》（环办环评〔2018〕6 号），纺织印染建设项目重大变动清单中，建设规模发生的变动包括：纺织品制造洗毛、染整、脱胶或缫丝规模增加 30%及以上，其他原料加工（编织物及其制品制造除外）规模增加 50%及以上；服装制造湿法印花、染色或水洗规模增加 30%及以上，其他原料加工规模增加 50%及以上（100 万件/年以下的除外）。

78. D 【解析】《环保部关于印发制浆造纸等十四个行业建设项目重大变动清单的通知》（环办环评〔2018〕6 号），钢铁建设项目重大变动清单中，建设规模发生的变动包括：烧结、炼铁、炼钢工序生产能力增加 10%及以上；球团、轧钢工序生产能力增加 30%及以上。

79. D 【解析】《在国家级自然保护区修筑设施审批管理暂行办法》第十四条规定，违反本办法规定，未经批准擅自在国家级自然保护区修筑设施的，县级以上人民政府林业主管部门应当责令停止建设或者使用设施，并采取补救措施。

80. C 【解析】在重点污染物排放总量超过国家或者地方规定的总量控制指标区域内，应当暂停规划新增排放该重点污染物的油气开发项目。

81. D 【解析】海洋油气勘探工程应当填报环境影响登记表并进行备案。

82. C 83. A

84. A 【解析】《建设项目环境影响报告书（表）编制监督管理办法》第二条，建设单位可以委托技术单位对其建设项目开展环境影响评价，编制环境影响报告书

（表）；建设单位具备环境影响评价技术能力的，可以自行对其建设项目开展环境影响评价，编制环境影响报告书（表）。

85. C　【解析】《建设项目环境影响报告书（表）编制监督管理办法》第三十四条，失信行为和失信记分相关情况在信用平台的公开期限为五年。禁止从事环境影响报告书（表）编制工作的技术单位和终身禁止从事环境影响报告书（表）编制工作的编制人员，其失信行为和失信记分永久公开。

86. D　【解析】《建设项目环境影响报告书（表）编制监督管理办法》第四十条：信用管理对象列入本办法规定的守信名单、重点监督检查名单、限期整改名单和“黑名单”的相关情况在信用平台的公开期限为五年。

二、不定项选择题

1. ABC　2. D　3. ABE　4. ABCD

5. ABC

6. ABCD　7. ABCDE　8. ABCDE　9. ABDE

10. ABE　【解析】基本农田，是指按照一定时期人口和社会经济发展对农产品的需求，依据土地利用总体规划确定的不得占用的耕地。基本农田保护区，是指为对基本农田实行特殊保护而依据土地利用总体规划和依照法定程序确定的特定保护区域。

11. ABCD

12. ABCE　【解析】《建设项目环境影响评价分类管理名录》指的环境敏感区包括基本农田保护区。而我国《基本农田保护条例》第十条对应划为基本农田保护区的耕地有下列原则：①经国务院有关主管部门或者县级以上地方人民政府批准确定的粮、棉、油和名、优、特、新农产品生产基地；②高产、稳产田和有良好的水利与水土保持设施的耕地，以及经过治理、改造和正在实施改造计划的中、低产田；③蔬菜生产基地；④农业科研、教学试验田。

13. BDE

14. ACDE　【解析】《环境影响评价法》对建设项目环境影响报告书的内容列了七条。从考试的角度来说，明确按法中的内容回答，则不能脱离法中的规定。

15. ABDE　【解析】涉及水土保持的建设项目，必须有经水行政主管部门审查同意的水土保持方案。其他建设项目如果不涉及水土保持的内容则不一定要有水土保持方案。

16. CDE　17. ABCD　18. ABCDE　19. ABCDE　20. ABCD　21. ABC　22. ABD

23. ACD　【解析】开展建设项目环境影响后评价的时间范围是“建设项目建

设、运行过程中”，也就是说，只要建设项目经批准开工建设后，直至项目完工，进行正常运行的整个阶段，都可进行环境影响后评价，而不仅仅局限在项目完成后，因此，B 是错误的。并不是所有编制环境影响报告书的建设项目均应当进行环境影响后评价，只有“产生不符合经审批的环境影响评价文件的情况”才要进行后评价。后评价的具体见后评价管理办法。

24．B

25．ABC 【解析】此题为高频考点。注意下列情况也由环境保护部负责审批：由国务院审批或核准的建设项目，由国务院授权有关部门审批或核准的建设项目，由国务院有关部门备案的对环境可能造成重大影响的特殊性质的建设项目。从上述可知，并不是由国务院有关部门备案的所有项目都由环境保护部负责审批。

26．ABCD 27．ABCD 28．ABD

29．AB 【解析】建设项目的性质、规模、地点、生产工艺和环境保护措施五个因素中的一项或一项以上发生重大变动，且可能导致环境影响显著变化（特别是不利环境影响加重）的，界定为重大变动。属于重大变动的应当重新报批环境影响评价文件，不属于重大变动的纳入竣工环境保护验收管理。这里注意“重大变动”以及同时满足“可能导致环境影响显著变化（特别是不利环境影响加重）的”应当重新报批环境影响评价文件。选项 C 并没有明确可能导致环境影响情况。

30．ABCD 【解析】指南的主要任务有 7 项，分别是：开展基础分析，建立工作底图；明确生态保护红线，识别生态空间；确立环境质量底线，测算污染物允许排放量；确定资源利用上线，明确管控要求；综合各类分区，确定环境管控单元；统筹分区管控要求，建立环境准入负面清单；集成“三线一单”成果建设信息管理平台。

31．ABCD 32．AD

33．ABD 【解析】《专题报告》编制单位应具有相应的建设项目环境影响评价资质证书或工程咨询单位资格证书，项目负责人应具有高级专业技术职称，编制人员应当具有自然保护区及生态学等方面专业背景。

34．ABCD

35．ACD 【解析】对于生产工艺成熟的项目，应通过物料衡算法分析估算危险废物产生量，必要时采用类比法、产排污系数法校正，并明确类比条件、提供类比资料；若无法按物料衡算法估算，可采用类比法估算，但应给出所类比项目的工程特征和产排污特征等类比条件；对于改、扩建项目可采用实测法统计核算危险废物产生量。

36．ABC 【解析】对冶金、石化和化工行业中有重大环境风险，建设地点敏感，且持续排放重金属或者持久性有机污染物的建设项目，提出开展环境影响后评价要求，并将后评价作为其改扩建、技改环评管理的依据。

37．ABD 【解析】选项B、C注意时间节点。

38．ABC 【解析】选项D的正确说法是：分期实施的允许排放量之和不得高于建设项目的总允许排放量。

39．ABCD 【解析】环境保护行政主管部门审批环境影响报告书、环境影响报告表，应当重点审查建设项目的环境可行性、环境影响分析预测评估的可靠性、环境保护措施的有效性、环境影响评价结论的科学性等。

40．ABCD 【解析】五种情形不予批准，同时注意结合实际项目命题。

41．ABCD

42．ABCD 【解析】建设项目环境保护事中监督管理是指建设项目自办理环境影响评价手续后到正式投入生产或使用期间，落实经批准的环境影响评价文件及批复要求的监督管理。事中监督管理的内容主要是，经批准的环境影响评价文件及批复中提出的环境保护措施落实情况和公开情况；施工期环境监理和环境监测开展情况；竣工环境保护验收和排污许可证的实施情况；环境保护法律法规的遵守情况和环境保护部门做出的行政处罚决定落实情况。

43．BD

44．BC 【解析】选项A的正确说法是：重要环境保护目标遗漏。选项D的正确说法是：因环境影响评价文件所提污染防治和生态保护措施不合理而造成重大环境污染事故或存在重大环境风险隐患的。注意“重大”两个字。

45．ACD 【解析】环境影响报告表在编制过程中不需要公开。

46．ABCD

47．ABC 【解析】（十一）根据国家、地方环境质量改善目标及相关行业污染控制要求，结合现状环境污染特征和突出环境问题，确定纳入排放总量管控的主要污染物。一般应包括化学需氧量、氨氮、总磷/磷酸盐等水污染因子，二氧化硫、氮氧化物、挥发性有机物、烟粉尘等大气污染因子，以及其他与区域突出环境问题密切相关的主要特征污染因子。

48．ABC 【解析】（二十一）当区域（流域）环境质量现状超标时，应在推动落实污染物减排方案的同时，根据环境质量改善目标，针对超标因子涉及的行业、工艺、产品等，提出更加严格的环境准入要求。

49．ABD 【解析】对国家规定需要保密的建设项目，建设项目环境影响登记表备案采用纸质备案方式。第八条：环境保护部统一布设建设项目环境影响登记表网上备案系统。第十一条：建设单位填报建设项目环境影响登记表时，应当同时就其填报的环境影响登记表内容的真实、准确、完整作出承诺，并在登记表中的相应栏目由该建设单位的法定代表人或者主要负责人签署姓名。

50．AB 【解析】第十三条：建设项目环境影响登记表备案完成后，建设单位或者其法定代表人或者主要负责人在建设项目建成并投入生产运营前发生变更的，建设单位应当依照本办法规定再次办理备案手续。投入生产运营后发生了变更，该办法并没有具体说明，应根据《环境影响评价法》的要求办理。

51．BCD

52．ABCD 【解析】选项 C 是“资源利用上线”不是“资源利用下线”。

53．ABCD 54．ABD

55．ACD 【解析】对于取消环保竣工验收行政许可后，建设项目在投入生产或者使用前，建设单位应当依据环评文件及其审批意见，委托第三方机构编制建设项目环境保护设施竣工验收报告，向社会公开并向环保部门备案。

56．BD 【解析】选项 A 的正确说法是：按照“谁审批、谁负责”的原则，各级环评审批部门在日常管理中负责对环评“放管服”事项和技术评估机构、环评单位从业情况进行检查。选项 C 的正确说法是：下放环评审批权限，应综合评估承接部门的承接能力、承接条件，审慎下放石化化工、有色、钢铁、造纸等环境影响大、环境风险高项目的环评审批权，并对承接部门的审批程序、审批结果进行监督，确保放得下、接得住、管得好。

57．BCD 【解析】选项 A 中的“各级环保部门”应为设区的市级及以上环保部门。“三线一单”是指生态保护红线、环境质量底线、资源利用上线和环境准入负面清单。各级环保部门在环评审批中，应按照《关于以改善环境质量为核心加强环境影响评价管理的通知》（环环评〔2016〕150 号）要求，建立“三挂钩”机制（项目环评审批与规划环评、现有项目环境管理、区域环境质量联动机制），强化“三线一单”硬约束，项目环评审批不得突破变通、降低标准。

58．ABD 【解析】选项 C 的正确说法是：建设单位可以委托或者采取公开招标等方式选择具有相应能力的环评单位，对其建设项目进行环境影响评价、编制建设项目环境影响报告书（表）。

59．BD 【解析】选项 A 的正确说法是：严肃查处环评单位及人员不负责任、弄虚作假致使建设项目环境影响报告书（表）失实或存在严重质量问题等行为；造成环境污染或生态破坏等严重后果的，还应追究连带责任；构成犯罪的，依法追究刑事责任。选项 C 的正确说法是：环境保护部定期对累积失信次数多的单位和人员名单进行集中通报。

60．CD 【解析】C 选项的正确说法是：新建、改建、扩建生产化工原料用途的消耗臭氧层物质的建设项目，生产的消耗臭氧层物质仅用于企业自身下游化工产品的专用原料用途，不得对外销售；D 选项的正确说法是：新建、改建、扩建副产四氯化碳的建设项目，应当配套建设四氯化碳处置设施。

61．ABCD　【解析】项目环评应充分论证选址的环境合理性，选址应避开当地划定的禁止养殖区域，并与区域主体功能区规划、环境功能区划、土地利用规划、城乡规划、畜牧业发展规划、畜禽养殖污染防治规划等规划相协调。当地未划定禁止养殖区域的，应避开饮用水水源保护区、风景名胜区、自然保护区的核心区和缓冲区、村镇人口集中区域，以及法律、法规规定的禁止养殖区域。

62．ACD　【解析】除火电、水电和电网项目外，建设项目开工建设是指，建设项目的永久性工程正式破土开槽开始施工，在此以前的准备工作，如地质勘探、平整场地、拆除旧有建筑物、临时建筑、施工用临时道路、通水、通电等不属于开工建设。

63．ABCD　【解析】《于加强“未批先建”建设项目环境影响评价管理工作的通知》（环办环评〔2018〕18 号）一、“未批先建”违法行为是指建设单位未依法报批建设项目环境影响报告书（表），或者未按照《环境影响评价法》第二十四条的规定重新报批或者重新审核环境影响报告书（表），擅自开工建设的违法行为，一级建设项目环境影响报告书（表）未经批准或者未经原审批部门重新审核同意，建设单位擅自开工建设的违法行为。

64.CD　【解析】项目水资源开发利用符合以水定产、以水定地原则，未超出流域区域水资源利用上限，灌溉定额、灌溉用水保证率、灌溉水有效利用系数满足流域区域用水效率控制要求。

65．ABCDE　【解析】项目对水生生态系统及鱼类等造成不利影响的，提出了优化工程设计及调度、拦河闸坝建设过鱼设施、引水渠首设置拦鱼设施、栖息地保护修复、增殖放流等措施。项目对景观产生不利影响的，提出了避让、优化设计、景观塑造等措施。

66．AD　　67.AB　　68.BC

69．BCD　【解析】产能总规模、新钻井总数量增加 30%及以上，重新报批环评。

70．ACD　【解析】B 中各级生态环境主管部门在审批区块环评时，不得设置审批前置条件。

71．ABC　　72．BCD　　73．ABC　　74．ABCD

第四章　建设项目环境影响后评价

一、单项选择题（每题的备选选项中，只有一个最符合题意）

1．根据《建设项目环境影响后评价管理办法》，关于环境影响后评价的概念，说法错误的是（　）。

A．环境影响后评价只针对编制环境影响报告书的建设项目

B．通过环境保护设施竣工验收且稳定运行一定时期后的建设项目才进行环境影响后评价

C．环境影响后评价要进行跟踪监测和验证评价

D．建设项目取得批复后，环境保护设施在没有竣工验收前，项目的规模和环境保护措施发生了重大变动要进行环境影响后评价

2．根据《建设项目环境影响后评价管理办法》，下列（　）建设项目在运行过程中产生不符合经审批的环境影响报告书情形的，应当开展环境影响后评价。

A．水利、水电、港口、公路行业中实际环境影响程度和范围较大，且主要环境影响在项目建成运行一定时期后逐步显现的建设项目

B．有重大环境风险，建设地点敏感，且持续排放重金属或者持久性有机污染物的冶金、石化和化工项目

C．有重大环境风险，建设地点敏感，且持续排放大量污染物的冶金、石化和化工项目

D．环境保护主管部门认为应当开展环境影响后评价的建设项目

3．根据《建设项目环境影响后评价管理办法》，环境影响后评价的编制主体是（　）。

A．建设单位　　B．环境影响评价机构

C．大专院校　　D．当地环境保护管理部门

4．根据《建设项目环境影响后评价管理办法》，关于可以承担后评价文件编制的机构，下列说法错误的是（　）。

A．编制建设项目环境影响报告书的环境影响评价机构，原则上不得承担该建设项目环境影响后评价文件的编制工作

B．工程设计单位可以编写

C．某高等院校可以编写

D．一定要具有相应类别的环境影响评价机构才能编写

5．根据《建设项目环境影响后评价管理办法》，（　）不是后评价文件的内容。

A．建设项目过程回顾　　B．清洁生产评价

C．环境影响预测验证　　D．环境保护补救方案和改进措施

6．根据《建设项目环境影响后评价管理办法》，（　）不是后评价文件的内容。

A．区域环境变化评价　　B．建设项目工程评价

C．环境风险分析　　D．环境保护措施有效性评估

7．根据《建设项目环境影响后评价管理办法》，建设项目环境影响后评价应当在建设项目正式投入生产或者运营后（　）开展。

A．一至二年内　　B．三至四年内

C．三至五年内　　D．三至六年内

二、不定项选择题（每题的备选项中至少有一个符合题意）

1．根据《建设项目环境影响后评价管理办法》，关于环境影响后评价的概念，说法正确的有（　）。

A．环境影响后评价是提高环境影响评价有效性的一种方法与制度

B．环境影响后评价是对建设项目实际产生的环境影响以及污染防治、生态保护和风险防范措施的有效性进行跟踪监测和验证评价

C．通过环境保护设施竣工验收后的建设项目都要进行环境影响后评价

D．环境影响后评价要提出补救方案或者改进措施

2．根据《建设项目环境影响后评价管理办法》，对于有重大环境风险，建设地点敏感的冶金、石化和化工行业中的建设项目，还需满足下列（　）情况，应当开展环境影响后评价。

A．持续排放重金属　　B．持续排放大量污染物

C．持续排放总量控制指标　　D．排放持久性有机污染物

3．根据《建设项目环境影响后评价管理办法》，下列（　）建设项目在运行过程中产生不符合经审批的环境影响报告书情形的，应当开展环境影响后评价。

A．水利、水电、采掘、港口、铁路行业中实际环境影响程度和范围较大，且主要环境影响在项目建成运行一定时期后逐步显现的建设项目

B．有重大环境风险，建设地点敏感，且持续排放重金属或者持久性有机污染物的冶金、石化和化工项目

C．环境保护主管部门认为应当开展环境影响后评价的建设项目

D．穿越重要生态环境敏感区的建设项目

4．根据《建设项目环境影响后评价管理办法》，可以承担后评价文件编制的机构有（　）。

A．环境影响评价机构　　B．大专院校

C．工程设计单位　　D．技术评估机构

5．根据《建设项目环境影响后评价管理办法》，（　）是环境影响后评价文件应当包括的内容。

A．区域环境变化评价　　B．环境保护补救方案和改进措施

C．建设项目工程评价　　D．环境保护措施有效性评估

6．根据《建设项目环境影响后评价管理办法》，（　）是环境影响后评价文件包括的内容。

A．建设项目过程回顾　　B．环境影响预测验证

C．环境损益分析　　D．环境风险评价

7．根据《建设项目环境影响后评价管理办法》，（　）属环境影响后评价文件中的“建设项目过程回顾”。

A．环境影响评价情况　　B．环境保护设施竣工验收情况

C．公众意见收集调查情况　　D．环境监测情况

8．根据《建设项目环境影响后评价管理办法》，（　）属环境影响后评价文件中的“区域环境变化评价”。

A．周围区域环境敏感目标变化　　B．污染源变化

C．环境质量现状和变化趋势分析　　D．环境风险变化

9．根据《建设项目环境影响后评价管理办法》，下列关于建设项目环境影响后评价的时限要求，说法正确的是（　）。

A．建设项目环境影响后评价应当在建设项目正式投入生产一至三年内开展

B．建设项目环境影响后评价应当在建设项目正式运营后三至五年内开展

C．原审批环境影响报告书的环境保护主管部门可以根据建设项目的环境影响和环境要素变化特征，确定开展环境影响后评价的时限

D．当地环境保护主管部门可以根据建设项目的环境影响和环境要素变化特征，确定开展环境影响后评价的时限

参考答案

一、单项选择题

1．D　【解析】建设项目的性质、规模、地点、生产工艺和环境保护措施五个因素中的一项或一项以上发生重大变动，且可能导致环境影响显著变化（特别是不利环境影响加重）的，应当重新报批环境影响评价文件。

2．B　【解析】选项A的正确说法是：水利、水电、采掘、港口、铁路行业中实际环境影响程度和范围较大，且主要环境影响在项目建成运行一定时期后逐步显现的建设项目。选项C的正确说法是：冶金、石化和化工行业中有重大环境风险，建设地点敏感，且持续排放重金属或者持久性有机污染物的建设项目。选项D的正确说法是：审批环境影响报告书的环境保护主管部门认为应当开展环境影响后评价的其他建设项目。

3．A　【解析】建设单位或者生产经营单位负责组织开展环境影响后评价工作，编制环境影响后评价文件，并对环境影响后评价结论负责。编制主体是建设单位或者生产经营单位，但也可以委托环境影响评价机构、工程设计单位、大专院校等机构编写。

4．D　【解析】对于环境影响评价机构，没有与建设项目相应类别也可以编写。

5．B　6．C

7．C　【解析】建设项目环境影响后评价应当在建设项目正式投入生产或者运营后三至五年内开展。原审批环境影响报告书的环境保护主管部门也可以根据建设项目的环境影响和环境要素变化特征，确定开展环境影响后评价的时限。

二、不定项选择题

1．ABD　【解析】环境影响后评价指编制环境影响报告书的建设项目在通过环境保护设施竣工验收且稳定运行一定时期后，对其实际产生的环境影响以及污染防治、生态保护和风险防范措施的有效性进行跟踪监测和验证评价，并提出补救方案或者改进措施，提高环境影响评价有效性的方法与制度。

2．AD　【解析】冶金、石化和化工行业中有重大环境风险，建设地点敏感，且持续排放重金属或者持久性有机污染物的建设项目应当开展环境影响后评价。该条满足的条件较多，并不是所有的冶金、石化和化工行业的建设项目都应开展环境影响后评价。

3．ABD　【解析】选项C的正确说法是：审批环境影响报告书的环境保护主管部门认为应当开展环境影响后评价的其他建设项目。也就是说并不定所有的环境保护主管部门都有权限要求开展环境影响后评价。

4. ABCD 【解析】建设单位或者生产经营单位可以委托环境影响评价机构、工程设计单位、大专院校和相关评估机构等编制环境影响后评价文件。编制建设项目环境影响报告书的环境影响评价机构，原则上不得承担该建设项目环境影响后评价文件的编制工作。后评价报告的编制单位不像环评文件那样，一定要有相应类别的环评机构编写，编写的单位没有硬性规定。

5. ABCD 【解析】建设项目环境影响后评价文件应当包括七个方面的内容：建设项目过程回顾、建设项目工程评价、区域环境变化评价、环境保护措施有效性评估、环境影响预测验证、环境保护补救方案和改进措施、环境影响后评价结论。

6. AB 【解析】其他两个选项是环境影响报告书的内容。

7. ABCD 【解析】建设项目过程回顾包括环境影响评价、环境保护措施落实、环境保护设施竣工验收、环境监测情况，以及公众意见收集调查情况等。

8. ABC 【解析】区域环境变化评价包括建设项目周围区域环境敏感目标变化、污染源或者其他影响源变化、环境质量现状和变化趋势分析等。

9. BC 【解析】建设项目环境影响后评价应当在建设项目正式投入生产或者运营后三至五年内开展。原审批环境影响报告书的环境保护主管部门也可以根据建设项目的环境影响和环境要素变化特征，确定开展环境影响后评价的时限。

第五章　建设项目竣工环境保护验收

一、单项选择题（每题的备选选项中，只有一个最符合题意）

1．根据《建设项目竣工环境保护验收暂行办法》，建设项目竣工环境保护验收的主要依据不包括（　）。

A．建设项目环境保护相关法律、法规、规章、标准和规范性文件

B．建设项目竣工环境保护验收技术规范

C．建设项目环境影响报告书（表）及审批部门审批决定

D．建设项目可行性研究报告

2．根据《建设项目竣工环境保护验收暂行办法》，建设项目竣工环境保护验收的责任主体是（　）。

A．验收监测（调查）报告编制机构

B．建设单位

C．环境影响报告书（表）编制机构

D．原审批环境影响报告书的环境保护行政主管部门

3．根据《建设项目竣工环境保护验收暂行办法》，下列（　）不属于建设项目竣工环境保护验收内容的其他需要说明的事项。

A．环境保护设施设计、施工和验收过程简况

B．政府部门承诺负责实施与项目建设配套的防护距离内居民搬迁

C．环境影响报告书（表）中之外提出的环境保护设施

D．排污许可证执行情况

4．根据《建设项目竣工环境保护验收暂行办法》，下列关于建设项目竣工环境保护验收的程序和内容，说法错误的是（　）。

A．验收监测（调查）报告可以建设单位自行编制

B．验收监测（调查）报告可以委托没有资质的技术机构编制

C．验收监测（调查）报告可以委托有资质的技术机构编制

D．原环评单位不得承担该项目验收监测报告编制工作

5．根据《建设项目竣工环境保护验收暂行办法》，下列关于建设项目竣工环境保护验收的程序和内容，说法错误的是（　）。

A．建设单位对验收监测（调查）报告结论负责

B．受委托的技术机构对编制的验收监测（调查）报告结论负责

C．建设单位与受委托的技术机构之间的权利义务关系，以及受委托的技术机构应当承担的责任，可以通过合同形式约定

D．应当取得排污许可证但未取得的，建设单位不得对该建设项目环境保护设施进行调试

6．根据《建设项目竣工环境保护验收暂行办法》，关于对建设项目配套建设的环境保护设施进行调试的内容，说法错误的是（ ）。

A．环境保护设施未与主体工程同时建成的，建设单位不得对该建设项目环境保护设施进行调试

B．建设单位应当确保调试期间污染物排放符合国家和地方有关污染物排放标准和排污许可等相关管理规定

C．调试期间的验收监测工况要在 75%以上

D．验收监测应当在确保主体工程调试工况稳定、环境保护设施运行正常的情况下进行，并如实记录监测时的实际工况

7．根据《建设项目竣工环境保护验收暂行办法》，下列（ ）不属于验收意见的内容。

A．后续要求 B．工程变动情况 C．环境保护设施调试效果 D．公示情况

8．根据《建设项目竣工环境保护验收暂行办法》，关于组织验收的说法，正确的是（ ）。

A．建设单位可以组织成立验收工作组

B．验收工作组中必须有专业技术专家

C．验收的方式必须召开验收会议

D．验收工作组需超过 5 人

9．根据《建设项目竣工环境保护验收暂行办法》，建设单位应当通过其网站或其他便于公众知晓的方式，向社会公开相关信息，下列说法正确的是（ ）。

A．验收报告编制完成后 5 个工作日内，公开验收报告，公示的期限不得少于 10 个工作日

B．验收报告编制完成后 5 个工作日内，公开验收报告，公示的期限不得少于 20 个工作日

C．验收报告公示期满后 10 个工作日内，建设单位应当登录全国建设项目竣工环境保护验收信息平台，填报相关内容

D．验收报告公示期满后 7 个工作日内，建设单位应当登录全国建设项目竣工环境保护验收信息平台，填报相关内容

10．根据《建设项目竣工环境保护验收暂行办法》，关于验收期限的说法正确的是（　）。

A．验收期限是指自建设项目环境保护设施调测之日起至建设单位向社会公开验收报告之日止的时间

B．验收期限是指自建设项目环境保护设施竣工之日起至建设单位登录全国建设项目竣工环境保护验收信息平台之日的时间

C．除需要取得排污许可证的水和大气污染防治设施外，其他环境保护设施的验收期限一般不超过 4 个月

D．验收期限是指自建设项目环境保护设施竣工之日起至建设单位向社会公开验收报告之日止的时间

11．根据《建设项目竣工环境保护验收暂行办法》，各级环境保护主管部门应当按照《建设项目环境保护事中事后监督管理办法（试行）》等规定，通过（　）制度，强化建设项目环境保护事中事后监督管理。

A．“双随机一公开”抽查　　B．排污许可制度

C．总量控制制度　　D．建设项目审查

12．根据《建设项目竣工环境保护验收暂行办法》，需要配套建设的环境保护设施未建成、未经验收或者经验收不合格，建设项目已投入生产或者使用的，（　）应当依照《建设项目环境保护管理条例》的规定予以处罚。

A．各级环境保护主管部门　　B．县级以上环境保护主管部门

C．具有审批权的环境保护主管部门　　D．市级以上环境保护主管部门

13．根据《建设项目竣工环境保护验收暂行办法》《建设项目环境保护管理条例》，某企业在环境保护设施验收中弄虚作假，下列说法错误的是（　）。

A．由县级以上环境保护行政主管部门责令限期改正，处 20 万元以上 100 万元以下的罚款

B．由县级以上环境保护行政主管部门责令关闭，处 20 万元以上 100 万元以下的罚款

C．将建设项目有关环境违法信息及时记入诚信档案

D．将建设项目有关环境违法信息向社会公开违法者名单

二、不定项选择题（每题的备选项中至少有一个符合题意）

1．根据《建设项目竣工环境保护验收暂行办法》，建设项目竣工环境保护验收的主要依据包括（　）。

A．建设项目环境保护相关法律、法规、规章

B．建设项目竣工环境保护验收技术规范

C．建设项目环境影响报告书（表）及审批部门审批决定

D．建设项目环境保护相关标准和规范性文件

2．根据《建设项目竣工环境保护验收暂行办法》，建设项目竣工环境保护验收报告的内容包括（　）。

A．验收监测（调查）报告　　B．验收意见

C．其他需要说明的事项　　D．设计条件

3．根据《建设项目竣工环境保护验收暂行办法》，建设项目竣工环境保护验收报告的内容包括（　）。

A．验收监测报告　　B．验收意见

C．验收调查报告　　D．审批决定之外提出的环境保护设施

4．根据《建设项目竣工环境保护验收暂行办法》，（　）属验收意见的内容。

A．工程建设基本情况　　B．环境保护设施落实情况

C．工程变动情况　　D．验收结论

5．根据《建设项目竣工环境保护验收暂行办法》，（　）属验收意见的内容。

A．环境保护设施调试效果　　B．工程建设对环境的影响

C．后续要求　　D．公众参与情况

6．根据《建设项目竣工环境保护验收暂行办法》，建设项目环境保护设施存在（　）的情况，建设单位不得提出验收合格的意见。

A．环境保护设施不能与主体工程同时投产或者使用

B．环境影响报告书（表）经批准后，该建设项目发生重大变动未重新报批环境影响报告书（表）

C．重点污染物排放不符合排放总量控制指标要求

D．纳入排污许可管理的建设项目，不按证排污

7．根据《建设项目竣工环境保护验收暂行办法》，建设项目环境保护设施存在（　）的情况，建设单位不得提出验收合格的意见。

A．未按环境影响报告书（表）及其审批部门审批决定要求建成环境保护设施

B．污染物排放不符合国家和地方相关标准

C．建设过程中造成重大环境污染未治理完成，或者造成重大生态破坏未恢复的

D．因该建设项目违反国家和地方环境保护法律法规受到处罚，被责令改正，尚未改正完成的

8．根据《建设项目竣工环境保护验收暂行办法》，建设项目环境保护设施存在（　）的情况，建设单位不得提出验收合格的意见。

A．验收结论不明确、不合理

B．验收报告的基础资料数据明显不实，内容存在重大缺项、遗漏

C．分期建设、分期投入生产或者使用的环境保护设施防治环境污染和生态破坏的能力不能满足其相应主体工程需要

D．建设项目发生了变化，但不属于重大变动

9．根据《建设项目竣工环境保护验收暂行办法》，（　）不属于验收方式。

A．现场检查　B．资料查阅　C．召开验收会议　D．函审

10．根据《建设项目竣工环境保护验收暂行办法》，建设单位应当通过其网站或其他便于公众知晓的方式，向社会公开下列（　）。

A．建设项目配套建设的环境保护设施竣工后，公开竣工日期

B．对建设项目配套建设的环境保护设施进行调试前，公开调试的起止日期

C．公开验收意见

D．验收报告编制完成后5个工作日内，公开验收报告

11．根据《建设项目竣工环境保护验收暂行办法》，关于验收期限的说法错误的是（　）。

A．验收期限是指自建设项目竣工之日起至建设单位向社会公开验收报告之日止的时间

B．环境保护设施需进行调试或者整改的，验收期限可以适当延期，但最长不超过10个月

C．环境保护设施的验收期限一般不超过3个月

D．验收期限是指自建设项目环境保护设施竣工之日起至建设单位向社会公开验收报告之日止的时间

12．根据《建设项目竣工环境保护验收暂行办法》，关于建设项目竣工环境保护验收的说法，错误的是（　）。

A．验收工作组需邀请当地环境保护行政主管部门人员参加

B．建设单位公开相关信息的同时，应当向所在地县级以上环境保护主管部门报送相关信息，并接受监督检查。

C．建设单位应当将验收报告以及其他档案资料送当地环境保护行政主管部门备案

D．纳入排污许可管理的建设项目，排污单位应当在项目产生实际污染物排放之前，按照国家排污许可有关管理规定要求，申请排污许可证

13．根据《建设项目竣工环境保护验收暂行办法》，关于环境保护主管部门对建设项目竣工环境保护验收监督检查的要求，说法错误的是（　）。

A．各级环境保护主管部门应当按照《建设项目环境保护事中事后监督管理办法（试行）》等规定，通过“双随机一公开”抽查制度，强化建设项目环境保护事中事后监督管理

B. 县级以上环境保护主管部门应当按照《建设项目环境保护事中事后监督管理办法（试行）》等规定，通过“双随机一公开”抽查制度，强化建设项目环境保护事中事后监督管理

C. 县级以上环境保护主管部门应当对建设项目环境保护设施“三同时”落实情况、竣工验收等情况进行监督性检查，监督结果向社会公开

D. 各级环境保护主管部门应当对建设项目环境保护设施“三同时”落实情况、竣工验收等情况进行监督性检查，监督结果向社会公开

14. 根据《建设项目竣工环境保护验收暂行办法》，下列（　），要受到县级以上环境保护主管部门的处罚。

A. 需要配套建设的环境保护设施未建成、未经验收，建设项目已投入生产或者使用的

B. 需要配套建设的环境保护设施经验收不合格，建设项目已投入生产或者使用的

C. 环境保护设施验收中弄虚作假的

D. 建设单位未依法向社会公开环境保护设施验收报告的

参考答案

一、单项选择题

1. D

2. B 【解析】第四条：建设单位是建设项目竣工环境保护验收的责任主体，应当按照本办法规定的程序和标准，组织对配套建设的环境保护设施进行验收。

3. D 【解析】第十条：建设单位在“其他需要说明的事项”中应当如实记载环境保护设施设计、施工和验收过程简况、环境影响报告书（表）及其审批部门审批决定中提出的除环境保护设施外的其他环境保护对策措施的实施情况，以及整改工作情况等。相关地方政府或者政府部门承诺负责实施与项目建设配套的防护距离内居民搬迁、功能置换、栖息地保护等环境保护对策措施的，也要在“其他需要说明的事项”说明。

4. D 【解析】建设单位不具备编制验收监测（调查）报告能力的，可以委托有能力的技术机构编制，对于编制单位也无资质要求。监测单位由原办法中“环境保护行政主管部门批准有相应资质的环境监测站或环境放射性监测站”变为“建设单位自行监测或委托其他有能力的监测机构开展监测”。

5. B 【解析】选项B的正确说法是：建设单位对受委托的技术机构编制的验

收监测（调查）报告结论负责。对于选项D注意有两种情况不得调试。一是环境保护设施未与主体工程同时建成的，二是应当取得排污许可证但未取得的，建设单位不得对该建设项目环境保护设施进行调试。

6．C　【解析】调试期间，建设单位应当对环境保护设施运行情况和建设项目对环境的影响进行监测。验收监测应当在确保主体工程调试工况稳定、环境保护设施运行正常的情况下进行，并如实记录监测时的实际工况。国家和地方有关污染物排放标准或者行业验收技术规范对工况和生产负荷另有规定的，按其规定执行。

7．D　【解析】验收意见包括工程建设基本情况、工程变动情况、环境保护设施落实情况、环境保护设施调试效果、工程建设对环境的影响、验收结论和后续要求等内容，验收结论应当明确该建设项目环境保护设施是否验收合格。

8．A　【解析】第九条：为提高验收的有效性，在提出验收意见的过程中，建设单位可以组织成立验收工作组，采取现场检查、资料查阅、召开验收会议等方式，协助开展验收工作。验收工作组可以由设计单位、施工单位、环境影响报告书（表）编制机构、验收监测（调查）报告编制机构等单位代表以及专业技术专家等组成，代表范围和人数自定。注意“可以”两字，不是“必需”。

9．B　【解析】选项C和D的正确说法是：第十三条 验收报告公示期满后5个工作日内，建设单位应当登录全国建设项目竣工环境保护验收信息平台，填报建设项目基本信息、环境保护设施验收情况等相关信息，环境保护主管部门对上述信息予以公开。

10．D　【解析】第十二条：除需要取得排污许可证的水和大气污染防治设施外，其他环境保护设施的验收期限一般不超过3个月；需要对该类环境保护设施进行调试或者整改的，验收期限可以适当延期，但最长不超过 12 个月。验收期限是指自建设项目环境保护设施竣工之日起至建设单位向社会公开验收报告之日止的时间。

11．A　12．B

13．B　【解析】《条例》第二十三条：违反本条例规定，需要配套建设的环境保护设施未建成、未经验收或者验收不合格，建设项目即投入生产或者使用，或者在环境保护设施验收中弄虚作假的，由县级以上环境保护行政主管部门责令限期改正，处20万元以上100万元以下的罚款；逾期不改正的，处100万元以上200万元以下的罚款；对直接负责的主管人员和其他责任人员，处5万元以上20万元以下的罚款；造成重大环境污染或者生态破坏的，责令停止生产或者使用，或者报经有批准权的人民政府批准，责令关闭。

二、不定项选择题

1．ABCD

2．ABC　【解析】污染影响类的项目编写《验收监测报告》，生态影响类的项目编写《验收调查报告》，已发布行业验收技术规范的建设项目编写《行业验收监测（调查）报告》。第十条：建设单位在“其他需要说明的事项”中应当如实记载环境保护设施设计、施工和验收过程简况、环境影响报告书（表）及其审批部门审批决定中提出的除环境保护设施外的其他环境保护对策措施的实施情况，以及整改工作情况等。相关地方政府或者政府部门承诺负责实施与项目建设配套的防护距离内居民搬迁、功能置换、栖息地保护等环境保护对策措施的，也要在“其他需要说明的事项”说明。

3. ABCD 【解析】选项 D 属于“其他需要说明的事项”。

4. ABCD 【解析】验收意见包括工程建设基本情况、工程变动情况、环境保护设施落实情况、环境保护设施调试效果、工程建设对环境的影响、验收结论和后续要求等内容，验收结论应当明确该建设项目环境保护设施是否验收合格。

5. ABC 【解析】并不是所有的项目都需公众参与。

6. ABCD 【解析】有九种情形之一，建设单位不得提出验收合格的意见，特别要注意。

7. ABCD 8. ABC

9. ABCD 【解析】为提高验收的有效性，在提出验收意见的过程中，建设单位可以组织成立验收工作组，采取现场检查、资料查阅、召开验收会议等方式，协助开展验收工作。验收形式可以多样。

10. ABD 【解析】验收意见没有明确一定要。验收报告公示期满后 5 个工作日内，才登录全国建设项目竣工环境保护验收信息平台，需把建设项目基本信息、环境保护设施验收情况等相关信息进行填报。

11. ABC 【解析】第十二条：除需要取得排污许可证的水和大气污染防治设施外，其他环境保护设施的验收期限一般不超过 3 个月；需要对该类环境保护设施进行调试或者整改的，验收期限可以适当延期，但最长不超过 12 个月。验收期限是指自建设项目环境保护设施竣工之日起至建设单位向社会公开验收报告之日止的时间。

12. AC 【解析】建设单位应当将验收报告以及其他档案资料存档备查。

13. BC

14. ABCD 【解析】第十六条：需要配套建设的环境保护设施未建成、未经验收或者经验收不合格，建设项目已投入生产或者使用的，或者在验收中弄虚作假的，或者建设单位未依法向社会公开验收报告的，县级以上环境保护主管部门应当依照《建设项目环境保护管理条例》的规定予以处罚，并将建设项目有关环境违法信息及时记入诚信档案，及时向社会公开违法者名单。

第六章　环境影响评价相关法律法规

一、单项选择题（每题的备选选项中，只有一个最符合题意）

1. 根据《大气污染防治法》，关于大气污染物排放标准的说法，错误的是（　）。

A．省级环境保护主管部门可以制定大气污染物排放标准

B．国务院环境保护主管部门可以制定大气污染物排放标准

C．制定大气污染物排放标准，应当组织专家进行审查和论证

D．大气污染物排放标准的执行情况应当定期进行评估，根据评估结果对标准适时进行修订

2. 根据《大气污染防治法》，未达到国家大气环境质量标准城市的（　）应当及时编制大气环境质量限期达标规划，采取措施。

A．人民政府　　B．环境保护主管部门

C．省级环境保护主管部门　　D．人民代表大会

3. 根据《大气污染防治法》，国家对（　）实行总量控制。

A．所有大气污染物排放　　B．主要大气污染物排放

C．重点大气污染物排放　　D．部分大气污染物排放

4. 根据《大气污染防治法》，（　）应当按照国务院下达的总量控制目标，控制或者削减本行政区域的重点大气污染物排放总量实行总量控制。

A．省、自治区、直辖市人民政府　　B．地方人民政府

C．省级环境保护主管部门　　D．地级环境保护主管部门

5. 根据《大气污染防治法》，（　）负责统一发布本行政区域大气环境质量状况信息。

A．县级以上地方人民政府环境保护主管部门

B．省级人民政府环境保护主管部门

C．县级以上地方人民政府

D．省级人民政府

6. 根据《大气污染防治法》，关于燃煤污染防治的规定，下列说法错误的是（　）。

A．国家鼓励煤矿企业等采用合理、可行的技术措施，对煤层气进行开采利用，对煤矸石进行综合利用

B．地方各级人民政府禁止使用不符合民用散煤质量标准的煤炭

C．禁止进口、销售和燃用不符合质量标准的石油焦

D．单位存放煤炭、煤矸石、煤渣、煤灰等物料，应当采取防燃措施，防止大气污染

7．根据《大气污染防治法》，关于禁燃区的规定，下列说法正确的是（ ）。

A．地方人民政府可以划定并公布高污染燃料禁燃区

B．在禁燃区内，限制销售、燃用高污染燃料

C．在禁燃区内，限制新建、扩建燃用高污染燃料的设施

D．在禁燃区内，已建成高污染燃料的设施的，应当在规定的期限内改用清洁能源

8．根据《大气污染防治法》，关于燃煤污染防治的规定，下列说法错误的是（ ）。

A．在燃煤供热地区，推进热电联产和集中供热

B．在集中供热管网覆盖地区，禁止新建、扩建分散燃煤供热锅炉

C．在集中供热管网覆盖地区，已建成的不能达标排放的燃煤供热锅炉，应当在城市人民政府规定的期限内治理

D．高污染燃料的目录由国务院生态环境主管部门确定

9．根据《大气污染防治法》，关于工业污染防治，下列说法正确的是（ ）。

A．国家鼓励生产、进口、销售和使用中毒、中挥发性有机溶剂

B．产生含挥发性有机物废气的生产和服务活动，应当在密闭空间或者设备中进行，无法密闭的，应当采取措施减少废气排放

C．国家鼓励加油加气站按照国家有关规定安装油气回收装置并保持正常使用

D．国家鼓励储油储气库按照国家有关规定安装油气回收装置并保持正常使用

10．对于工业涂装企业，根据《大气污染防治法》，下列说法正确的是（ ）。

A．使用的涂料应建立台账，记录生产原料、辅料的使用量、废弃量、去向以及挥发性有机物含量

B．鼓励使用低挥发性有机物含量的涂料

C．产生含挥发性有机物废气的生产尽可能在密闭空间或者设备中进行

D．使用涂料台账保存期限不得少于二年

11．对于工业生产中产生的可燃性气体，根据《大气污染防治法》，下列说法正确的是（ ）。

A．向大气排放转炉气、电石气、电炉法黄磷尾气、有机烃类尾气的，须报经当地人民政府批准

B．工业生产中产生的可燃性气体应当回收利用，不具备回收利用条件而向大气排放的，应当进行防治污染处理

C．可燃性气体回收利用装置不能正常作业的，必须停产修复

D．在回收利用装置不能正常作业期间确需排放可燃性气体的，报经当地人民政府批准后可以排放

12．根据《大气污染防治法》，（　）应当加强对建设施工和运输的管理，保持道路清洁，控制料堆和渣土堆放，扩大绿地、水面、湿地和地面铺装面积，防治扬尘污染。

A．地方住房城乡建设主管部门　　B．地方各级人民政府

C．地方市容环境卫生主管部门　　D．地方环境保护主管部门

13．根据《大气污染防治法》，关于扬尘污染防治的有关规定，说法正确的是（　）。

A．施工单位应当将防治扬尘污染的费用列入工程造价，建设单位应当制定具体的施工扬尘污染防治实施方案

B．暂时不能开工的建设用地，超过二个月的，建设单位应当进行绿化、铺装或者遮盖

C．装卸物料应当采取密闭或者喷淋等方式防治扬尘污染

D．运输煤炭、垃圾、渣土、砂石、土方、灰浆等散装、流体物料的车辆根据实际情况的路线行驶

14．根据《大气污染防治法》，（　）应当推动转变农业生产方式，发展农业循环经济，加大对废弃物综合处理的支持力度，加强对农业生产经营活动排放大气污染物的控制。

A．地方农业主管部门　　B．地方各级人民政府

C．地方市容环境卫生主管部门　　D．地方环境保护主管部门

15．根据《大气污染防治法》，禁止在（　）对树木、花草喷洒剧毒、高毒农药。

A．城市　　B．城镇

C．人口集中地区　　D．农村

16．根据《大气污染防治法》，（　）应当划定区域，禁止露天焚烧秸秆、落叶等产生烟尘污染的物质。

A．省、自治区、直辖市人民政府　　B．当地人民政府

C．城市人民政府　　D．省级环境保护主管部门

17．根据《大气污染防治法》，关于向大气排放恶臭气体污染防治的有关规定，说法正确的是（　）。

A．产生恶臭气体的企业事业单位应当科学选址，设置合理的安全防护距离

B．产生恶臭气体的企业事业单位应当科学选址，设置合理的卫生防护距离

C．排放油烟的餐饮服务业经营者应当安装油烟净化设施并保持正常使用

D．禁止在城市地区焚烧垃圾

18．根据《大气污染防治法》，关于油烟防治的说法，错误的是（　）。

A．餐饮服务业经营者应当安装油烟净化设施并保持正常使用

B．排放油烟的餐饮服务业经营者应当采取油烟净化措施，使油烟达标排放

C．不得在当地人民政府禁止的区域内露天烧烤

D．禁止在居民住宅楼新建、改建、扩建产生油烟、异味、废气的餐饮服务项目

19．根据《大气污染防治法》，在人口集中地区和其他依法需要特殊保护的区域内，下列（　）不是禁止焚烧的。

A．沥青　　B．油毡

C．皮革　　D．生物质气

20．在中华人民共和国领域内，适用《水污染防治法》的活动是（　）。

A．建设海岸防护工程　　B．建设跨海桥梁工程

C．生产经营滨海大型养殖场　　D．从事海洋航运的船舶进入内河航行

21．根据《水污染防治法》，水污染防治应当坚持的原则是（　）。

A．预防为主、限期治理、综合整治　　B．预防为主、防治结合、限期整改

C．预防为主、防治结合、综合治理　　D．预防为主、防治结合、区域限批

22．根据《水污染防治法》，（　）制定国家水环境质量标准和国家水污染物排放标准。

A．国务院　　B．国务院水行政主管部门

C．国务院环境保护主管部门　　D．国务院水行政和环境保护部门

23．根据《水污染防治法》，（　）可以对国家水环境质量标准和国家水污染物排放标准中未作规定的项目，制定地方标准。

A．国务院　　B．省、自治区、直辖市人民政府

C．国务院环境保护主管部门　　D．省、自治区、直辖市环境保护主管部门

24．根据《水污染防治法》，新建、改建、扩建直接或者间接向水体排放污染物的建设项目和其他水上设施，应当依法进行（　）。

A．生态集中治理　　B．环境影响评价

C．水土保持评价　　D．纳污申报

25．根据《水污染防治法》，建设单位在江河湖泊新建、改建、扩建排污口的，在进行环境影响评价的同时，应当取得（　）同意。

A．水利工程管理部门　　B．交通主管部门

C．水行政主管部门或者流域管理机构　　D．渔业主管部门

26．根据《水污染防治法》，关于建设项目的水污染防治设施的说法，错误的

是（　）。

A．建设项目的水污染防治设施，应当与主体工程同时设计、同时施工、同时投入使用

B．水污染防治设施应当经过环境保护主管部门验收，验收不合格的，该建设项目不得投入生产或者使用

C．水污染防治设施应当符合经批准或者备案的环境影响评价文件的要求

D．水污染防治设施应当符合相关排污染物排放标准

27．根据《水污染防治法》，对超过重点水污染物排放总量控制指标的地区或者未完成水环境质量改善目标的地区，下列做法正确的是（　）。

A．各级人民政府环境保护主管部门应当会同有关部门约谈该地区人民政府的主要负责人，并停止审批新增重点水污染物排放总量的建设项目的环境影响评价文件

B．省级以上人民政府环境保护主管部门应当会同有关部门约谈该地区人民政府的主要负责人，并暂停审批新增重点水污染物排放总量的建设项目的环境影响评价文件

C．暂停审批新增水污染物排放总量的所有建设项目的环境影响评价文件

D．有关人民政府环境保护主管部门应当暂停审批新增重点水污染物排放总量的建设项目的环境影响评价文件

28．根据《水污染防治法》，（　）对重点水污染物排放实施总量控制制度。

A．省级以上人民政府　　B．国家

C．地级以上人民政府　　D．县级以上人民政府

29．根据《水污染防治法》，国家对重点水污染物排放实施总量控制的具体办法由（　）规定。

A．国务院

B．省级以上人民政府

C．省级以上环境保护行政主管部门

D．国务院环境保护主管部门会同国务院有关部门

30．根据《水污染防治法》，关于重点水污染物排放总量控制指标的说法，正确的是（　）。

A．省、自治区、直辖市人民政府应当按照国务院的规定削减和控制本行政区域的重点水污染物排放总量，并将重点水污染物排放总量控制指标分解落实到市、县人民政府

B．市、县人民政府根据本行政区域重点水污染物排放总量控制指标的要求，将重点水污染物排放总量控制指标分解落实到排污单位

C．重点水污染物排放总量控制指标，由国务院环境保护主管部门会同国务院有关部门制订并下达实施

D．重点水污染物排放总量控制指标，由国务院环境保护主管部门在征求国务院有关部门和各省、自治区、直辖市人民政府意见后，会同国务院经济综合宏观调控部门报国务院批准并下达实施

31．根据《水污染防治法》，（　）可以根据本行政区域水环境质量状况和水污染防治工作的需要，确定本行政区域实施总量削减和控制的重点水污染物。

A．省、自治区、直辖市人民政府　　B．市、县人民政府

C．省级以上环境保护行政主管部门　　D．国务院

32．根据《水污染防治法》，国家对（　）排放实施总量控制制度。

A．COD　　B．重点水污染物　　C．BOD_5　　D．特征水污染物

33．根据《水污染防治法》，关于排污口的设置，说法错误的是（　）。

A．涉及通航、渔业水域的，环境保护主管部门在审批环境影响评价文件时，应当征求交通、渔业主管部门的意见

B．建设单位在江河、湖泊新建、改建、扩建排污口的，应当取得水行政主管部门或者流域管理机构同意

C．向水体排放污染物的企业事业单位和其他生产经营者，应当按照法律、行政法规和国务院环境保护主管部门的规定设置排污口

D．在风景名胜区水体、重要渔业水体和其他具有特殊经济文化价值的水体的保护区内，新建排污口应当保证保护区水体不受污染

34．根据《水污染防治法》，关于船舶水污染防治的规定，下列说法中正确的是（　）。

A．禁止向水体倾倒船舶垃圾

B．禁止向水体排放船舶含油污水

C．船舶排放生活污水，应当执行国家污水综合排放标准

D．禁止排放船舶压载水

35．根据《水污染防治法》，应当对城镇污水处理设施出水水质负责的单位是（　）。

A．设施的运营单位

B．设施的施工设计单位

C．设施所在地的建设主管部门

D．设施所在地的环境保护主管部门

36．根据《水污染防治法》，关于船舶水污染防治的规定，下列说法中正确的是（　）。

A．船舶无毒垃圾可以排入水体

B．船舶的少量残油可以排入水体

C．船舶产生的废油禁止排入水体

D．船舶含油污水处理达标后也不得排入水体

37．根据《水污染防治法》，禁止在江河、湖泊、运河、渠道、水库（　）的滩地和岸坡堆放、存贮固体废弃物和其他污染物。

A．最高水位线以下　　B．最低水位线以下

C．最高水位线以上　　D．最低水位线以上

38．《水污染防治法》中未明确禁止的行为是（　）。

A．向水体排放含有高放射性物质的废水

B．向水体排放含有中放射性物质的废水

C．向水体排放含有低放射性物质的废水

D．向水体排放碱液

39．根据《水污染防治法》，向农田灌溉渠道排放城镇污水以及未综合利用的畜禽养殖废水、农产品加工废水的，应当保证其（　）的水质符合农田灌溉水质标准。

A．上游最近的灌溉取水点　　B．中游最近的灌溉取水点

C．下游最近的灌溉取水点　　D．中下游最近的灌溉取水点

40．根据《水污染防治法》，有权批准饮用水水源保护区的是（　）。

A．国务院环境保护主管部门

B．省级人民政府环境保护主管部门

C．县级以上人民政府水行政主管部门

D．国务院和省、自治区、直辖市人民政府

41．根据《水污染防治法》，在饮用水水源二级保护区已建成的排放污染物的建设项目，由县级以上人民政府责令（　）。

A．限期治理　　B．搬迁改造

C．停产治理　　D．拆除或关闭

42．根据《水污染防治法》，在饮用水水源准保护区内被禁止的行为是（　）。

A．垂钓　　B．网箱养殖

C．新设排污口　　D．扩建对水体污染严重但不增加排污量的项目

43．根据《水污染防治法》，当饮用水水源受到污染并可能威胁到供水安全时，有权作出责令有关企业事业单位和其他生产经营者采取停止排放水污染物等措施决定的是（　）。

A．当地人民政府　　B．水行政主管部门

C．环境保护主管部门　　D．建设行政主管部门

44．根据《水污染防治法》，在生活饮用水地表水源一级保护区内已建成的与供水设施和保护水源无关的建设项目，由（　）责令拆除或者关闭。

A．县级以上人民政府　　B．镇级以上人民政府

C．市级以上人民政府　　D．省级以上人民政府

45．根据《水污染防治法》，禁止在生活饮用水地表水源一级保护区内（　）与供水设施和保护水源无关的建设项目。

A．新建、改建　　B．改建、扩建

C．新建、扩建　　D．新建、扩建、改建

46．根据《水污染防治法》，禁止在生活饮用水地表水源（　）新建、扩建、改建向水体排放污染物的建设项目。

A．三级保护区　　B．二级保护区　　C．一级保护区　　D．准保护区

47．根据《水污染防治法》，饮用水水源保护区的划定，由有关（　）提出划定方案，报（　）批准。

A．省、自治区、直辖市人民政府　国务院

B．省、自治区、直辖市人民政府　国家环境保护行政主管部门

C．市、县环境保护行政主管部门　省、自治区、直辖市人民政府

D．市、县人民政府　省、自治区、直辖市人民政府

48．根据《水污染防治法》，跨市、县饮用水水源保护区的划定，有关市、县人民政府协商不成的，由（　）会同同级水行政、国土资源、卫生、建设等部门提出划定方案，征求同级有关部门的意见后，报省、自治区、直辖市人民政府批准。

A．省、自治区、直辖市人民政府

B．省、自治区、直辖市人民政府环境保护主管部门

C．市、县环境保护行政主管部门

D．市、县人民政府

49．根据《水污染防治法》，跨省、自治区、直辖市的饮用水水源保护区，由有关省、自治区、直辖市人民政府协商（　）划定。

A．有关流域管理机构　　B．有关建设行政管理机构

C．有关水行政管理机构　　D．有关国土资源行政管理机构

50．根据《水污染防治法》，跨省、自治区、直辖市的饮用水水源保护区的划定，协商不成的，由（　）会同同级水行政、国土资源、卫生、建设等部门提出划定方案，征求国务院有关部门的意见后，报国务院批准。

A．省、自治区、直辖市人民政府

B．省、自治区、直辖市人民政府环境保护主管部门

C．市、县环境保护行政主管部门

D．国务院环境保护主管部门

51．根据《水污染防治法》，（　）可以对风景名胜区水体划定保护区。

A．县级以上人民政府　　B．县级以上建设主管部门

C．县级以上环境保护主管部门　　D．县级以上水行政主管部门

52．根据《环境噪声污染防治法》，环境噪声，是指在工业生产、建筑施工、交通运输和社会生活中所产生的（　）的声音。

A．干扰周围工作环境　　B．超过国家排放标准

C．超过地方排放标准　　D．干扰周围生活环境

53．根据《环境噪声污染防治法》，环境噪声污染，是指所产生的环境噪声（　）的现象。

A．超过国家规定的环境噪声排放标准

B．干扰他人正常生活、工作和学习

C．超过国家规定的环境噪声排放标准，并干扰他人正常生活、工作和学习

D．干扰周围生活环境

54．根据《环境噪声污染防治法》，“噪声排放”是指噪声源向周围（　）辐射噪声。

A．工作环境　　B．生态环境　　C．生活环境　　D．自然环境

55．根据《环境噪声污染防治法》，“医院、学校、机关、科研单位、住宅等需要保持安静的建筑物”被定义为（　）。

A．噪声敏感建筑物　　B．噪声敏感点

C．噪声敏感建筑物集中区　　D．噪声敏感保护区

56．根据《环境噪声污染防治法》，在城市范围内向周围生活环境排放工业噪声的，应当符合国家规定的（　）。

A．城市区域环境噪声标准　　B．建筑施工场界环境噪声排放标准

C．工业企业厂界环境噪声排放标准　　D．城市区域环境振动标准

57．根据《环境噪声污染防治法》，某建筑工地在城市市区范围内向周围生活环境排放建筑施工噪声，应当符合国家规定的（　）。

A．声环境质量标准

B．社会生活环境噪声排放标准

C．建筑施工场界环境噪声排放标准

D．工业企业厂界环境噪声排放标准

58．根据《环境噪声污染防治法》，在城市市区噪声敏感建筑物集中区域内，禁止（　）进行产生环境噪声污染的建筑施工作业，但抢修、抢险作业和因生产工

艺上要求或者特殊需要必须连续作业的除外。

A. 白天　　B. 夜间　　C. 人群多时　　D. 人群经过时

59. 根据《环境噪声污染防治法》，施工单位在城市市区噪声敏感建筑物集中区域内因特殊需要必须昼夜连续作业的，必须有（　）或者其有关主管部门的证明。抢险作业和因生产工艺上要求或者特殊需要必须连续作业的除外。

A. 县级以上人民政府　　B. 市级以上人民政府

C. 县级以上环境保护行政部门　　D. 市级以上环境保护行政部门

60. 根据《环境噪声污染防治法》，建设项目在投入生产或者使用之前，其环境噪声污染防治设施必须（　）进行验收；达不到国家规定要求的，该建设项目不得投入生产或者使用。

A. 按照国家规定的标准和程序

B. 经原审批环境影响报告书的环境保护行政主管部门

C. 经地方生态环境主管部门

D. 企业自主

61. 根据《环境噪声污染防治法》，建设经过已有的噪声敏感建筑物集中区域的高速公路和城市高架、轻轨道路，有可能造成环境噪声污染的，应当设置（　）或者采取其他有效的控制环境噪声污染的措施。

A. 绿化带　　B. 相应的高度　　C. 相应的宽度　　D. 声屏障

62. 根据《环境噪声污染防治法》，在已有的城市交通干线的两侧建设噪声敏感建筑物的，建设单位应当按照国家规定（　），并采取减轻、避免交通噪声影响的措施。

A. 间隔20m　　B. 间隔一定距离

C. 设置绿化带　　D. 设置声屏障

63. 根据《环境噪声污染防治法》，下列关于“使用声响装置”的正确说法是（　）。

A. 机动车辆在城市市区范围内行驶时，禁止鸣喇叭

B. 警车、消防车在执行非紧急任务时，可以使用警报器

C. 铁路机车驶经或者进入城市市区、疗养区时，必须按照规定使用声响装置

D. 消防车、工程抢险车、救护车等机动车辆安装、使用警报器，必须符合当地人民政府的规定

64. 根据《环境噪声污染防治法》，除起飞、降落或者依法规定的情形以外，民用航空器不得飞越（　）上空。

A. 城市市区　　B. 城市郊区　　C. 农村村镇　　D. 农村农业区

65. 根据《环境噪声污染防治法》，城市人民政府应当在航空器起飞、降落的

（ ）划定限制建设噪声敏感建筑物的区域。

A．两侧 B．周围 C．净空周围 D．区域

66．根据《环境噪声污染防治法》，新建营业性文化娱乐场所的边界噪声必须符合国家规定的环境噪声排放标准；不符合国家规定的环境噪声排放标准的，（ ）不得核发文化经营许可证。

A．文化行政主管部门 B．工商行政管理部门

C．教育行政主管部门 D．环境保护行政主管部门

67．根据《环境噪声污染防治法》，新建营业性文化娱乐场所的（ ）噪声必须符合国家规定的环境噪声排放标准，不符合国家规定的环境噪声排放标准的，文化行政主管部门不得核发文化经营许可证。

A．两侧 B．内部 C．夜间 D．边界

68．根据《环境噪声污染防治法》，违反本法第十四条的规定，建设项目中需要配套建设的环境噪声污染防治设施没有建成或者没有达到国家规定的要求，擅自投入生产或者使用的，由（ ）责令限期改正，并对单位和个人处以罚款；造成重大环境污染或者生态破坏的，责令停止生产或者使用，或者报经有批准权的人民政府批准，责令关闭。

A．县级以上生态环境主管部门

B．批准该项目环境影响报告书的环境保护行政主管部门

C．地方人民政府

D．当地生态环境主管部门

69．根据《固体废物污染环境防治法》，固体废物，是指在生产、生活和其他活动中产生的（ ）的固态、半固态和置于容器中的气态的物品、物质以及法律、行政法规规定纳入固体废物管理的物品、物质。

A．丧失原有利用价值或者虽未丧失利用价值但被抛弃或者放弃

B．丧失原有利用价值

C．未丧失利用价值但被抛弃

D．未丧失利用价值但被抛弃或者放弃

70．根据《固体废物污染环境防治法》，关于贮存、利用、处置、危险废物的含义，下列说法中，错误的是（ ）。

A．贮存，是指将固体废物临时置于特定设施或者场所中的活动

B．利用，是指从固体废物中提取物质作为原材料或者燃料的活动

C．处置，是指将固体废物临时置于符合环境保护规定要求的填埋场的活动

D．危险废物，是指列入国家危险废物名录或者根据国家规定的危险废物鉴别标准和鉴别方法认定的具有危险特性的固体废物

71．根据《固体废物污染环境防治法》，生活垃圾，是指在（　）产生的固体废物以及法律、行政法规规定视为生活垃圾的固体废物。

A．日常生活和生产中

B．日常生活中或者为日常生活提供服务的活动中

C．为日常生活提供服务的活动中

D．居民生活和商业活动中

72．根据《固体废物污染环境防治法》，国家对固体废物污染环境防治实行（　）的原则。

A．污染者依法负责

B．当地人民政府依法负责

C．当地人民政府环境保护行政主管部门依法负责

D．当地人民政府环境卫生行政主管部门依法负责

73．根据《固体废物污染环境防治法》，为防止采矿废石贮存设施停止使用后造成环境污染和生态破坏，应当由（　）按照国家有关环境保护规定进行封场。

A．当地县级人民政府　　B．实施采矿生产的矿山企业

C．当地县级建设行政主管部门　　D．当地县级国土行政主管部门

74．根据《固体废物污染环境防治法》，危险废物管理计划应当报产生危险废物的单位所在地县级以上地方人民政府环境保护行政主管部门（　）。

A．核准　　B．批准　　C．备案　　D．同意

75．根据《固体废物污染环境防治法》，除法律、行政法规另有规定外，贮存危险废物必须采取符合国家环境保护标准的防护措施，并不得超过（　）。

A．一个月　　B．半年　　C．一年　　D．二年

76．根据《固体废物污染环境防治法》，对确有必要关闭、闲置或者拆除工业固体废物污染环境防治设施、场所的，必须经所在地（　）核准，并采取措施，防止污染环境。

A．省级以上环境保护行政主管部门

B．地级以上地方人民政府环境保护行政主管部门

C．县级以上地方人民政府环境保护行政主管部门

D．县级以上地方人民政府

77．根据《固体废物污染环境防治法》，收集、贮存、运输、利用、处置固体废物的单位和个人，必须采取（　）或者其他防止污染环境的措施；不得擅自倾倒、堆放、丢弃、遗撒固体废物。

A．防扬散、防流失、防渗漏　　B．防流失、防污染、防渗漏

C．防污染、防扬散、防流失　　D．防污染、防扬散、防渗漏

78．根据《固体废物污染环境防治法》，建设生活垃圾处置的设施、场所，必须符合国务院环境保护行政主管部门和国务院建设行政主管部门规定的（ ）标准。

A．环境保护　　B．环境保护和环境卫生

C．环境卫生　　D．环境保护和建设规范

79．根据《固体废物污染环境防治法》，对确有必要关闭、闲置或者拆除生活垃圾处置设施、场所的，必须经所在地（ ）核准，并采取措施，防止污染环境。

A．县级以上地方人民政府环境卫生行政主管部门

B．县级以上地方人民政府环境保护行政主管部门

C．县级以上地方人民政府环境卫生行政主管部门和环境保护行政主管部门

D．市级以上地方人民政府环境卫生行政主管部门或环境保护行政主管部门

80．根据《固体废物污染环境防治法》，产生危险废物的单位，必须按照国家有关规定制定危险废物管理计划，并向所在地（ ）申报危险废物的种类、产生量、流向、贮存、处置等有关资料。

A．省级以上环境保护行政主管部门

B．县级以上地方人民政府环境保护行政主管部门

C．地级以上地方人民政府环境保护行政主管部门

D．县级以上地方人民政府

81．根据《固体废物污染环境防治法》，产生危险废物的单位，必须按照国家有关规定制定（ ），并向所在地县级以上地方人民政府环境保护行政主管部门申报危险废物的种类、产生量、流向、贮存、处置等有关资料。

A．危险废物利用计划　　B．危险废物处置计划

C．危险废物贮存计划　　D．危险废物管理计划

82．根据《固体废物污染环境防治法》，（ ）会同国务院经济综合宏观调控部门组织编制危险废物集中处置设施、场所的建设规划，报国务院批准后实施。

A．地方环境保护行政主管部门　　B．国务院环境保护行政主管部门

C．省级环境保护行政主管部门　　D．市级环境保护行政主管部门

83．根据《固体废物污染环境防治法》，（ ）应当根据危险废物集中处置设施、场所的建设规划组织建设危险废物集中处置设施、场所。

A．地方环境保护行政主管部门　　B．市级以上地方人民政府

C．县级以上地方人民政府　　D．市级以上环境保护行政主管部门

84．根据《固体废物污染环境防治法》，对产生危险废物而不处置的单位，由所在地县级以上人民政府环境保护行政主管部门责令（ ）。

A．关闭　　B．限期改正　　C．限制生产　　D．停产治理

85．根据《固体废物污染环境防治法》，转移危险废物的，必须按照国家有关规定填写危险废物转移联单，并向危险废物移出地（　）提出申请。

A．设区的市级以上地方人民政府

B．设区的市级以上地方人民政府环境保护行政主管部门

C．地方人民政府

D．地方人民政府环境保护行政主管部门

86．根据《固体废物污染环境防治法》，产生危险废物的单位，逾期不处置或者处置不符合国家有关规定的，由所在地县级以上地方人民政府环境保护行政主管部门指定单位按照国家有关规定（　），处置费用由产生危险废物的单位承担。

A．进行处置　　B．罚款5万元以上20万元以下

C．罚款10万元以上30万元以下　　D．代为处置

87．《固体废物污染环境防治法》规定：禁止经中华人民共和国过境（　）危险废物。

A．收集　　B．运输　　C．贮存　　D．转移

88．根据《土壤污染防治法》，土壤污染是指（　）。

A．因人为因素导致某种物质进入陆地表层土壤，引起土壤化学、物理、生物等方面特性的改变，影响土壤功能和有效利用，危害公众健康或者破坏生态环境的现象

B．因人为因素导致某种物质进入土壤，引起土壤化学、物理、生物等方面特性的改变，影响土壤功能和有效利用，危害公众健康或者破坏生态环境的现象

C．因人为因素导致某种物质进入陆地表层土壤，引起土壤化学、物理、生物等方面特性的改变，影响土壤功能和有效利用，危害公众健康

D．因人为因素导致有害物质进入陆地表层土壤，引起土壤化学、物理、生物等方面特性的改变，影响土壤功能和有效利用，危害公众健康或者破坏生态环境的现象

89．根据《土壤污染防治法》，土壤污染防治应当坚持（　）的原则。

A．预防为主、防治结合、分类管理、风险管控、污染担责、公众参与

B．预防为主、保护优先、分类管理、风险管控、污染担责、公众参与

C．保护为主、防治结合、分类管理、风险管控、污染担责、公众参与

D．预防为主、保护优先、全面管理、风险管控、污染担责、公众参与

90．根据《土壤污染防治法》，以下关于防止土壤污染说法错误的是（　）。

A．国家鼓励在建筑、通信、电力、交通、水利等领域的信息、网络、防雷、接地等建设工程中采用新技术、新材料，防止土壤污染

B. 污水集中处理设施、固体废物处置设施运营单位应当定期对污水集中处理设施、固体废物处置设施周边土壤进行监测；对不符合法律法规和相关标准要求的，应当根据监测结果，采取相应改进措施

C. 尾矿库运营、管理单位应当按照规定，加强尾矿库的安全管理，采取措施防止土壤污染

D. 禁止向农用地排放重金属或者其他有毒有害物质含量超标的污水、污泥，以及可能造成土壤污染的清淤底泥、尾矿、矿渣等

91. 根据《土壤污染防治法》，说法正确的是（　）。

A. 各级人民政府生态环境应当依法加强对矿产资源开发区域土壤污染防治的监督管理，按照相关标准和总量控制的要求，严格控制可能造成土壤污染的重点污染物排放

B. 各级人民政府生态环境、自然资源主管部门应当依法加强对矿产资源开发区域土壤污染防治的监督管理，按照相关标准的要求，严格控制可能造成土壤污染的重点污染物排放

C. 各级人民政府生态环境、自然资源主管部门应当依法加强对矿产资源开发区域土壤污染防治的监督管理，按照相关标准和总量控制的要求，严格控制可能造成土壤污染的重点污染物排放

D. 自然资源主管部门应当依法加强对矿产资源开发区域土壤污染防治的监督管理，按照相关标准和总量控制的要求，严格控制可能造成土壤污染的重点污染物排放

92. 根据《土壤污染防治法》，以下关于农用地的说法错误的是（　）。

A. 在永久基本农田集中区域，不得新建可能造成土壤污染的建设项目；已经建成的，应当限期关闭拆除

B. 未利用地、复垦土地等拟开垦为耕地的，地方人民政府农业农村主管部门应当会同生态环境、自然资源主管部门进行土壤污染状况调查，依法进行分类管理

C. 对土壤污染状况普查、详查和监测、现场检查表明有土壤污染风险的农用地地块，地方人民政府农业农村、林业草原主管部门应当会同生态环境、自然资源主管部门进行土壤污染状况调查

D. 对安全利用类农用地地块，地方人民政府应当结合主要作物品种和种植习惯等情况，制定并实施安全利用方案

93. 县级以上地方人民政府及其有关部门应当按照土地利用总体规划和城乡规划，严格执行相关行业企业布局选址要求，禁止在（　）周边新建、改建、扩建可能造成土壤污染的建设项目。

A．医院、学校、疗养院、养老院

B．医院、学校、疗养院、居民区

C．土壤环境敏感区

D．居民区、学校、医院、疗养院、养老院

94．根据《土壤污染防治法》，以下说法正确的是（　）。

A．修复施工单位转运污染土壤的，应当制定转运计划，将运输时间、方式、线路和污染土壤数量、去向、最终处置措施等，提前报所在地和接收地生态环境主管部门

B．修复施工单位转运污染土壤的，应当制定转运计划，将运输时间、方式、线路和污染土壤数量、去向等，提前报所在地和接收地生态环境主管部门

C．修复施工单位转运污染土壤的，应当制定转运计划，将运输时间、线路和污染土壤数量、去向、最终处置措施等，提前报所在地和接收地生态环境主管部门

D．修复施工单位转运污染土壤的，应当制定转运计划，将运输时间、方式、线路和污染土壤数量、去向、最终处置措施等，提前报所在地生态环境主管部门

95．根据《土壤污染防治法》，土壤污染责任人负有实施土壤（　）的义务。土壤污染责任人无法认定的，土地使用权人应当实施土壤污染风险管控和修复。

A．污染风险管控和修复　　B．污染风险管控和恢复

C．污染治理和修复　　D．修复和保护

96．根据《土壤污染防治法》，以下说法错误的是（　）。

A．县级以上地方人民政府应当依法将符合条件的严格管控类耕地划为永久基本农田，实行严格保护

B．县级以上地方人民政府应当依法将符合条件的安全利用耕地划为永久基本农田，实行严格保护

C．在永久基本农田集中区域，新建可能造成土壤污染的建设项目要做好土壤污染管控和保护

D．在永久基本农田集中区域，不得新建可能造成土壤污染的建设项目；已经建成的，应当限期关闭拆除

97．《土壤污染防治法》，用途变更为住宅、公共管理与公共服务用地的，变更前应当按照规定进行（　）。

A．土壤污染状况调查　　B．土壤现状调查

C．土壤现状监测　　D．土地性质变更

98．根据《海洋环境保护法》，国家建立并实施（　）排污总量控制制度，

确定主要污染物排海总量控制指标，并对主要污染源分配排放控制数量。

A．所有海域　　B．重点海域　　C．重点大陆架　　D．重点毗连区

99．根据《海洋环境保护法》，内水，是指（　）。

A．我国沿海附近的海湾水域

B．我国领海基线两侧的所有海域

C．我国领海基线向海洋一侧的所有海域

D．我国领海基线向内陆一侧的所有海域

100．某设区市内有一企业的入海排污口经科学论证后拟报请审查批准。根据《海洋环境保护法》，对该排污口有审批权的是（　）。

A．该市人民政府　　B．该市海洋行政主管部门

C．该市所在地的省级人民政府　　D．该市环境保护行政主管部门

101．根据《海洋环境保护法》，设置陆源污染物深海离岸排放口的依据不包括（　）。

A．海洋功能区划　　B．海水动力条件

C．海底工程设施　　D．海岸保护设施

102．下列废水属于《海洋环境保护法》禁止排放的是（　）。

A．高、中水平放射性废水　　B．含热废水

C．含病原体的医疗污水　　D．含有不易降解的有机物和重金属的废水

E．工业废水

103．《海洋环境保护法》规定：严格限制向海域排放（　），确需排放的，必须严格执行国家辐射防护规定。

A．高、中水平放射性废水　　B．低水平放射性废水

C．含病原体的医疗污水　　D．含有不易降解的有机物和重金属的废水

104．《海洋环境保护法》规定：严格控制向海域排放（　）。

A．含有机物和营养物质的工业废水

B．含热废水

C．含病原体的医疗污水

D．含有不易降解的有机物和重金属的废水

105．根据《海洋环境保护法》，向海域排放含热废水，必须采取有效措施，保证邻近渔业水域的水温符合（　）。

A．国家污染物排放标准　　B．地方污染物排放标准

C．国家海洋环境质量标准　　D．国家地表水环境质量标准

106．根据《海洋环境保护法》，海岸工程建设项目的单位，必须在建设项目（　）阶段，对海洋环境进行科学调查，根据自然条件和社会条件，合理选址，编报环境

影响报告书。

A. 审核　　B. 审查　　C. 审批　　D. 可行性研究

107. 根据《海洋环境保护法》，海岸工程环境影响报告书报环境保护行政主管部门审查批准，不需要征求（　）的意见。

A. 农业行政主管部门　　B. 渔业行政主管部门
C. 海洋行政主管部门　　D. 军队环境保护部门

108. 《海洋环境保护法》规定：禁止在沿海陆域内（　）不具备有效治理措施的化学制浆造纸、化工、印染、制革、电镀、酿造、炼油、岸边冲滩拆船以及其他严重污染海洋环境的工业生产项目。

A. 扩建　　B. 改建　　C. 新建　　D. 生产

109. 《海洋环境保护法》规定：严格限制（　）。

A. 在海岸采挖砂石
B. 露天开采海滨砂矿
C. 从岸上打井开采海底矿产资源
D. 在依法划定海滨风景名胜区从事破坏景观的海岸工程项目建设

110. 根据《放射性污染防治法》，在办理核设施选址审批手续前，应当编制环境影响报告书，报（　）审查批准；未经批准，有关部门不得办理核设施选址批准文件。

A. 省级环境保护行政主管部门　　B. 当地环境保护行政主管部门
C. 国务院环境保护行政主管部门　　D. 地级以上环境保护行政主管部门

111. 根据《放射性污染防治法》，核设施营运单位应当在申请领取核设施建造、运行许可证和办理退役审批手续前编制环境影响报告书，报（　）审查批准；未经批准，有关部门不得颁发许可证和办理批准文件。

A. 省级环境保护行政主管部门　　B. 当地环境保护行政主管部门
C. 国务院环境保护行政主管部门　　D. 地级以上环境保护行政主管部门

112. 根据《放射性污染防治法》，开发利用伴生放射性矿的单位，应当在申请领取采矿许可证前编制环境影响报告书，报（　）审查批准。

A. 省级以上人民政府环境保护行政主管部门
B. 当地人民政府环境保护行政主管部门
C. 国务院环境保护行政主管部门
D. 地级以上人民政府环境保护行政主管部门

113. 根据《放射性污染防治法》，放射性废液产生单位的下列做法中，正确的是（　）。

A. 采取严格防渗措施后利用天然裂隙、溶洞排放放射性废液

B．利用渗井、渗坑排放符合国家放射性污染防治标准的放射性废液

C．对不得向环境排放的放射性废液按国家放射性污染防治标准予以贮存

D．采用符合省级环境保护行政主管部门规定的排放方式排放符合国家放射性污染防治标准的放射性废液

114．根据《放射性污染防治法》，国务院核设施主管部门会同国务院环境保护行政主管部门根据（　），在环境影响评价的基础上编制放射性固体废物处置场所选址规划，报国务院批准后实施。

A．地形条件和放射性固体废物处置的需要

B．地质条件和放射性固体废物处置的需要

C．地质条件

D．放射性固体废物处置的需要

115．根据《放射性污染防治法》，产生放射性固体废物的单位，应当按照国务院环境保护行政主管部门的规定，对其产生的放射性固体废物进行处理后，（　）。

A．自行处置

B．送交固体废物处置单位处置，并承担处置费用

C．送交放射性固体废物处置单位处置，并承担处置费用

D．送交放射性固体废物处置单位处置，处置费用由处置单位承担

116．根据《放射性污染防治法》，产生放射性固体废物的单位，应当按照（　）的规定，对其产生的放射性固体废物进行处理后，送交放射性固体废物处置单位处置，并承担处置费用。

A．省级以上人民政府环境保护行政主管部门

B．当地人民政府环境保护行政主管部门

C．国务院环境保护行政主管部门

D．地级以上人民政府环境保护行政主管部门

117．根据《放射性污染防治法》，产生放射性固体废物的单位处置放射性固体废物时，符合规定的做法是（　）。

A．对高水平的放射性固体废物实行集中的深地质处置

B．对其产生的放射性固体废物进行处理后，送交放射性固体废物处置单位处置

C．对中水平的放射性固体废物在符合国家规定的区域直接实行近地表处置

D．对低水平的放射性固体废物在符合国家规定的区域直接实行近地表处置

118．根据《水法》，国家鼓励开发、利用水能资源，在水能丰富的河流，应当有计划地进行（　）。

A．多目标梯级开发　　B．以航运为目标的梯级开发

C．以生态保护为目标的梯级开发　　D．以水能资源开发为目标的梯级开发

119. 《水法》规定：开发、利用水资源，应当首先满足（ ）。

A. 城乡居民生活用水　　B. 农业用水

C. 工业用水　　D. 生态环境用水

120. 根据《水法》，在干旱和半干旱地区开发、利用水资源，应当充分考虑（ ）需要。

A. 城乡居民生活用水　　B. 农业用水

C. 工业用水　　D. 生态环境用水

121. 根据《水法》，关于围湖造地，下列说法中，正确的是（ ）。

A. 可以适度围湖造地

B. 已经围垦的，应当按照国家规定的防洪标准有计划地退地还湖

C. 确需围垦的，应当经省、自治区、直辖市人民政府水行政主管部门或国务院水行政主管部门同意后，报本级人民政府批准

D. 确需围垦的，应当经过科学论证，经省、自治区、直辖市人民政府水行政主管部门或者国务院水行政主管部门同意后，报本级人民政府批准

122. 根据《水法》，跨流域调水，应当进行全面规划和科学论证，统筹兼顾调出和调入流域的用水需要，防止对（ ）造成破坏。

A. 水环境　　B. 生态环境　　C. 生态景观　　D. 农业环境

123. 根据《水法》，国家建立饮用水水源保护区制度。（ ）应当划定饮用水水源保护区，并采取措施，防止水源枯竭和水体污染，保证城乡居民饮用水安全。

A. 省、自治区、直辖市人民政府　　B. 国务院

C. 地级市人民政府　　D. 县人民政府

124. 根据《水法》，建立饮用水水源保护区的目的是（ ）。

A. 防止水源枯竭和水体污染，保证生态用水安全

B. 保护水源保护区内的生物多样性和防止水体污染

C. 防止水源枯竭和水体污染，保证城乡居民饮用水安全

D. 防止水源枯竭和水体污染，保证城乡工农业用水安全

125. 根据《水法》，关于排污口设置，下列说法中，正确的是（ ）。

A. 在湖泊扩大排污口，由流域管理机构审批

B. 在江河改建排污口，由有管辖权的水行政主管部门审批

C. 在饮用水水源保护区设置排污口，由环境保护行政主管部门审批

D. 在湖泊新建排污口，由环境保护行政主管部门负责对该建设项目的环境影响报告书进行审批

126. 《防沙治沙法》所称土地沙化，是指主要因（ ）所导致的天然沙漠扩张和沙质土壤上植被及覆盖物被破坏，形成流沙及沙土裸露的过程。

A．气候变化或人类不合理活动　　B．气候变化

C．气候变化和人类不合理活动　　D．人类不合理活动

127．根据《防沙治沙法》，在沙化土地范围内从事开发建设活动，必须依法提交环境影响报告；环境影响报告应当包括（　）。

A．移民安置专章　　B．流行病学调查

C．有关防沙治沙的内容　　D．对土著居民产生的影响

128．下列说法中符合《防沙治沙法》关于“已沙化土地范围内单位治理责任制”的规定的是（　）。

A．由县级以上地方人民政府下达治理责任书

B．由林业行政主管部门下达治理责任书

C．由沙化土地封禁保护区主管部门负责造林种草或者采取其他治理措施

D．由县级以上地方人民政府负责组织造林种草或者采取其他治理措施

129．根据《防沙治沙法》，对沙化土地封禁保护区范围内的农牧民，（　）应当有计划地组织迁出，并妥善安置。沙化土地封禁保护区范围内尚未迁出的农牧民的生产生活，由沙化土地封禁保护区主管部门妥善安排。

A．当地林业主管部门　　B．当地环境保护行政主管部门

C．当地农业主管部门　　D．县级以上地方人民政府

130．下列说法中，符合《防沙治沙法》关于沙化土地封禁保护区规定的是（　）。

A．在沙化土地封禁保护区范围内，禁止修建铁路

B．在沙化土地封禁保护区范围内，禁止一切破坏植被的活动

C．沙化土地封禁保护区范围内尚未迁出的农牧民的生产生活，由当地人民政府妥善安排

D．对沙化土地封禁保护区范围内的农牧民，沙化土地封禁保护区主管部门应当有计划地组织迁出

131．根据《草原法》，应当划为基本草原的是（　）。

A．一般放牧场　　B．用于休闲的人工草地

C．作为所有野生动物生存环境的草原　　D．用于畜牧业生产的退耕还草地

132．根据《草原法》关于“禁止开垦草原”有关规定，对（　）应当有计划、有步骤地退耕还草。

A．已造成沙化的草原　　B．已造成盐碱化的草原

C．已造成石漠化的草原　　D．水土流失严重的已垦草原

133．根据《草原法》，下列草原应当退耕还草的有（　）。

A．水土流失严重的已垦草原　　B．已造成沙化的草原

C．已造成盐碱化的草原　　D．已造成石漠化的草原

134. 根据《草原法》，对水土流失严重、有沙化趋势、需要改善生态环境的已垦草原，应当有计划、有步骤地（ ）；已造成沙化、盐碱化、石漠化的，应当（ ）。

A. 退耕还牧 限期治理 B. 限期治理 退耕还草

C. 限期治理 退耕还牧 D. 退耕还草 限期治理

135. 《文物保护法》规定：在文物保护单位的建设控制地带内进行建设工程，不得（ ）。

A. 改变文物保护单位的性质 B. 改变文物保护单位的内容

C. 阻碍文物保护单位交通 D. 破坏文物保护单位的历史风貌

136. 某项目需要在M市N县的县级文物保护单位的保护范围内进行钻探。根据《文物保护法》，该项目的建设单位在钻探前应当（ ）。

A. 征得国务院文物行政部门同意

B. 报M市人民政府文物行政部门批准

C. 征得核定公布该文物保护单位的人民政府同意

D. 征得M市人民政府文物行政部门同意后，报核定公布该文物保护单位的人民政府批准

137. 某省一大型水库建设工程选址涉及全国重点文物保护单位，因特殊情况无法对其实施原址保护。根据《文物保护法》，下列对该文物实施保护的做法中，正确的是（ ）。

A. 报该省人民政府批准后将其拆除

B. 征得国务院文物行政部门同意后将其迁移异地保护

C. 由该省人民政府报国务院批准后将其拆除

D. 由该省人民政府报国务院批准后进行迁移保护

138. 国家重点铁路工程选址因特殊情况不能避开国家重点文物保护单位。根据《文物保护法》，对此不可移动文物说法正确的是（ ）。

A. 应当尽可能实施原址保护

B. 无法实施原址保护的，应当经国务院批准拆除

C. 无法实施原址保护的，应当经国务院文物行政部门批准迁移

D. 无法实施原址保护的，应当经国务院文物行政部门批准拆除

139. 《森林法》所称的“防护林”不包括（ ）。

A. 水土保持林 B. 环境保护林

C. 水源涵养林 D. 行道树等护路林

140. 根据《森林法》，不属于“只准进行抚育和更新性质的采伐”的森林的是（ ）。

A. 薪炭林 B. 母树林 C. 护岸林 D. 防风固沙林

141．根据《森林法》，关于进行勘查、开采矿藏和各项建设工程占用或者征用林地，下列说法中，正确的是（　）。

A．进行勘查工程应当不占或少占林地

B．开采矿藏必须占用林地的，应当经县级以上人民政府批准

C．修建铁路已占用林地的，应当由用地单位安排植树造林、恢复植被

D．修建公路对占用的林地已进行了植被恢复，上级林业主管部门应当定期检查用地单位组织植树造林的情况

142．《森林法》规定：进行勘查、开采矿藏和各项建设工程，必须占用或者征用林地的，经（　）审核同意后，依照有关土地管理的法律、行政法规办理建设用地审批手续，并由用地单位依照国务院有关规定缴纳森林植被恢复费。

A．县级以上人民政府环境保护主管部门

B．市级以上人民政府环境保护主管部门

C．县级以上人民政府林业主管部门

D．市级以上人民政府林业主管部门

143．根据《森林法》，关于森林采伐，下列说法中，正确的是（　）。

A．母树林严禁采伐

B．风景林可以进行更新性质的采伐

C．自然保护区的森林可以进行抚育性质的采伐

D．成熟用材林皆伐后，应当在三年内完成更新造林

144．根据《森林法》，成熟的（　）应当根据不同情况，分别采取择伐、皆伐和渐伐方式，皆伐应当严格控制，并在采伐的当年或者次年内完成更新造林。

A．薪炭林　　B．防护林　　C．用材林　　D．经济林

145．根据《森林法》，成熟的用材林应当根据不同情况，分别采取择伐、皆伐和渐伐方式，（　）应当严格控制，并在采伐的当年或者次年内完成更新造林。

A．择伐　　B．皆伐　　C．间伐　　D．渐伐

146．根据《森林法》，下列特种用途林既没有受到“只准进行抚育和更新性质的采伐”的限制，也没有受到“严禁采伐”的限制的是（　）。

A．环境保护林　　B．防护林

C．实验林　　D．自然保护区的森林

147．根据《森林法》，成熟的用材林在采伐的（　）应完成更新造林。

A．当年内　　B．次年内

C．三年内　　D．当年或者次年内

148．根据《渔业法》，在鱼、虾、蟹洄游通道建闸、筑坝，若对渔业资源有严重影响，建设单位（　）。

A．不得建闸筑坝

B．应当拆除已建工程

C．应当建造防洪设施

D．应当建造过鱼设施或采取其他补救措施

149．根据《矿产资源法》，关闭矿山必须提出的资料是（　）。

A．人员编册　　B．矿山闭坑报告

C．员工安置计划　　D．档案管理的资料

150．根据《矿产资源法》，关闭矿山时不必提交（　）。

A．矿山闭坑报告　　B．安全隐患资料

C．土地复垦利用资料　　D．闭矿环境影响报告书

151．根据《矿产资源法》，关于开采矿产资源，下列说法中，错误的是（　）。

A．开采矿产资源，应当节约用地

B．矿山企业的开采回采率应当满足市场要求

C．建设铁路、公路、水库、大型建筑物等工程前，建设单位应了解工程所在地区的矿产资源情况

D．开采主要矿产的同时，对具有工业价值的伴生矿产应统一规划，综合开采，综合利用，防止浪费

152．根据《土地管理法》，国家编制土地利用总体规划，规定土地用途，将土地分为农用地、建设用地和未利用地。严格限制（　），控制建设用地总量，对耕地实行特殊保护。

A．建设用地转为农用地　　B．农用地转为建设用地

C．未利用地转为建设用地　　D．农用地转为未利用地

153．根据《土地管理法》，国家编制土地利用总体规划，规定土地用途，将土地分为（　）。

A．耕地、工业用地和特殊用地　　B．农用地、建设用地和未利用地

C．农用地、交通用地和城镇用地　　D．农用地、建设用地和特殊用地

154．根据《土地管理法》，征收以下（　），需由国务院批准。

A．永久基本农田

B．三十公顷的永久基本农田以外的耕地

C．六十公顷的其他土地

D．二十公顷的永久基本农田以外的耕地

155．根据《土地管理法》，国家保护耕地，严格控制耕地转为非耕地。国家对占用耕地实行的制度是（　）。

A．监管制度　　B．补偿制度

C．保护责任制度　　D．审批问责制度

156．《土地管理法》规定：国家保护耕地，严格控制（　）。

A．建设用地转为农用地　　B．耕地转为非耕地

C．未利用地转为建设用地　　D．农用地转为未利用地

157．根据《土地管理法》，非农业建设经批准占用耕地的，按照（　）的原则，由占用耕地的单位负责开垦与所占用耕地的数量和质量相当的耕地。

A．多补偿　　B．占多少，异地保护多少

C．占多少，垦多少　　D．谁占用，谁负责

158．根据《土地管理法》，“占多少，垦多少”的原则适用于（　）。

A．农用地　　B．建设用地　　C．耕地　　D．林地

159．《土地管理法》规定：各省、自治区、直辖市划定的基本农田应当占本行政区域内耕地的（　）以上。

A．50%　　B．60%　　C．80%　　D．70%

160．根据《土地管理法》，下列耕地根据土地利用总体规划不应划为永久基本农田的是（　）。

A．经国务院农业农村主管部门或者县级以上地方人民政府批准确定的粮、棉、油、糖等重要农产品生产基地内的耕地

B．蔬菜生产基地

C．农业科研、教学试验田

D．小麦生产基地

161．根据《土地管理法》，征用基本农田以外的耕地超过（　）的，由国务院批准。

A．0.035 km^2　　B．3.5 km^2　　C．0.7 km^2　　D．350 000 m^2

162．根据《野生动物保护法》，珍贵、濒危的水生野生动物以外的其他水生野生动物的保护，适用的法律是（　）。

A．《水法》　　B．《渔业法》

C．《水污染防治法》　　D．《野生动物保护法》

163．根据《野生动物保护法》，国家对珍贵、濒危的野生动物实行重点保护。国家重点保护的野生动物分为（　）。

A．国家级保护野生动物和省级保护野生动物

B．一级保护野生动物、二级保护野生动物、三级保护野生动物

C．国家级保护野生动物、省级保护野生动物、县级保护野生动物

D．一级保护野生动物和二级保护野生动物

164．根据《野生动物保护法》，地方重点保护的野生动物名录，由（　）制定

并公布。

A. 省、自治区、直辖市政府

B. 省、自治区、直辖市林业行政主管部门

C. 当地政府

D. 当地野生动物行政主管部门

165. 根据《野生动物保护法》，关于该法的适用范围，说法正确的是（ ）。

A. 在中华人民共和国领域，从事野生动物保护及相关活动

B. 在中华人民共和国管辖的海域，从事野生动物保护及相关活动

C. 在中华人民共和国领域及管辖的其他海域，从事野生动物保护及相关活动

D. 在中华人民共和国陆域及管辖的海域，从事野生动物保护及相关活动

166. 根据《野生动物保护法》，下列哪种动物不适用于该法（ ）。

A. 珍贵、濒危的陆生野生动物

B. 珍贵、濒危的水生野生动物

C. 有重要生态、科学、社会价值的陆生野生动物

D. 有重要生态、科学、社会价值的水生野生动物

167. 根据《野生动物保护法》，国家重点保护野生动物名录，由国务院野生动物保护主管部门组织科学评估后制定，并每（ ）根据评估情况确定对名录进行调整。

A. 二年

B. 三年

C. 五年

D. 十年

168. 根据《野生动物保护法》，关于野生动物分类分级保护的有关规定，说法错误的是（ ）。

A. 国家对珍贵、濒危的野生动物实行重点保护

B. 国家重点保护的野生动物分为一级保护野生动物和二级保护野生动物

C. 地方重点保护的野生动物分为一级保护野生动物和二级保护野生动物

D. 地方重点保护野生动物名录，由省、自治区、直辖市人民政府组织科学评估后制定、调整并公布

169. 根据《野生动物保护法》，关于野生动物分类分级保护的有关规定，说法正确的是（ ）。

A. 国家重点保护野生动物名录，由国务院野生动物保护主管部门组织科学评估后制定，并每十年根据评估情况确定对名录进行调整

B. 有重要生态、科学、社会价值的陆生野生动物名录，由省、自治区、直辖市人民政府组织科学评估后制定、调整并公布

C. 地方重点保护野生动物，是指国家重点保护野生动物以外，由省、自治区、

直辖市重点保护的野生动物

D. 国家重点保护野生动物名录报国务院野生动物保护主管部门批准公布

170. 根据《野生动物保护法》，关于野生动物保护的有关规定，说法正确的是（　）。

A. 省级以上野生动物保护主管部门依法划定相关自然保护区域，保护野生动物及其重要栖息地，保护、恢复和改善野生动物生存环境

B. 禁止在相关自然保护区域内引入外来物种、营造单一纯林、过量施洒农药等人为干扰、威胁野生动物生息繁衍的行为

C. 国家或者地方重点保护野生动物受到自然灾害、重大环境污染事故等突发事件威胁时，当地环境保护主管部门应当及时采取应急救助措施

D. 国家加强对野生动物遗传资源的保护，对濒危野生动物实施抢救性保护

171. 根据《野生动物保护法》，建设项目可能对相关自然保护区域、野生动物迁徙洄游通道产生影响的，环境影响评价文件的审批部门在审批环境影响评价文件时，涉及国家重点保护野生动物的，应当征求（　）意见。

A. 国务院野生动物保护主管部门　　B. 省级野生动物保护主管部门

C. 地方野生动物保护主管部门　　D. 省级人民政府

172. 《城乡规划法》所称“城乡规划”包括（　）。

A. 乡规划和村庄规划　　B. 土地利用总体规划

C. 综合交通体系规划　　D. 历史文化遗产保护规划

173. 《城乡规划法》所称规划区，是指（　）以及因城乡建设和发展需要，必须实行规划控制的区域。

A. 城市、镇和村庄的建成区

B. 城市、镇和乡的建成区

C. 城市、乡和村庄的建成区

D. 城市、镇的建成区

174. 根据《城乡规划法》，在城市总体规划、镇总体规划确定的建设用地范围之外，不得设立（　）。

A. 基础设施用地区域　　B. 公共服务设施用地区域

C. 各类开发区和城市新区　　D. 基本农田和绿化用地区域

175. 《河道管理条例》的适用范围不包括（　）。

A. 太湖　　B. 内水

C. 京杭大运河　　D. 河道内的航道

176. （　）不适用《河道管理条例》的范围。

A. 行洪区　　B. 蓄洪区　　C. 滞洪区　　D. 防洪保护区

177. 根据《河道管理条例》，修建桥梁、码头和其他设施，必须按照国家规定的防洪标准所确定的（　）进行，不得缩窄行洪通道。

A. 河深　　B. 河高　　C. 河宽　　D. 流量

178. 根据《河道管理条例》，城镇建设和发展不得占用河道滩地。确定城镇规划的临河界限的部门是（　）。

A. 河道主管机关

B. 城镇规划部门

C. 河道主管机关会同城镇规划等有关部门

D. 城镇规划部门会同河道主管机关

179. 《河道管理条例》规定：城镇建设和发展不得占用（　）。

A. 修建排水用地　　B. 蓄水工程用地

C. 河道滩地　　D. 沙洲

180. 根据《河道管理条例》，在河道管理范围内禁止进行的活动是（　）。

A. 修建围堤　　B. 利用堤顶兼做公路

C. 采砂　　D. 在河道滩地修建厂房

181. 根据《自然保护区条例》，自然保护区内保存完好的天然状态的生态系统以及珍稀、濒危动植物的集中分布地，应当划为（　）。

A. 外围保护地带　　B. 核心区

C. 缓冲区　　D. 实验区

182. 根据《自然保护区条例》，下列关于自然保护区的缓冲区的保护要求，说法正确的是（　）。

A. 允许进入从事旅游　　B. 禁止任何单位和个人进入

C. 只允许进入从事科学研究观测活动　　D. 不允许进入从事科学研究活动

183. 根据《自然保护区条例》，关于自然保护区功能区的划分及保护，下列说法中，正确的是（　）。

A. 在自然保护区内不得建设任何生产设施

B. 自然保护区可以分为核心区、缓冲区、实验区和外围保护地带

C. 严禁开设与自然保护区保护方向不一致的参观、旅游项目

D. 自然保护区核心区内的原有居民确有必要迁出的，由保护区管理机构予以妥善安置

184. 根据《自然保护区条例》，关于自然保护区内禁止的行为，下列说法中，正确的是（　）。

A. 不得进入实验区从事参观考察和旅游活动

B. 可不经批准进入缓冲区从事科学研究和教学实习

C．禁止进入核心区从事科学研究活动

D．在自然保护区的外围地带建设的项目，不得损害自然保护区的环境质量，已造成损害的，应当限期治理

185．根据《自然保护区条例》，下列关于自然保护区的说法，错误的是（　）。

A．在自然保护区的外围保护地带已建设成的项目，已造成自然保护区损害的，应当限期治理

B．禁止在自然保护区的实验区开展旅游和生产经营活动

C．禁止任何人进入自然保护区的核心区

D．在自然保护区的缓冲区内，不得建设任何生产设施

E．在自然保护区的实验区内，建设非污染环境、破坏资源或者景观的生产设施，其污染物排放不得超过国家和地方规定的污染物排放标准

186．根据《自然保护区条例》，内部未分区的自然保护区按（　）管理。

A．实验区　　B．缓冲区

C．核心区和缓冲区　　D．缓冲区和实验区

187．根据《风景名胜区条例》，在国家级风景名胜区内修建缆车、索道等重大建筑工程，项目的选址方案应当报（　）核准。

A．国务院　　B．国务院建设主管部门

C．国务院林业主管部门　　D．国务院环境保护主管部门

188．根据《风景名胜区条例》，经风景名胜区管理机构审核，依照有关法律、法规的规定报有关主管部门批准，可以在风景名胜区内进行的活动是（　）。

A．开荒　　B．开山、采石

C．修建储存腐蚀性物品的设施　　D．改变水资源、水环境自然状态

189．根据《风景名胜区条例》，关于风景名胜区的保护，下列说法中，错误的是（　）。

A．风景名胜区内的景观和自然环境应当根据可持续发展的原则，严格保护，不得破坏或者随意改变

B．风景名胜区管理机构应当建立健全风景名胜资源保护的各项制度

C．风景名胜区所在地县级以上人民政府应当对风景名胜区的重要景观进行调查、鉴定，并制定相应的保护措施

D．国家建立风景名胜区管理信息系统，对风景名胜区规划的实施和资源保护情况进行动态监测

190．根据《风景名胜区条例》，在风景名胜区内，应当经风景名胜区管理机构审核后，依照有关法律、法规的规定办理审批手续的活动是（　）。

A．采石、开矿、开荒

B. 在景物或者设施上刻画

C. 修建储存放射性物品的设施

D. 按照风景名胜区规划设立开发区

191. 《基本农田保护条例》所称基本农田是指依据（ ）确定的不得占用的耕地。

A. 农业区划　　B. 农业发展规划

C. 基本农田保护规划　　D. 土地利用总体规划

192. 根据《基本农田保护条例》，关于基本农田保护区，下列说法错误的是（ ）。

A. 基本农田保护区经依法划定后，任何单位和个人不得改变或者占用

B. 禁止任何单位和个人占用基本农田发展林果业和挖塘养鱼

C. 禁止任何单位和个人闲置、荒芜基本农田

D. 禁止任何单位和个人占用基本农田发展蔬菜业和林果业

193. 根据《基本农田保护条例》，经国务院批准的重点建设项目占用基本农田的，连续（ ）年未使用的，经国务院批准，由县级以上人民政府无偿收回用地单位的土地使用权。

A. 1　　B. 3　　C. 2　　D. 4

194. 根据《基本农田保护条例》，承包经营基本农田的单位或者个人连续（ ）年弃耕抛荒的，原发包单位应当终止承包合同，收回发包的基本农田。

A. 1　　B. 2　　C. 3　　D. 4

195. 根据《基本农田保护条例》，经国务院批准占用基本农田兴建国家重点建设项目的，在建设项目环境影响报告书中，应当有（ ）方案。

A. 基本农田环境保护　　B. 基本农业环境保护

C. 基本生态环境保护　　D. 基本耕地环境保护

196. 根据《基本农田保护条例》，在基本农田保护区内未被禁止的活动是（ ）。

A. 取土　　B. 挖塘养鱼

C. 发展林果业　　D. 兴修农田水利

197. 根据《基本农田保护条例》，关于基本农田的保护，下列说法中，正确的是（ ）。

A. 禁止任何单位和个人闲置、荒芜基本农田

B. 国家军事设施选址无法避开基本农田，需要占用基本农田的，必须经省级人民政府批准，报国务院备案

C. 占用基本农田的单位应当按照当地土地管理部门的要求，将所占用基本农田耕作层的土地用于新开垦耕地的土壤改良

D. 经国务院批准占用基本农田的，当地人民政府应当按照国务院的批准文件修

改土地利用总体规划，并补充划入数量相当的基本农田

198．根据《土地复垦条例》，生产建设活动损毁的土地，按照（　）的原则进行复垦。

A．“谁使用，谁复垦”　　B．“谁损毁，谁复垦”

C．“县级以上人民政府复垦”　　D．“谁投资，谁受益”

199．根据《土地复垦条例》，自然灾害损毁的土地，由（　）负责组织复垦。

A．土地使用单位（个人）　　B．生产建设单位

C．县级以上人民政府　　D．土地所在乡（镇）政府

200．根据《土地复垦条例》，由于历史原因无法确定土地复垦义务人的生产建设活动损毁的土地，由（　）负责组织复垦。

A．土地现在使用单位（个人）　　B．土地所在村

C．土地所在乡（镇）政府　　D．县级以上人民政府

201．根据《土地复垦条例》，对拟损毁的耕地、林地、牧草地进行复垦时，应首先（　）。

A．将无毒无害物质用作回填或者充填材料进行复垦

B．将当地的表土用作回填进行复垦

C．进行表土剥离，将剥离的表土用于复垦

D．将无重金属污染物的表土进行复垦

202．根据《土地复垦条例》，土地复垦义务人应当建立（　），遵守土地复垦标准和环境保护标准，保护土壤质量与生态环境，避免污染土壤和地下水。

A．土地复垦质量控制制度　　B．土地复垦监控制度

C．土地复垦环境影响评价制度　　D．土地复垦评价制度

203．根据《医疗废物管理条例》，医疗卫生机构和医疗废物集中处置单位，应当对医疗废物进行登记，登记内容应当包括医疗废物的来源、种类、重量或者数量、交接时间、处置方法、最终去向以及经办人签名等项目。登记资料至少保存（　）年。

A．1　　B．2

C．3　　D．4

204．根据《危险化学品安全管理条例》，国家对危险化学品的（　）实行统一规划、合理布局和严格控制，并实行审批制度

A．生产和运输　　B．生产、经营、储存

C．经营、运输和储存　　D．生产和储存

205．根据《危险化学品安全管理条例》，（　）根据当地经济发展的实际需要，在编制总体规划时，应当按照确保安全的原则规划适当区域专门用于危险化学品的

生产、储存。

A. 各级人民政府　　B. 县级以上人民政府
C. 设区的市级人民政府　　D. 市级人民政府

206. 根据《危险化学品安全管理条例》，国家对危险化学品的生产和储存实行统一规划、合理布局和严格控制，并对危险化学品生产、储存实行（　）。

A. 审批制度　　B. 审核制度
C. 备案制度　　D. 核准制度

207. 根据《危险化学品安全管理条例》，下列场所、区域中，与危险化学品生产装置之间的距离不受相关规定限制的是（　）。

A. 渔业水域　　B. 运输工具加油站、加气站
C. 基本农田保护区　　D. 种子、种畜、水产苗种生产基地

208. 根据《防治海岸工程建设项目污染损害海洋环境管理条例》，海岸工程建设项目，是指位于（　），工程主体位于海岸线向陆一侧，对海洋环境产生影响的新建、改建、扩建工程项目。

A. 海岸或者与海岸连接　　B. 海岸
C. 与海岸连接　　D. 大陆架

209. 根据《防治海岸工程建设项目污染损害海洋环境管理条例》，海岸工程建设项目，是指位于海岸或者与海岸连接，工程主体位于海岸线向陆一侧，对（　）产生影响的新建、改建、扩建工程项目。

A. 大陆架环境　　B. 海岸环境　　C. 滩涂环境　　D. 海洋环境

210. 根据《防治海岸工程建设项目污染损害海洋环境管理条例》，海岸工程建设项目包括（　）。

A. 人工鱼礁工程　　B. 海上堤坝工程
C. 滨海石油勘探开发工程　　D. 盐田等海水综合利用工程

211. 根据《防治海岸工程建设项目污染损害海洋环境管理条例》，禁止兴建向中华人民共和国海域及海岸（　）的中外合资经营企业、中外合作经营企业和外资企业。

A. 排放废气　　B. 转嫁污染　　C. 排放废水　　D. 排放废油

212. 根据《防治海岸工程建设项目污染损害海洋环境管理条例》，下列关于海岸工程建设项目说法，错误的是（　）。

A. 海岸工程建设项目引进技术和设备，必须有相应的防治污染措施，防止转嫁污染
B. 在海洋特别保护区、海上自然保护区、海滨风景游览区、盐场保护区、海水浴场、重要渔业水域不得建设污染环境、破坏景观的海岸工程建设项目

C．在海洋需要特殊保护的区域内不得建设污染环境、破坏景观的海岸工程建设项目

D．在红树林和珊瑚礁生长的地区，可以建设毁坏少量红树林和珊瑚礁生态系统的海岸工程建设项目

213．根据《防治海洋工程建设项目污染损害海洋环境管理条例》，下列关于海洋工程的定义，说法正确的是（　）。

A．以开发、利用、保护海洋资源为目的，并且工程主体位于海岸线向海一侧的新建工程

B．以开发、利用、保护、恢复海洋资源为目的，并且工程主体位于海岸线向陆一侧的新建、改建、扩建工程

C．以开发、利用、保护、恢复海洋资源为目的，并且工程主体位于海岸线向海一侧的新建、改建、扩建工程

D．以开发、利用、保护海洋资源为目的，并且工程主体位于海岸线向陆一侧的新建工程

214．根据《防治海洋工程建设项目污染损害海洋环境管理条例》，对需要拆除的海洋工程，下列要求符合规定的是（　）。

A．必须进行环境影响评价

B．应当报海洋主管部门备案

C．必须报环境保护行政主管部门批准

D．如拆除后可能产生重大环境影响，应当进行环境影响的评价

215．根据《防治海洋工程建设项目污染损害海洋环境管理条例》，禁止进行围填海活动的区域是（　）。

A．滨海湿地　　B．大型养殖场

C．鱼类越冬场　　D．经济生物自然产卵场

216．根据《防治海洋工程建设项目污染损害海洋环境管理条例》，海洋工程需要拆除或者改作他用的，应当报原核准该工程环境影响报告书的（　）批准。

A．海洋主管部门　　B．卫生主管部门

C．环境保护主管部门　　D．渔业主管部门

217．根据《防治海洋工程建设项目污染损害海洋环境管理条例》，海洋工程拆除或者改变用途后可能产生重大环境影响的，应当（　）。

A．进行环境影响回顾性评价　　B．进行环境影响评价

C．编写环境影响评价报告书　　D．编写环境影响评价报告表

218．根据《防治海洋工程建设项目污染损害海洋环境管理条例》，海洋油气矿产资源勘探开发作业中，（　）不得直接或者经稀释排放入海，应当经处理符合国

家有关排放标准后再排放。

A. 含重金属污水　　B. 含油污水

C. 含有机物污水　　D. 含低水平放射性废水

219. 在下列选项中，可以建设畜禽养殖场、养殖小区的是（　）。

A. 饮用水水源保护区　　B. 人口集中区

C. 风景名胜区　　D. 山区

220. 根据《畜禽规模养殖污染防治条例》，（　）应当依据职责对畜禽养殖污染防治情况进行监督检查，并加强对畜禽养殖环境污染的监测。

A. 县级以上人民政府环境保护主管部门　　B. 乡镇人民政府

C. 各级人民政府　　D. 各级环境保护主管部门

221. 根据《畜禽规模养殖污染防治条例》，畜禽养殖场、养殖小区应当定期将畜禽养殖品种、规模以及畜禽养殖废弃物的产生、排放和综合利用等情况，报（　）备案。

A. 县级以上人民政府环境保护主管部门　　B. 县级人民政府

C. 市级人民政府环境保护主管部门　　D. 市级人民政府

222. 根据《防治船舶污染海洋环境管理条例》，（　）船舶经过中华人民共和国内水、领海转移危险废物；经过中华人民共和国管辖的其他海域转移危险废物的，应当事先取得（　）的书面同意，并按照海事管理机构指定的航线航行，定时报告船舶所处的位置。

A. 允许，国务院环境保护主管部门　　B. 允许，省级以上人民政府

C. 禁止，国务院环境保护主管部门　　D. 禁止，国务院

223. 《中国受控消耗臭氧层物质清单》由（　）会同国务院有关部门制定、调整和分布。

A. 国务院有关部门　　B. 国务院环境保护部门

C. 国务院　　D. 国务院环境保护主管部门

224. 根据《消耗臭氧层物质管理条例》，消耗臭氧层物质的生产、使用单位申请领取生产或者使用配额许可证的有关规定，下列说法错误的是（　）。

A. 出入境检验检疫机构为了防止有害生物传入传出使用消耗臭氧层物质实施检疫的，需要申请领取使用配额许可证

B. 禁止无生产配额许可证生产消耗臭氧层物质

C. 消耗臭氧层物质的生产、使用单位需要调整其配额的，应当向国务院环境保护主管部门申请办理配额变更手续

D. 消耗臭氧层物质的销售单位，应当按照国务院环境保护主管部门的规定办理备案手续

225．根据《消耗臭氧层物质管理条例》，国家逐步削减并最终淘汰作为（　）等用途的消耗臭氧层物质。

A．发泡剂、灭火剂、溶剂、清洗剂、加工助剂、杀虫剂、气雾剂

B．制冷剂、发泡剂、灭火剂、溶剂、清洗剂、加工助剂、杀虫剂、气雾剂、膨胀剂

C．制冷剂、发泡剂、灭火剂、溶剂、清洗剂、加工助剂、杀虫剂

D．制冷剂、发泡剂、灭火剂、溶剂、清洗剂、膨胀剂

226．根据《消耗臭氧层物质管理条例》，关于消耗臭氧层物质的含义及条例适用范围，下列说法错误的是（　）。

A．消耗臭氧层物质，是指对臭氧层有破坏作用并列入《中国受控消耗臭氧层物质清单》的化学品

B．中华人民共和国境内从事消耗臭氧层物质的生产、销售、使用和进出口等活动，适用本条例。前款所称使用，是指利用消耗臭氧层物质进行的生产经营等活动，包括使用含消耗臭氧层物质的产品的活动

C．国务院环境保护主管部门会同国务院有关部门拟订《中国逐步淘汰消耗臭氧层物质国家方案》，报国务院批准后实施

D．因特殊用途确需生产、使用前款规定禁止生产、使用的消耗臭氧层物质的，按照《关于消耗臭氧层物质的蒙特利尔议定书》有关允许用于特殊用途的规定，由国务院环境保护主管部门会同国务院有关部门批准

227．根据《消耗臭氧层物质管理条例》，县级以上人民政府环境保护主管部门和其他有关部门进行监督检查，监督检查人员不得少于（　）人，并应当出示有效的行政执法证件。

A．1　　　　B．2

C．3　　　　D．4

228．根据《消耗臭氧层物质管理条例》，从事消耗臭氧层物质的生产、销售、使用、回收、再生利用、销毁等经营活动的单位，应当完整保存有关生产经营活动的原始资料至少（　）年，并按照国务院环境保护主管部门的规定报送相关数据。

A．3　　　　B．4

C．5　　　　D．6

二、不定项选择题（每题的备选项中至少有一个符合题意）

1．根据《大气污染防治法》，制定大气污染物排放标准时，应当以（　）为根据。

A．大气环境质量标准　　　　B．国家经济条件

C．国家管理条件　　　　D．国家技术条件

2. 根据《大气污染防治法》，关于大气环境质量限期达标规划的有关规定，说法正确的是（　）。

A. 未达到地方大气环境质量标准城市的人民政府应当及时编制大气环境质量限期达标规划

B. 编制城市大气环境质量限期达标规划，应当征求有关行业协会、企业事业单位、专家和公众等方面的意见

C. 城市大气环境质量限期达标规划应当向社会公开

D. 直辖市和设区的市的大气环境质量限期达标规划无需报国务院环境保护主管部门备案

3. 根据《大气污染防治法》，关于国家对重点大气污染物排放实行总量控制的有关规定，说法正确的是（　）。

A. 确定大气污染物排放总量控制目标和分解总量控制指标的具体办法，由国务院环境保护主管部门规定

B. 省、自治区、直辖市人民政府可以根据本行政区域大气污染防治的需要，对国家重点大气污染物之外的其他大气污染物排放实行总量控制

C. 国家对重点大气污染物排污权实施交易

D. 省、自治区、直辖市人民政府应当按照国务院下达的总量控制目标，控制或者削减本行政区域的重点大气污染物排放总量

4. 根据《大气污染防治法》，关于大气环境质量监测和污染源监测的有关规定，说法错误的是（　）。

A. 县级以上地方人民政府负责组织建设与管理本行政区域大气环境质量和大气污染源监测网，开展大气环境质量和大气污染源监测

B. 企业事业单位和其他生产经营者应当按照国家有关规定和监测规范，对其排放的工业废气进行监测，并保存原始监测记录

C. 所有排污单位应当安装、使用大气污染物排放自动监测设备，与环境保护主管部门的监控设备联网，保证监测设备正常运行并依法公开排放信息

D. 重点排污单位应当安装、使用大气污染物排放自动监测设备，与环境保护主管部门的监控设备联网，保证监测设备正常运行并依法公开排放信息

5. 根据《大气污染防治法》，关于燃煤污染防治的规定，下列说法正确的有（　）。

A. 禁止高硫分、高灰分煤炭的开采

B. 新建煤矿应当同步建设配套的煤炭洗选设施，使煤炭的硫分、灰分含量达到规定标准

C. 限制开采含放射性和砷等有毒有害物质超过规定标准的煤炭

D. 国家鼓励和支持洁净煤技术的开发和推广

6. 根据《大气污染防治法》，关于燃煤污染防治的规定，下列（　）是禁止行为。

A. 高硫分、高灰分煤炭的开采

B. 开采含放射性和砷等有毒有害物质超过规定标准的煤炭

C. 销售不符合民用散煤质量标准的煤炭

D. 进口、销售和燃用不符合质量标准的石油焦

7. 根据《大气污染防治法》，关于燃煤污染防治的规定，下列（　）是禁止行为。

A. 在禁燃区内，销售、燃用高污染燃料

B. 在禁燃区内，新建、扩建燃用高污染燃料的设施

C. 在集中供热管网覆盖地区，新建、扩建分散燃煤供热锅炉

D. 进口、销售和燃用不符合质量标准的煤炭

8. 根据《大气污染防治法》，关于燃煤单位的规定，下列说法错误的是（　）。

A. 燃煤电厂应当采用清洁生产工艺，配套建设除尘、脱硫、脱硝等装置控制大气污染物排放

B. 鼓励燃煤单位采用清洁生产工艺，配套建设除尘、脱硫、脱硝等装置控制大气污染物排放

C. 国家鼓励燃煤单位采用先进的除尘、脱硫、脱硝、脱汞等大气污染物协同控制的技术和装置，减少大气污染物的排放

D. 燃煤电厂和其他燃煤单位应当采取技术改造等控制大气污染物排放的措施

9. 根据《大气污染防治法》，钢铁、建材、有色金属、石油、化工等企业生产过程中排放（　）的，应当采用清洁生产工艺，配套建设防治装置，或者采取技术改造等其他控制大气污染物排放的措施。

A. 粉尘　　B. 硫化物

C. 二氧化碳　　D. 氮氧化物

10. 根据《大气污染防治法》，下列（　）应当按照国家有关规定安装油气回收装置并保持正常使用。

A. 油罐车　　B. 原油成品油运输船舶

C. 原油成品油码头　　D. 气罐车

11. 根据《大气污染防治法》，关于工业污染防治，下列说法正确的是（　）。

A. 垃圾填埋产生的可燃性气体应当回收利用，不具备回收利用条件的，应当进行污染防治处理

B. 工业生产企业尽可能采取密闭、围挡、遮盖、清扫、洒水等措施，减少内部物料的堆存、传输、装卸等环节产生的粉尘和气态污染物的排放

C．工业生产企业应当使用低毒、低挥发性有机溶剂

D．钢铁、建材、有色金属、石油、化工、制药、矿产开采等企业，应当加强精细化管理，采取集中收集处理等措施，严格控制粉尘和气态污染物的排放

12．根据《大气污染防治法》，关于扬尘污染防治的有关规定，说法错误的是（　）。

A．贮存煤炭、煤矸石、煤渣、煤灰、水泥、石灰、石膏、砂土等易产生扬尘的物料应当尽可能密闭

B．码头、矿山、填埋场和消纳场应当实施分区作业，并采取有效措施防治扬尘污染

C．贮存煤炭、煤矸石、煤渣、煤灰、水泥、石灰、石膏、砂土等易产生扬尘的物料，不能密闭的，应当设置不高于堆放物高度的严密围挡，并采取有效覆盖措施防治扬尘污染

D．暂时不能开工的建设用地，建设单位应当对裸露地面进行覆盖

13．根据《大气污染防治法》，农业生产经营者应当改进施肥方式，科学合理施用化肥并按照国家有关规定使用农药，减少（　）等大气污染物的排放。

A．氨　　B．挥发性有机物

C．硫化氢　　D．二氧化硫

14．根据《大气污染防治法》，关于农业污染防治的有关规定，说法错误的是（　）。

A．城市区域禁止露天焚烧秸秆、落叶等产生烟尘污染的物质

B．禁止在城市地区对树木、花草喷洒剧毒、高毒农药

C．县级人民政府应当组织建立秸秆收集、贮存、运输和综合利用服务体系

D．禽养殖场、养殖小区应当及时对污水、畜禽粪便和尸体等进行收集、贮存、清运和无害化处理，防止排放恶臭气体

15．根据《大气污染防治法》，关于向大气排放持久性有机污染物的规定，说法正确的是（　）。

A．禁止向大气排放持久性有机污染物

B．向大气排放持久性有机污染物的废弃物焚烧设施的运营单位，应当采取措施，实现持久性有机污染物达标排放

C．向大气排放持久性有机污染物的企业事业单位应当按照国家有关规定，采取有利于减少持久性有机污染物排放的技术方法和工艺，配备有效的净化装置，实现达标排放

D．禁止在人口集中地区向大气排放持久性有机污染物

16．根据《大气污染防治法》，禁止在（　）焚烧沥青、油毡、橡胶、塑料、

皮革、垃圾以及其他产生有毒有害烟尘和恶臭气体的物质。

A．人口集中地区　　B．风景名胜区

C．自然保护区　　D．农村

17．根据《大气污染防治法》，下列（　）区域禁止新建、改建、扩建产生油烟、异味、废气的餐饮服务项目。

A．居民住宅楼

B．未配套设立专用烟道的商住综合楼

C．配套设立了专用烟道的商住综合楼中与居住层相邻的商业楼层

D．独立的商业楼

18．根据《大气污染防治法》，国务院环境保护主管部门根据（　），划定国家大气污染防治重点区域，报国务院批准。

A．主体功能区划

B．区域大气环境质量状况

C．区域经济社会发展

D．大气污染传输扩散规律

19．根据《大气污染防治法》，重点区域内有关省、自治区、直辖市人民政府应当确定牵头的地方人民政府，定期召开联席会议，按照（　）的要求，开展大气污染联合防治，落实大气污染防治目标责任。

A．统一规划　　B．统一标准

C．统一监测　　D．统一的防治措施

20．根据《大气污染防治法》，国务院环境保护主管部门会同国务院有关部门、国家大气污染防治重点区域内有关省、自治区、直辖市人民政府，根据重点区域（　），制定重点区域大气污染联合防治行动计划。

A．经济社会发展　　B．大气污染传输扩散规律

C．主体功能区划　　D．大气环境承载力

21．下列水体（中华人民共和国领域内）的污染防治属于《水污染防治法》适用范围的有（　）。

A．渠道　　B．海洋　　C．地下水体　　D．运河　　E．江河

22．根据《水污染防治法》，水污染防治应当坚持的原则有（　）。

A．综合治理　　B．预防为主

C．规划优先　　D．防治结合

23．根据《水污染防治法》，下列关于水污染防治原则的叙述，说法正确的有（　）。

A．坚持优先保护饮用水水源

B．严格控制工业污染、农业面源污染

C．坚持预防为主、防治结合、综合治理的原则

D．预防、控制和减少水环境污染和生态破坏

24．根据《水污染防治法》，国务院环境保护主管部门根据（　）制定国家水污染物排放标准。

A．国家水环境质量标准　　B．地方水环境质量标准

C．地方水污染物排放标准　　D．国家经济、技术条件

25．根据《水污染防治法》，关于水环境质量标准和水污染物排放标准制定的有关规定，说法正确的是（　）。

A．省、自治区、直辖市人民政府对国家水环境质量标准已作规定的项目，可以制定严于国家水环境质量标准的地方水环境质量标准

B．向已有地方水污染物排放标准的水体排放污染物的，应当执行地方水污染物排放标准

C．省、自治区、直辖市人民政府可以对国家水环境质量标准和国家水污染物排放标准中未作规定的项目，制定地方标准，无需报国务院环境保护主管部门备案

D．省、自治区、直辖市人民政府对国家水污染物排放标准中已作规定的项目，可以制定严于国家水污染物排放标准的地方水污染物排放标准

26．根据《水污染防治法》，国务院环境保护主管部门会同（　），可以根据国家确定的重要江河、湖泊流域水体的使用功能以及有关地区的经济、技术条件，确定该重要江河、湖泊流域的省界水体适用的水环境质量标准，报国务院批准后施行。

A．国务院水行政主管部门

B．有关省、自治区、直辖市人民政府环境保护主管部门

C．有关省、自治区、直辖市人民政府

D．有关省、自治区、直辖市人民政府水行政主管部门

27．根据《水污染防治法》，下列关于水污染防治的监督管理的叙述，说法正确的有（　）。

A．直接向水体排放工业废水和医疗污水以及其他按照规定应当取得排污许可证方可排放的废水、污水的企业事业单位和其他生产经营者，应当取得排污许可证

B．间接向水体排放工业废水和医疗污水的企业事业单位和其他生产经营者，可以不需要取得排污许可证

C．城镇污水集中处理设施的运营单位，无需取得排污许可证

D. 重点排污单位还应当安装水污染物排放自动监测设备，与环境保护主管部门的监控设备联网，并保证监测设备正常运行

28. 根据《水污染防治法》，下列关于水污染防治的监督管理的叙述，说法错误的有（ ）。

A. 实行排污许可管理的企业事业单位和其他生产经营者应当对监测数据的真实性和准确性负责

B. 环境保护主管部门发现排污单位的水污染物排放自动监测设备传输数据异常，应当及时进行调查

C. 国务院环境保护主管部门应当会同有关省、自治区、直辖市人民政府，建立重要江河、湖泊的流域水环境保护联合协调机制，实行统一规划、统一标准、统一监测、统一的防治措施

D. 国务院环境保护主管部门和省、自治区、直辖市人民政府环境保护主管部门应当会同同级有关部门根据流域生态环境功能需要，明确流域生态环境保护要求，组织开展流域环境资源承载能力监测、评价，实施流域环境资源承载能力预警

29. 根据《水污染防治法》，关于水污染防治措施的有关规定，说法错误的有（ ）。

A. 国务院环境保护主管部门应当根据对公众健康和生态环境的危害和影响程度，公布有毒有害水污染物名录，实行风险管理

B. 名录中所列有毒有害水污染物的当地环境保护主管部门，应当对排污口和周边环境进行监测，评估环境风险，排查环境安全隐患，并公开有毒有害水污染物信息，采取有效措施防范环境风险

C. 名录中所列有毒有害水污染物的企业事业单位和其他生产经营者，应当对排污口和周边环境进行监测，评估环境风险，排查环境安全隐患

D. 名录中所列有毒有害水污染物的企业事业单位和其他生产经营者，应当公开有毒有害水污染物信息，采取有效措施防范环境风险

30. 根据《水污染防治法》，下列排放方式中属于规避监管的行为的有（ ）。

A. 私设暗管排放废水

B. 篡改、伪造监测数据

C. 将废水用槽车转移出厂并随意倾倒

D. 利用渗井、渗坑、裂隙、溶洞排放废水

31. 根据《水污染防治法》，禁止向水体排放或者倾倒的有（ ）。

A. 工业废渣

B. 含热废水

C. 城镇生活污水

D. 城镇生活垃圾

32. 下列物质属于《水污染防治法》禁止向水体排放的是（ ）。

A. 油类　B. 含低放射性物质的废水

C. 放射性固体废弃物　D. 含热废水

33. 下列物质属于《水污染防治法》禁止向水体排放的是（ ）。

A. 可溶性剧毒废渣、酸液、碱液　B. 工业废渣

C. 城市垃圾　D. 中放射性物质

34. 下列关于防治地下水污染的说法，符合《水污染防治法》规定的有（ ）。

A. 禁止利用无防渗漏措施的沟渠、坑塘等输送或者存贮含有毒污染物的废水、含病原体的污水和其他废弃物

B. 加油站等的地下油罐应当使用单层罐或者采取建造防渗池等其他有效措施，并进行防渗漏监测，防止地下水污染

C. 化学品生产企业以及工业集聚区等的运营、管理单位，应当采取防渗漏等措施，并建设地下水水质监测井进行监测，防止地下水污染

D. 矿山开采区、尾矿库、危险废物处置场、垃圾填埋场等的运营、管理单位，应当采取防渗漏等措施，并建设地下水水质监测井进行监测，防止地下水污染

35. 下列关于防治地下水污染的说法，符合《水污染防治法》规定的有（ ）。

A. 多层地下水的含水层水质差异大的，应当分层开采；对已受污染的潜水和承压水，不得混合开采

B. 兴建地下工程设施或者进行地下勘探、采矿等活动，应当采取防护性措施，防止地下水污染

C. 严禁人工回灌补给地下水

D. 报废矿井、钻井或者取水井等，应当实施封井或者回填

36. 根据《水污染防治法》，下列关于工业水污染防治的说法，正确的有（ ）。

A. 排放工业废水的企业应当采取有效措施，收集和处理产生的部分废水，防止污染环境

B. 含有毒有害水污染物的工业废水应当分类收集和处理，不得稀释排放

C. 工业集聚区应当配套建设相应的污水集中处理设施，安装自动监测设备，与环境保护主管部门的监控设备联网，并保证监测设备正常运行

D. 向污水集中处理设施排放工业废水的，应当按照国家有关规定进行预处理，达到集中处理设施处理工艺要求后方可排放

37. 根据《水污染防治法》，下列关于工业水污染防治的说法，错误的有（ ）。

A. 国家对污染水环境的落后工艺和设备实行淘汰制度

B. 企业应当采用原材料利用效率高、污染物排放量少的清洁工艺，并加强管理，

减少水污染物的产生

C．国家禁止新建小型造纸、制革、印染、染料、炼焦、炼硫、炼砷、炼汞的生产项目

D．国家禁止新建不符合国家产业政策的炼油、电镀、农药、石棉、水泥、玻璃、钢铁、火电以及其他严重污染水环境的生产项目

38．根据《水污染防治法》，下列关于城镇水污染防治的说法，错误的有（　）。

A．县级以上地方人民政府编制本行政区域的城镇污水处理设施建设规划

B．向城镇污水集中处理设施排放污水、缴纳污水处理费用的，不再缴纳排污费

C．城镇污水集中处理设施的出水水质达到国家或者地方规定的水污染物排放标准的，可以按照国家有关规定免缴排污费

D．环境保护主管部门应当对城镇污水集中处理设施的出水水质负责

39．根据《水污染防治法》，下列关于农业和农村水污染防治的说法，正确的有（　）。

A．向农田灌溉渠道排放工业废水和城镇污水，应当保证其下游最近的灌溉取水点的水质符合地表水环境质量标准

B．利用工业废水和城镇污水进行灌溉，应当防止污染土壤、地下水和农产品

C．向农田灌溉渠道排放城镇污水以及未综合利用的畜禽养殖废水、农产品加工废水的，应当保证其下游最近的灌溉取水点的水质符合农田灌溉水质标准

D．禁止向农田灌溉渠道排放工业废水或者医疗污水

40．根据《水污染防治法》，下列关于农业和农村水污染防治的说法，正确的有（　）。

A．国家鼓励农村污水、垃圾处理设施的建设，加快推进农村污水、垃圾集中处理

B．地方各级环境保护主管部门应当统筹规划建设农村污水、垃圾处理设施，并保障其正常运行

C．畜禽散养密集区所在地县、乡级人民政府应当组织对畜禽粪便污水进行分户收集、集中处理利用

D．畜禽养殖场、养殖小区应当保证其畜禽粪便、废水的综合利用或者无害化处理设施正常运转，保证污水达标排放，防止污染水环境

41．根据《水污染防治法》，根据保护饮用水水源的实际需要，可以对饮用水水源保护区的保护范围进行调整。有权作出该项调整决定的有（　）。

A．国务院

B．省级人民政府环境保护主管部门

C．饮用水水源保护区所在地的省级人民政府

D. 饮用水水源保护区所在地的市级人民政府

42. 根据《水污染防治法》，国家建立饮用水水源保护区制度。饮用水水源保护区可分为（ ）。

A. 一级保护区　　B. 二级保护区

C. 三级保护区　　D. 准保护区

43. 根据《水污染防治法》，关于饮用水水源保护，下列说法正确的有（ ）。

A. 有关地方人民政府环境保护主管部门应当在饮用水水源保护区的边界设立明确的地理界标和明显的警示标志

B. 在饮用水水源保护区内，限制设置排污口

C. 跨市、县饮用水水源保护区的划定，由有关市、县人民政府协商提出划定方案，报省、自治区、直辖市人民政府批准

D. 禁止在饮用水水源一级保护区内从事旅游、垂钓

44. 根据《水污染防治法》，关于饮用水水源保护，下列说法正确的有（ ）。

A. 各级人民政府应当组织环境保护等部门，对饮用水水源保护区、地下水型饮用水水源的补给区及供水单位周边区域的环境状况和污染风险进行调查评估，筛查可能存在的污染风险因素，并采取相应的风险防范措施

B. 饮用水水源受到污染可能威胁供水安全的，环境保护主管部门应当责令有关企业事业单位和其他生产经营者采取停止排放水污染物等措施，并通报饮用水供水单位和供水、卫生、水行政等部门，跨行政区域的，还应当通报相关地方人民政府

C. 单一水源供水城市的人民政府应当建设应急水源或者备用水源，有条件的地区可以开展区域联网供水

D. 县级以上地方人民政府应当合理安排、布局农村饮用水水源，应当采取城镇供水管网延伸或者建设跨村、跨乡镇联片集中供水工程等方式，发展规模集中供水

45. 根据《水污染防治法》，关于饮用水水源保护，下列说法错误的有（ ）。

A. 当地环境保护主管部门应当做好饮用水取水口和出水口的水质检测工作

B. 饮用水供水单位应当对供水水质负责，确保供水设施安全可靠运行，保证供水水质符合国家有关标准

C. 饮用水供水单位应当至少每季度向社会公开一次饮用水安全状况信息

D. 县级以上地方人民政府应当组织有关部门监测、评估本行政区域内饮用水水源、供水单位供水和用户水龙头出水的水质等饮用水安全状况

46. 根据《水污染防治法》，关于饮用水水源及特殊水体的保护，下列说法正确的有（ ）。

A．国务院根据水环境保护的需要，可以规定在饮用水水源保护区内，采取禁止或者限制使用含磷洗涤剂、化肥、农药以及限制种植养殖等措施

B．省、自治区、直辖市人民政府根据水环境保护的需要，可以规定在饮用水水源保护区内，采取禁止或者限制使用含磷洗涤剂、化肥、农药以及限制种植养殖等措施

C．风景名胜区水体、重要渔业水体和其他具有特殊经济文化价值的水体的保护区内，新建排污口应当保证保护区水体不受污染

D．县级以上人民政府可以对风景名胜区水体、重要渔业水体和其他具有特殊经济文化价值的水体划定保护区，并采取措施，保证保护区的水质符合规定用途的水环境质量标准

47．根据《水污染防治法》，在饮用水水源一级保护区内，下列行为被禁止的是（ ）。

A．新建、改建与供水设施和保护水源无关的建设项目

B．扩建与供水设施和保护水源无关的建设项目

C．从事网箱养殖、旅游活动

D．游泳、垂钓

48．根据《水污染防治法》，在饮用水水源二级保护区内未被禁止的活动有（ ）。

A．开展旅游活动　　B．从事网箱养殖

C．建造水源涵养林工程　　D．建设城市垃圾填埋处理场

49．根据《水污染防治法》，在饮用水水源准保护区内，下列行为被禁止的是（ ）。

A．新建对水体污染严重的建设项目

B．改建对水体污染严重的建设项目

C．新建、改建、扩建排放污染物的建设项目

D．扩建对水体污染严重的建设项目

50．根据《水污染防治法》，国务院和省、自治区、直辖市人民政府根据水环境保护的需要，可以规定在饮用水水源保护区内，采取禁止或者限制（ ）以及限制种植养殖等措施。

A．使用含磷洗涤剂　　B．使用化肥

C．使用洗涤剂　　D．使用农药

51．根据《环境噪声污染防治法》下列建筑物属噪声敏感建筑物的是（ ）。

A．医院　B．学校　C．机关　D．商店　E．住宅

52．根据《环境噪声污染防治法》下列区域属噪声敏感建筑物集中区域的是（ ）。

A．商业区　B．文教科研区　C．机关办公区

D. 医疗区　　　　E. 居民住宅区

53. 根据《环境噪声污染防治法》，国务院有关主管部门对可能产生环境噪声污染的工业设备，应当根据（　），逐步在依法制定的产品的国家标准、行业标准中规定噪声限值。

A. 声环境保护的要求　　　　B. 国家的经济条件

C. 国家的技术条件　　　　D. 国家的法律条件

54. 根据《环境噪声污染防治法》，在城市市区范围内，建筑施工过程中使用机械设备，可能产生环境噪声污染的，施工单位必须向工程所在地县级以上环境保护主管部门申报该工程的（　）。

A. 项目名称

B. 施工场所和期限

C. 可能产生的环境噪声值以及所采取的环境噪声污染防治措施的情况

D. 环境噪声污染防治资金

55. 某住宅开发建设项目拟布置在城市主干道一侧。根据《环境噪声污染防治法》，该项目的建设单位应当（　）。

A. 按国家规定将住宅与城市主干道间隔一定距离

B. 给住宅居民一定的经济补偿

C. 将面向城市主干道的房屋不作为住宅使用

D. 采取减轻、避免城市主干道交通噪声影响的措施

56. 《环境噪声污染防治法》中对民用航空器噪声污染防治的规定有（　）。

A. 民航部门应当采取有效措施，减轻环境噪声污染

B. 除起飞、降落或者依法规定的情形外，民用航空器不得飞越城市市区上空

C. 城市人民政府应当在航空器起飞、降落的净空周围划定限制建设噪声敏感建筑物的区域

D. 在限制建设噪声敏感建筑物的区域内建设噪声敏感建筑物，建设单位应当采取减轻、避免航空器运行时产生的噪声影响的措施

57. 根据《环境噪声污染防治法》，在城市市区噪声敏感建筑物集中区域内，禁止夜间进行产生环境噪声污染的建筑施工作业，但（　）必须连续作业的除外。但必须公告附近居民。

A. 抢修　　　　B. 抢险作业

C. 因生产工艺上要求或者特殊需要　　　　D. 工期紧张

58. 根据《环境噪声污染防治法》，建设经过已有的噪声敏感建筑物集中区域的（　），有可能造成环境噪声污染的，应当设置声屏障或者采取其他有效的控制环境噪声污染的措施。

A．下沉式地下通道　　B．高速公路
C．城市高架路　　D．轻轨道路

59．根据《环境噪声污染防治法》，穿越城市（　）的铁路，因铁路机车运行造成环境噪声污染的，当地城市人民政府应当组织铁路部门和其他有关部门，制定减轻环境噪声污染的规划。

A．工业区　　B．商业区　　C．居民区　　D．文教区

60．根据《环境噪声污染防治法》，机动车辆在（　），必须按照规定使用声响装置。

A．机动船舶在城市市区的外河航道航行
B．机动船舶在城市市区的内河航道航行
C．城市市区范围内行驶
D．铁路机车驶经或者进入城市市区、疗养区时

61．某建筑工程位于城市市区噪声敏感建筑物集中区域内，因特殊需要必须夜间连续作业。根据《环境噪声污染防治法》，施工单位必须（　）才能进行夜间连续作业。

A．公告附近居民
B．采取措施消除环境噪声污染
C．经环境保护行政主管部门批准
D．有县级以上人民政府或者其有关主管部门的证明

62．根据《环境噪声污染防治法》，关于社会生活噪声污染防治，下列说法正确的有（　）。

A．在商业经营活动中使用高声广播喇叭或者采用其他发出高噪声的方法招揽顾客时，应在规定的时间和范围内使用
B．在商业经营活动中使用空调器、冷却塔等可能产生环境噪声的设备、设施的，其边界噪声不超过国家规定的环境噪声排放标准
C．禁止任何单位、个人在城市郊区噪声敏感建筑物集中区域内，使用高音广播喇叭
D．在城市市区噪声敏感建筑物集中区域内，因商业经营活动中使用固定设备造成环境噪声污染的商业企业，必须向所在地的县级以上地方人民政府环境保护行政主管部门申报拥有的造成环境噪声污染的设备的状况和防治环境噪声污染的设施的情况

63．根据《固体废物污染环境防治法》，固体废物是指在生产、生活和其他活动中产生的丧失原有利用价值或者虽未丧失利用价值但被抛弃或者放弃的（　）以及法律、行政法规规定纳入固体废物管理的物品、物质。

A．固态物品、物质　　B．半固态物品、物质

C．置于容器中的气态的物品、物质　　D．半液态物品、物质

64．根据《固体废物污染环境防治法》，危险废物，是指（　）的具有危险特性的固体废物。

A．有毒有害　　B．列入国家危险废物名录

C．易燃易爆　　D．根据国家规定的危险废物鉴别标准和鉴别方法认定

65．《固体废物污染环境防治法》所称“固体废物处置”是指（　）。

A．将固体废物压缩以减小体积

B．将固体废物焚烧以改变特性

C．将固体废物临时置于特定设施或者场所中

D．将固体废物最终置于符合环境保护规定要求的填埋场

66．根据《固体废物污染环境防治法》，在中华人民共和国境内，（　）不适用《固体废物污染环境防治法》。

A．生活垃圾污染环境的防治　　B．工业垃圾污染环境的防治

C．放射性固体废物污染环境的防治　　D．液态废物的污染防治

E．固体废物污染海洋环境的防治

67．《固体废物污染环境防治法》对固体废物污染环境的防治实行（　）的原则，促进清洁生产和循环经济发展。

A．减少固体废物的产生量和危害性　　B．充分合理利用固体废物

C．回收利用固体废物　　D．无害化处置固体废物

68．根据《固体废物污染环境防治法》生活垃圾处置设施、场所的有关规定，必须经过县级以上地方人民政府环境保护行政主管部门和环境卫生行政主管部门核准的行为包括（　）。

A．拆除生活垃圾处置设施　　B．关闭生活垃圾处置场所

C．闲置生活垃圾处置设施　　D．建设生活垃圾处置设施、场所

69．根据《固体废物污染环境防治法》，对暂时不利用或者不能利用的工业固体废物，企业事业单位必须按照国务院环境保护行政主管部门的规定（　）。

A．建设贮存设施、场所　　B．安全分类存放

C．采取无害化处置措施　　D．回收利用

70．《固体废物污染环境防治法》规定：禁止擅自（　）生活垃圾处置的设施、场所。

A．闲置　　B．关闭　　C．维修　　D．拆除

71．根据《固体废物污染环境防治法》，危险废物管理计划应当包括（　）。

A．减少危险废物产生量和危害性的措施　　B．危险废物贮存措施

C．危险废物利用措施　　D．危险废物处置措施

72．根据《固体废物污染环境防治法》，产生危险废物的单位，必须按照国家有关规定处置危险废物，不得擅自（　）。

A．闲置　　B．倾倒　　C．堆放　　D．拆除

73．根据《固体废物污染环境防治法》，下列关于危险废物的说法，正确的是（　）。

A．产生危险废物的单位，不处置的，由所在地县级以上地方人民政府责令限期改正

B．产生危险废物的单位逾期不处置的，由所在地县级以上地方人民政府指定单位按照国家有关规定代为处置

C．产生危险废物的单位逾期不处置的，所在地县级以上地方人民政府罚款 10 万元以上 30 万元以下

D．产生危险废物的单位，必须按照国家有关规定处置危险废物，不得擅自倾倒、堆放

E．产生危险废物的单位逾期不处置的，所在地县级以上地方人民政府环境保护行政主管部门指定处置单位代为处置，处置费用由产生危险废物的单位承担

74．根据《固体废物污染环境防治法》，下列对危险废物的分类收集和贮存，被禁止的是（　）。

A．按照危险废物特性分类进行收集、贮存危险废物

B．混合收集、贮存、运输性质不相容而未经安全性处置的危险废物

C．将危险废物混入非危险废物中贮存

D．混合处置性质不相容而未经安全性处置的危险废物

75．根据《固体废物污染环境防治法》，关于危险废物的收集、贮存，下列说法中，正确的有（　）。

A．性质相容的危险废物可以混合收集、贮存

B．收集、贮存危险废物，必须按照危险废物特性分类进行

C．性质相容且经安全性处置的危险废物可以与非危险废物混合贮存

D．性质不相容且未经过安全性处置的危险废物禁止混合收集、贮存

76．根据《固体废物污染环境防治法》，从事（　）危险废物经营活动的单位，必须向县级以上人民政府环境保护行政主管部门申请领取经营许可证。

A．收集　　B．贮存　　C．处置　　D．利用

77．根据《固体废物污染环境防治法》，必须设置危险废物识别标志的有（　）。

A．危险废物的容器

B．收集、贮存危险废物的设施、场所

C. 运输、处置危险废物的设施、场所

D. 危险废物的包装物

78. 根据《固体废物污染环境防治法》，关于危险废物的活动，禁止的行为有（ ）。

A. 无经营许可证从事危险废物收集、贮存、利用、处置的经营活动

B. 不按照经营许可证规定从事危险废物收集、贮存、利用、处置的经营活动

C. 将危险废物提供或者委托给无经营许可证的单位从事收集、贮存、利用、处置的经营活动

D. 将危险废物与旅客在同一运输工具上载运

79. 根据《固体废物污染环境防治法》，关于危险废物的说法，正确的有（ ）。

A. 收集、贮存、运输、处置危险废物的场所、设施、设备和容器、包装物及其他物品不能转作他用

B. 产生、收集、贮存、运输、利用、处置危险废物的单位，应当制定意外事故的防范措施和应急预案，并向所在地县级以上地方人民政府环境保护行政主管部门审批

C. 转移危险废物的，必须按照国家有关规定填写危险废物转移联单

D. 转移危险废物，未经批准的，不得转移

80. 根据《固体废物污染环境防治法》，因发生事故或者其他突发性事件，造成危险废物严重污染环境的情况，下列做法正确的是（ ）。

A. 当地人民政府必须立即采取措施消除或者减轻对环境的污染危害

B. 造成危险废物严重污染环境的单位应及时通报可能受到污染危害的单位和居民

C. 造成危险废物严重污染环境的单位向所在地县级以上地方人民政府环境保护行政主管部门和有关部门报告

D. 造成危险废物严重污染环境的单位接受调查处理

81. 根据《固体废物污染环境防治法》，在发生或者有证据证明可能发生危险废物严重污染环境、威胁居民生命财产安全时，下列做法正确的是（ ）。

A. 县级以上地方人民政府环境保护行政主管部门或者其他固体废物污染环境防治工作的监督管理部门只需向上一级人民政府有关行政主管部门报告

B. 由人民政府采取防止或者减轻危害的有效措施

C. 有关环境保护行政主管部门或者其他固体废物污染环境防治工作的监督管理部门可以根据需要责令停止导致或者可能导致环境污染事故的作业

D. 有关人民政府可以根据需要责令停止导致或者可能导致环境污染事故的作业

82. 地方人民政府生态环境主管部门应当会同自然资源主管部门对（ ）建设

用地地块进行重点监测。

A. 曾用于生产、使用、贮存、回收、处置有毒有害物质的

B. 曾用于固体废物堆放、填埋的

C. 曾发生过重大、特大污染事故的

D. 国务院生态环境、自然资源主管部门规定的其他情形

83. 根据《土壤污染防治法》，各类涉及（ ），应当依法进行环境影响评价。环境影响评价文件应当包括对土壤可能造成的不良影响及应当采取的相应预防措施等内容。

A. 土地利用的规划

B. 可能造成土壤污染的建设项目

C. 可能造成污染的建设项目

D. 土壤规划

84. 根据《土壤污染防治法》，以下说法正确的是（ ）。

A. 在永久基本农田集中区域，不得新建可能造成土壤污染的建设项目；已经建成的，应当限期关闭拆除

B. 土壤污染重点监管单位拆除设施、设备或者建筑物、构筑物的，应当制定包括应急措施在内的土壤污染防治工作方案，报地方人民政府生态环境、工业和信息化主管部门备案并实施

C. 实施风险管控、修复活动中产生的固体废物以及拆除的设施、设备或者建筑物、构筑物属于危险废物的，应当依照法律法规和相关标准的要求进行处置

D. 拆除设施、设备或者建筑物、构筑物，企业事业单位未采取相应的土壤污染防治措施或者土壤污染重点监管单位未制定、实施土壤污染防治工作方案的；由地方人民政府生态环境主管部门或者其他负有土壤污染防治监督管理职责的部门责令改正，处以罚款

85. 根据《土壤污染防治法》，尾矿库运营、管理单位应当按照规定，加强尾矿库的安全管理，采取措施防止土壤污染。（ ）的运营、管理单位应当按照规定，进行土壤污染状况监测和定期评估。

A. 危库

B. 险库

C. 病库

D. 需要重点监管的尾矿库

86. 根据《土壤污染防治法》，对严格管控类农用地地块，地方人民政府农业农村、林业草原主管部门应当采取下列风险管控措施（ ）。

A. 提出划定特定农产品禁止生产区域的建议，报本级人民政府批准后实施

B. 按照规定开展土壤和农产品协同监测与评价

C. 对农民、农民专业合作社及其他农业生产经营主体进行技术指导和培训

D．其他风险管控措施

87．根据《海洋环境保护法》，海洋功能区划，是指依据海洋（ ），界定海洋利用的主导功能和使用范畴。

A．自然属性　　B．社会属性　　C．自然资源　　D．环境特定条件

88．某芦苇生长茂盛的无人海岛拟开发用于建设造船基地。根据《海洋环境保护法》，基地建设过程中，符合海洋生态保护要求的做法有（ ）。

A．利用该岛原有岸滩靠泊船只

B．基础设施建设过程中砍伐海岛上的芦苇

C．为平整场地，将海岛西侧山体削平填至东侧

D．经科学论证，引进国外经济鱼种在海岛周边放养，以丰富周边海域鱼类品种

89．根据《海洋环境保护法》，具有下列（ ）条件应当建立海洋自然保护区。

A．具有重大科学文化价值的海洋自然遗迹所在区域

B．具有特殊保护价值的海域、海岸、岛屿、滨海湿地、入海河口和海湾等

C．海洋生物物种高度丰富的区域或者珍稀、濒危海洋生物物种的天然集中分布区域

D．典型的海洋自然地理区域、有代表性的自然生态区域，以及遭受破坏但经保护能恢复的海洋自然生态区域

90．根据《海洋环境保护法》，关于海洋生态保护，下列说法正确的有（ ）。

A．限制毁坏海岸防护设施、沿海防护林、沿海城镇园林和绿地

B．新建、改建、扩建海水养殖场，应当进行环境影响评价

C．国家级海洋自然保护区的建立，须经国务院批准

D．引进海洋动植物物种，应当进行科学论证，避免对海洋生态系统造成危害

91．《海洋环境保护法》规定：国务院和沿海地方各级人民政府应当采取有效措施，保护（ ）、入海河口、重要渔业水域等具有典型性、代表性的海洋生态系统。

A．红树林　　B．珊瑚礁　　C．滨海湿地　　D．海岛　　E．海湾

92．《海洋环境保护法》规定：国务院和沿海地方各级人民政府对（ ）应当采取有效措施进行保护。

A．珍稀、濒危海洋生物的天然集中分布区

B．具有重要经济价值的海洋生物生存区域

C．有重大科学文化价值的海洋自然历史遗迹

D．有重大科学文化价值的海洋自然景观

93．根据《海洋环境保护法》，环境保护行政主管部门在批准设置入海排污口

之前，必须征求（　）的意见。

A．海洋行政主管部门　B．海事行政主管部门

C．渔业行政主管部门　D．军队环境保护部门

94．《海洋环境保护法》规定：在（　）和其他需要特别保护的区域，不得新建排污口。

A．大陆架　B．重要渔业水域

C．海滨风景名胜区　D．海洋自然保护区

95．下列行为中属于《海洋环境保护法》禁止的是（　）。

A．向海域排放油类　B．向海域排放剧毒废液

C．向海域排放碱液　D．向海域排放酸液

E．向海域排放低水平放射性废水

96．根据《海洋环境保护法》，严格控制向海域排放的废水有（　）。

A．经过处理的含热废水　B．含有重金属的废水

C．中水平放射性的废水　D．含有不易降解有机物的废水

97．《海洋环境保护法》规定：（　）必须经过处理，符合国家有关排放标准后，方能排入海域。

A．生活污水　B．碱液　C．含病原体的医疗污水

D．含有不易降解的有机物和重金属的废水　E．工业废水

98．根据《海洋环境保护法》，含有机物和营养物质的工业废水、生活污水，应当严格控制向（　）及其他自净能力较差的海域排放。

A．海湾　B．大陆架　C．深海　D．半封闭海

99．根据《海洋环境保护法》，关于防治海岸工程建设项目污染损害海洋环境的防治，正确的有（　）。

A．在海岸采挖沙石，必须采取有效措施，防治污染海洋环境

B．海岸工程的环保设施未经海洋行政主管部门验收，海岸工程建设项目不得投入生产

C．在依法划定的海滨风景名胜区，不行从事破坏景观的海岸工程项目建设

D．兴建海岸工程建设项目，必须采取有效措施，保护国家和地方重点保护的野生动植物

100．根据《海洋环境保护法》，下列说法中，符合海岸工程建设项目对海洋环境的污染损害防治规定的有（　）。

A．严格限制在海岸采挖砂石

B．环境保护设施未经海洋行政主管部门验收不得投入生产

C．兴建海岸工程建设项目，必须采取有效措施，保护海洋水产资源

D．环境保护设施未经海洋行政主管部门检查批准，建设项目不得试运行

101．根据《海洋环境保护法》，环境保护行政主管部门在批准海岸工程建设项目环境影响报告书之前，必须征求（ ）的意见。

A．海洋行政主管部门　　B．海事行政主管部门

C．渔业行政主管部门　　D．军队环境保护部门

102．根据《海洋环境保护法》，依法划定的（ ）及其他需要特别保护的区域，不得从事污染环境、破坏景观的海岸工程项目建设。

A．内水　　B．海洋自然保护区

C．海滨风景名胜区　　D．重要渔业水域

103．《放射性污染防治法》适用于领域和管辖的其他海域在（ ）发生的放射性污染的防治活动。

A．核设施选址、建造、运行、退役　　B．核技术开发利用过程中

C．铜矿开发利用过程中　　D．伴生放射性矿开发利用过程中

E．铀（钍）矿开发利用过程中

104．根据《放射性污染防治法》，核设施在（ ）需进行环境影响评价。

A．选址　B．建造前　C．运营前　D．退役前　E．退役后

105．根据《放射性污染防治法》，开发利用或者关闭铀（钍）矿的单位，应当在（ ）编制环境影响报告书，报国务院环境保护行政主管部门审查批准。

A．申请领取采矿许可证前　　B．办理退役审批手续前

C．可行性报告时　　D．铀（钍）矿退役后

106．根据《放射性污染防治法》，放射性废液禁止采用的方式有（ ）。

A．利用渗井排放　　B．利用渗坑排放

C．利用溶洞排放　　D．利用开然裂隙排放

107．《放射性污染防治法》规定：禁止在（ ）处置放射性固体废物。

A．平原　B．丘陵地形　C．内河水域　D．海洋

108．根据《放射性污染防治法》中关于放射性固体废物的处置方式，下列说法正确的是（ ）。

A．高水平放射性固体废物在符合国家规定的区域实行近地表处置

B．低、中水平放射性固体废物实行集中的深地质处置

C．α 放射性固体废物实行集中的深地质处置

D．禁止在内河水域和海洋上处置放射性固体废物

109．根据《清洁生产促进法》，企业在进行技术改造过程中，应当采取的清洁生产措施包括（ ）。

A．对生产过程中产生的余热进行综合利用

B．采用无害或低毒的原料替代毒性大、危害严重的原料

C．采用污染物产生量少的设备替代污染物产生量多的设备

D．采用能够达到国家规定的污染物排放标准的污染防治技术

110．根据《水法》，建立饮用水水源保护区的目的是（ ）。

A．保证灌溉用水　　B．防止水体污染

C．防止水源枯竭　　D．保证城乡居民饮用水安全

111．《水法》规定：在水资源不足的地区，应当对城市规模和建设耗水量大的（ ）项目加以限制。

A．牧业　　B．农业　　C．工业　　D．服务业

112．根据《水法》，在水生生物洄游通道、通航或者竹木流放的河流上修建永久性拦河闸坝，建设单位应当同时修建（ ）设施，或者经国务院授权的部门批准采取其他补救措施，并妥善安排施工和蓄水期间的水生生物保护、航运和竹木流放，所需费用由建设单位承担。

A．过鱼　　B．过船　　C．过木　　D．过人

113．根据《水法》，关于水资源开发利用的规定，下列说法中符合该规定的有（ ）。

A．移民安置应当与工程建设同步进行

B．跨流域调水，应当进行全面规划和科学论证

C．在水资源不足的地区，应当对城市规模加以限制

D．在水能丰富的河流，应当有计划地进行多目标梯级开发

114．根据《水法》，关于排污口设置的规定，下列说法中正确的有（ ）。

A．禁止在饮用水水源保护区内设置排污口

B．在湖泊改建排污口，由流域管理机构进行审批

C．在江河扩大排污口，由有管辖权的水行政主管部负责审批

D．在江河新建排污口，由环境保护行政主管部门负责对该建设项目的环境影响报告书进行审批

115．根据《水法》，关于设置、新建、改建或者扩大排污口，下列说法正确的有（ ）。

A．在饮用水水源保护区内设置排污口需经省、自治区、直辖市人民政府批准

B．在饮用水水源保护区内设置排污口需经省、自治区、直辖市环境保护主管部门批准

C．在江河、湖泊新建、改建或者扩大排污口，应当经过有管辖权的水行政主管部门或者流域管理机构同意

D．在江河、湖泊新建、改建排污口（扩大排污口除外），应当经过有管辖权的

水行政主管部门或者流域管理机构同意

116. （　）是《水法》规定的河道管理范围内的禁止行为。

A. 在江河、湖泊、水库、运河、渠道内弃置、堆放阻碍行洪的生活垃圾

B. 种植阻碍行洪的林木

C. 在河道管理范围内建设妨碍行洪的建筑物、构筑物

D. 从事影响河势稳定、危害河岸堤防安全和其他妨碍河道行洪的活动

117. 根据《水法》，以下有关水资源、水域和水工程保护的有关规定说法正确的是（　）。

A. 在河道管理范围内采砂，影响河势稳定或者危及堤防安全的，有关县级以上人民政府水行政主管部门应当划定禁采区和规定禁采期，并予以公告

B. 在地下水严重超采地区，经当地人民政府批准，可以划定地下水禁止开采或者限制开采区

C. 禁止在饮用水水源准保护区内设置排污口

D. 禁止在江河、湖泊、水库、运河、渠道内弃置、堆放阻碍行洪的物体和种植阻碍行洪的林木及高秆作物

118.《防沙治沙法》所称土地沙化，是指主要因人类不合理活动所导致的（　），形成流沙及沙土裸露的过程。

A. 天然沙漠扩张　　B. 沙质土壤上植被被破坏

C. 沙尘暴天气　　D. 沙质土壤上覆盖物被破坏

119. 根据《防沙治沙法》，关于沙化土地封禁保护区的规定，下列说法中正确的有（　）。

A. 在沙化土地封禁保护区内，可以有条件地安置移民

B. 在沙化土地封禁保护区内，禁止一切破坏植被的活动

C. 沙化土地封禁保护区主管部门应当组织该保护区范围内的农牧民迁出

D. 沙化土地封禁保护区范围内尚未迁出的农牧民的生产生活，由该保护区主管部门妥善安排

120. 根据《防沙治沙法》，在沙化土地封禁保护区范围内，（　）行为属禁止的。

A. 安置移民　　B. 修建铁路　　C. 砍伐植被　　D. 修建公路

121. 根据《防沙治沙法》，经国务院或者国务院指定的部门同意，在沙化土地封禁保护区范围内，（　）活动是可以的。

A. 安置移民　　B. 修建铁路　　C. 砍伐植被　　D. 修建公路

122. 根据《草原法》，编制草原保护、建设、利用规划，应当依据国民经济和社会发展规划并遵循（　）原则。

A. 改善生态环境，维护生物多样性，促进草原的可持续利用
B. 以现有草原为基础，因地制宜，统筹规划，分类指导
C. 保护为主、加强建设、分批改良、合理利用
D. 生态效益、经济效益、社会效益相结合

123. 《草原法》规定：草原保护、建设、利用规划应当包括的内容有（ ）。
A. 草原保护、建设、利用的目标 B. 草原保护、建设、利用的措施
C. 草原功能分区和各项建设的总体部署 D. 各项专业规划
E. 草原保护、建设、利用规划应当与土地利用总体规划相衔接

124. 根据《草原法》，关于草原的保护，下列说法，正确的有（ ）。
A. 禁止一切开垦草原的活动
B. 已沙化的已垦草原，应当限期治理
C. 对需要改善生态环境的已垦草原，应当实行禁牧
D. 水土流失严重的已垦草原，应当实行禁牧

125. 根据《草原法》，国家实行基本草原保护制度。（ ）应当划为基本草原，实施严格管理。
A. 割草地 B. 重要放牧场
C. 用于畜牧业生产的人工草地 D. 用于畜牧业生产的退耕还草地
E. 草原科研基地

126. 根据《草原法》，国家实行基本草原保护制度。（ ）应当划为基本草原，实施严格管理。
A. 用于畜牧业生产改良草地
B. 用于畜牧业生产的草种基地
C. 调节气候、涵养水源、保持水土、防风固沙具有特殊作用的草原
D. 作为国家重点保护野生动植物生存环境的草原
E. 草原教学试验基地

127. 《文物保护法》规定：文物保护单位的保护范围内不得进行（ ），但是，因特殊情况需要的除外。
A. 建设新厂房 B. 爆破 C. 钻探 D. 挖掘

128. 根据《文物保护法》，在文物保护单位的保护范围和建设控制地带内，下列说法正确的是（ ）。
A. 不得建设污染文物保护单位及其环境的设施
B. 不得进行可能影响文物保护单位安全及其环境的活动
C. 对已有的污染文物保护单位及其环境的设施，应当限期关闭
D. 对已有的污染文物保护单位及其环境的设施，应当限期治理

129. 某省一建设工程选址涉及一国家级重点文物保护单位的不可移动文物，根据《文物保护法》，说法正确的有（　）。

A. 应当尽可能避开该不可移动文物

B. 因特殊情况不能避开，应对文物实施原址保护

C. 若无法实施原址保护的，应报该省人民政府批准后迁移异地保护

D. 因特殊情况不能避开，应报国务院批准后拆除异地重建

130. 根据《森林法》，下列森林、林木和灌木丛属防护林的有（　）。

A. 环境保护林　　B. 自然保护区的森林　　C. 水源涵养林

D. 水土保持林　　E. 护岸林

131. 根据《森林法》，下列森林、林木和灌木丛属特种用途林的是（　）。

A. 环境保护林　　B. 自然保护区的森林　　C. 实验林

D. 水土保持林　　E. 名胜古迹和革命纪念地的林木

132. 根据《森林法》，下列森林、林木属特种用途林的是（　）。

A. 母树林　　B. 风景林　　C. 防风固沙林

D. 国防林　　E. 茶油林

133. 根据《森林法》，可以有条件实施的行为有（　）。

A. 毁林采土、采石

B. 建设工程征用林地

C. 进入自然保护区的森林考察

D. 对革命纪念地的林木进行抚育和更新性质的采伐

134. 根据《森林法》，关于森林的保护，下列说法中，错误的有（　）。

A. 禁止毁林采土、采石

B. 在风景林中可进行抚育和更新性质的采伐

C. 持有关主管部门发放的采伐许可证可在特种用途林中砍柴

D. 在自然保护区森林中可进行科学的采伐达到优化抚育，促进更新的目的

135. 根据《森林法》，下列关于森林资源的保护，说法正确的有（　）。

A. 进行勘查活动，应当不占或者少占林地

B. 进行开采矿藏时，必须征用林地的，需经县级以上人民政府审核同意

C. 各项建设工程征用了林地的，需缴纳森林植被恢复费

D. 各项建设工程征用了林地后，恢复森林植被应由建设单位进行植树造林

136. 《森林法》规定：为保护森林，（　）是禁止的。

A. 毁林采石、采砂、采土　　B. 在幼林地和特种用途林内砍柴

C. 进入森林和森林边缘地区的人员，擅自移动或者损坏为林业服务的标志

D. 在幼林地旅游　　E. 在特种用途林内放牧

137．根据《森林法》，下列森林和林木严禁采伐的是（　）。

A．国防林　B．名胜古迹和革命纪念地的林木

C．风景林　D．自然保护区的森林　E．母树林

138．根据《森林法》，下列森林和林木只准进行抚育和更新性质的采伐的有（　）。

A．国防林　B．环境保护林　C．风景林

D．实验林　E．母树林

139．适用《渔业法》的生产活动有（　）。

A．在滩涂养殖贝类　B．在内水用网箱养殖鱼类

C．在领海采集海带用于科学研究　D．在专属经济区捕捞洄游中的鱼群

140．《渔业法》和《海洋保护法》都适用的范围是（　）。

A．内水　B．滩涂　C．领海　D．专属经济区　E．毗连区

141．根据《矿产资源法》，非经国务院授权的有关主管部门同意，（　）不得开采矿产资源。

A．城镇市政工程设施附近一定距离以内

B．重要工业区附近一定距离以内

C．小型水利工程设施附近一定距离以内

D．港口、机场、国防工程设施圈定地区以内

142．根据《矿产资源法》，非经国务院授权的有关主管部门同意，（　）不得开采矿产资源。

A．铁路、重要公路两侧一定距离以内

B．重要河流、堤坝两侧一定距离以内

C．国家划定的自然保护区、重要风景区

D．国家重点保护的不能移动的历史文物和名胜古迹所在地

143．下列说法符合《土地管理法》规定的有（　）。

A．国家实行永久基本农田保护制度和占用耕地补偿制度

B．各直辖市划定的永久基本农田应当占本行政区域内耕地的80%以上

C．各县级划定的永久基本农田应当占本行政区域内耕地的80%以上

D．征用永久基本农田必须省级以上人民政府批准

E．各自治州划定的永久基本农田应当占本行政区域内耕地的80%以上

144．根据《土地管理法》，经国务院批准方可征用的土地有（　）。

A．林地90 hm^2　B．永久基本农田0.5 hm^2

C．集体所有未利用地60 hm^2　D．永久基本农田外的低产耕地70 hm^2

145．根据《土地管理法》，征用（　）作为建设用地，需由国务院批准。

A．永久基本农田　B．草地60 hm^2　C．林地90 hm^2

D. 永久基本农田以外的耕地超过 35 hm^2　　E. 集体所有的未利用地 108 hm^2

146. 根据《野生动物保护法》，下列（　）属于该法规定保护的野生动物范畴。

A. 珍贵、濒危的陆生野生动物

B. 珍贵、濒危的水生野生动物

C. 有重要生态、科学、社会价值的陆生野生动物

D. 有重要生态、科学、社会价值的水生野生动物

147. 根据《野生动物保护法》，野生动物及其栖息地状况调查、监测和评估内容包括（　）。

A. 野生动物野外分布区域、种群数量及结构

B. 野生动物栖息地的面积、生态状况

C. 野生动物及其栖息地的主要威胁因素

D. 野生动物人工繁育情况等其他需要调查、监测和评估的内容

148. 某拟建公路项目选线时，有可以涉及某省级自然保护区，该区域且有迁徙的野生动物，根据《野生动物保护法》，下列做法正确的是（　）。

A. 避让该省级自然保护区

B. 尽可能少占用该省级自然保护区的面积

C. 按最短路径穿越该省级自然保护区

D. 无法避让的，应当采取修建野生动物通道，消除或者减少对野生动物的不利影响

149. 根据《野生动物保护法》，下列（　）建设项目的选址选线，应当避让相关自然保护区域、野生动物迁徙洄游通道。

A. 机场　　B. 水利水电　　C. 铁路　　D. 围堰

150. 根据《野生动物保护法》，下列（　）建设项目的选址选线，应当避让相关自然保护区域、野生动物迁徙洄游通道。

A. 公路　　B. 医疗服务业　　C. 围填海　　D. 房地产

151. 《城乡规划法》所称城乡规划，包括（　）。

A. 城镇体系规划　　B. 城市规划　　C. 镇规划

D. 乡规划　　E. 村庄规划

152. 根据《城乡规划法》，省域城镇体系规划的内容应当包括（　）。

A. 城镇空间布局和规模控制

B. 禁止、限制和适宜建设的地域范围

C. 为保护生态环境、资源等需要严格控制的区域

D. 重大基础设施的布局

153. 根据《城乡规划法》，关于城市新区开发、建设和旧城区改建，下列说法

正确的是（　）。

A．在乡规划、村庄规划确定的建设用地范围以外，不得设立各类开发区和城市新区

B．在城市总体规划、乡规划确定的建设用地范围以外，不得设立各类开发区和城市新区

C．在城市总体规划、镇总体规划确定的建设用地范围以外，设立各类开发区和城市新区须报省级以上人民政府审批

D．旧城区的改建，应当保护历史文化遗产和传统风貌，合理确定拆迁和建设规模

E．在城市总体规划、镇总体规划确定的建设用地范围以外，不得设立各类开发区和城市新区

154．根据《城乡规划法》，城乡规划确定的用地，如（　）禁止擅自改变用途。

A．绿地　　B．输配电设施及输电线路走廊

C．自然保护区　　D．垃圾填埋场及焚烧厂

155．根据《城乡规划法》，城乡规划确定的用地，如（　）禁止擅自改变用途。

A．污水处理厂　　B．道路　　C．消防通道　　D．防汛通道

156．根据《城乡规划法》，城乡规划确定的用地，如（　）禁止擅自改变用途。

A．管道设施　　B．港口　　C．林地　　D．广播电视设施

157．《河道管理条例》的适用范围包括（　）。

A．太湖　　B．京杭大运河

C．河道内的航道　　D．洪水泛滥可能淹没的地区

158．《河道管理条例》适用于中华人民共和国领域内的河道包括（　）。

A．湖泊　　B．人工水道　　C．行洪区　　D．蓄洪区　　E．滞洪区

159．根据《河道管理条例》，不得在河道管理范围内的河道滩地（　）。

A．改造城镇居民小区　　B．挖筑鱼塘

C．开采地下资源　　D．存放防洪物资

160．根据《自然保护区条例》，关于自然保护区的核心区的保护要求，下列说法正确的是（　）。

A．允许进入从事参观考察　　B．允许进入从事科学研究观测活动

C．禁止任何单位和个人进入　　D．不允许进入从事科学研究活动

161．根据《自然保护区条例》，在自然保护区的实验区，可以进入从事（　）

等活动。

A. 教学实习　　B. 科学试验　　C. 参观考察

D. 驯化、繁殖珍稀、濒危野生动植物　　E. 旅游

162. 根据《自然保护区条例》，自然保护区内的（　）应划分为核心区。

A. 珍稀动植物的集中分布地　　B. 保存完好的天然状态的生态系统

C. 濒危动植物的集中分布地　　D. 保存完好的人工种植的生态系统

163. 根据《自然保护区条例》，可以在自然保护区实验区从事的活动有（　）。

A. 采药　　B. 捕捞鱼虾　　C. 教学实验

D. 科学试验　　E. 驯化濒危野生动物

164. 某高校因科研需要，拟在一省级自然保护区缓冲区内采集标本，根据《自然保护区条例》，该高校的下列做法中，正确的有（　）。

A. 经批准后采集标本，并将标本采集成果副本提交该自然保护区管理机构

B. 事先向该自然保护区管理机构提交申请和活动计划，经批准后即可进行标本采集

C. 事先向该省人民政府自然保护区行政主管部门申报申请和活动计划，经批准后即可进行标本采集

D. 事先向该自然保护区管理机构提交申请和活动计划，并报该省该省人民政府自然保护区行政主管部门批准后，即可进行标本采集

165. 根据《自然保护区条例》，在内部未分区的自然保护区内，禁止的活动有（　）。

A. 参观旅游　　B. 教学实习

C. 采挖草药　　D. 繁殖珍稀野生植物

166. 根据《自然保护区条例》，某自然保护区内部没有进行分区，下列关于该自然保护区的说法，正确的有（　）。

A. 可以在该自然保护区内开展旅游和生产经营活动

B. 可以在该自然保护区内建设生产设施

C. 因教学科研的目的，需要进入该自然保护区从事非破坏性的科学研究、教学实习和标本采集活动的，应当经自然保护区管理机构批准

D. 禁止在该自然保护区内进行狩猎、采药、开垦、开矿等活动

167. 根据《自然保护区条例》，下列关于自然保护区的说法，正确的是（　）。

A. 禁止在自然保护区内进行砍伐、放牧、狩猎

B. 禁止在自然保护区内进行捕捞、采药、开垦

C. 禁止在自然保护区内进行烧荒、开矿、采石、挖沙

D. 禁止在自然保护区内进行工厂建设

E. 因科学研究的需要，必须进入国家级自然保护区核心区的，必须经省级以上有关自然保护区行政主管部门批准

168. 根据《自然保护区条例》，下列关于自然保护区的说法，正确的是（　）。

A. 禁止在自然保护区的核心区开展旅游和生产经营活动

B. 禁止在自然保护区的缓冲区开展旅游和生产经营活动

C. 禁止任何人进入自然保护区的缓冲区

D. 在自然保护区的核心区和缓冲区内，不得建设任何生产设施

E. 在自然保护区的实验区内，可以建设污染环境、破坏资源或者景观的生产设施

169. 根据《风景名胜区条例》，下列关于风景名胜区的说法，正确的是（　）。

A. 游人集中的游览区内，不得建设宾馆、招待所以及休养、疗养机构

B. 风景名胜区内的一切景物和自然环境，必须严格保护，不得破坏或随意改变

C. 在风景名胜区及其外围保护地带内的各项建设，都应当与景观相协调，不得建设破坏景观、污染环境、妨碍游览的设施

D. 风景名胜区的土地，任何单位和个人都不得侵占

E. 在珍贵景物周围和重要景点上，除必需的保护和附属设施外，不得增建其他工程设施

170. 根据《风景名胜区条例》，下列关于风景名胜区的说法，错误的是（　）。

A. 游人集中的游览区内，可以建设休养、疗养机构

B. 风景名胜区的土地，任何个人都不得侵占，单位可以侵占

C. 在风景名胜区及其外围保护地带内的各项建设，都应当与景观相协调

D. 在风景名胜区及其外围保护地带内的各项建设，可以建设破坏景观、污染环境、妨碍游览的设施

E. 在珍贵景物周围和重要景点上，除必需的保护和附属设施外，不得增建其他工程设施

171. 根据《风景名胜区条例》，下列关于风景名胜区的说法，正确的是（　）。

A. 风景名胜区的古树名木，严禁砍伐

B. 风景名胜区及其外围保护地带内的林木，不分权属都不得砍伐

C. 风景名胜区需进行更新、抚育性采伐林木的，须经地方林业主管部门批准

D. 在风景名胜区内采集标本、野生药材必须经管理机构同意

E. 在风景名胜区内采集其他林副产品不必经管理机构同意，但应限定数量

172. 根据《基本农田保护条例》，在基本农田保护区内，（　）是禁止的。

A. 建坟　B. 采矿　C. 建窑　D. 建房

173. 根据《基本农田保护条例》，在基本农田保护区内，（　）是禁止的。

A. 挖砂　B. 挖塘养鱼　C. 取土　D. 堆放固体废弃物　E. 采石

174. 根据《土地复垦条例》，下列关于生产建设活动损毁土地复垦的原则，说法正确的是（ ）。

A. 生产建设活动损毁的土地，由生产建设单位或者个人负责复垦

B. 历史遗留损毁土地，由未来土地使用者负责组织复垦

C. 自然灾害损毁的土地，由县级以上人民政府负责组织复垦

D. 历史遗留损毁土地，由县级以上人民政府负责组织复垦

175. 根据《土地复垦条例》，下列（ ）损毁土地由土地复垦义务人负责复垦。

A. 地下采矿等造成地表塌陷的土地　　B. 烧制砖瓦地表挖掘所损毁的土地

C. 露天采矿地表挖掘所损毁的土地　　D. 挖沙取土地表挖掘所损毁的土地

176. 根据《土地复垦条例》，下列（ ）损毁土地由土地复垦义务人负责复垦。

A. 历史遗留损毁的土地

B. 能源、交通、水利等基础设施建设临时占用所损毁的土地

C. 自然灾害损毁的土地

D. 堆放采矿剥离物、废石、矿渣、粉煤灰等固体废弃物压占的土地

177. 根据《土地复垦条例》，土地复垦义务人应当建立土地复垦质量控制制度，遵守（ ），保护土壤质量与生态环境，避免污染土壤和地下水。

A. 土地复垦标准　　B. 土地评价标准

C. 土地安全标准　　D. 环境保护标准

178. 根据《土地复垦条例》，土地复垦时，为了保护土壤质量与生态环境、避免污染土壤和地下水的有关规定，说法正确的有（ ）。

A. 禁止将重金属污染物用作回填或者充填材料

B. 禁止将有毒有害物质用作回填或者充填材料

C. 受重金属污染物的土地复垦后，不得用于种植食用农作物

D. 受有毒有害物质污染的土地复垦后，达到国家有关标准后，可以用于种植食用农作物

179. 某国家重点建设项目经国务院批准占用基本农田，根据《基本农田保护条例》，下列说法中正确的有（ ）。

A. 该项目环境影响报告书中，应当有基本农田环境保护方案

B. 该项目 1 年以上未动工建设，应当按照省、自治区、直辖市的规定缴纳闲置费

C. 该基本农田连续 2 年未使用，应当由县级以上人民政府无偿收回其土地使用权

D. 该基本农田虽满 1 年不使用但仍可以耕种并收获，应当由原耕种该基本农田的集体或者个人恢复耕种

180. 根据《医疗废物管理条例》，医疗废物集中处置单位的贮存、处置设施，

应当远离（　）。

A．交通干道　　B．水源保护区

C．工厂　　D．居（村）民居住区

181．根据《医疗废物管理条例》，关于医疗废物集中贮存、处置设施，下列说法正确的是（　）。

A．应当远离居（村）民居住区、水源保护区和交通干道

B．应当远离工厂、企业等工作场所

C．与工厂、企业等工作场所有适当的安全防护距离

D．与居（村）民居住区、水源保护区和交通干道有适当的安全防护距离

182．根据《危险化学品安全管理条例》，下列（　）属危险化学品。

A．爆炸品　　B．压缩气体

C．液化气体　　D．易燃液体

E．氧化剂和有机过氧化物

183．根据《危险化学品安全管理条例》，下列（　）属危险化学品。

A．易燃固体　　B．自燃物品

C．遇湿易燃物品　　D．有毒品　　E．腐蚀品

184．根据《危险化学品安全管理条例》，国家对危险化学品的生产和储存实行（　）。

A．统一规划　　B．合理布局　　C．严格控制　　D．审批制度

185．根据《危险化学品安全管理条例》，下列关于危险化学品的生产、储存和使用，说法错误的有（　）。

A．国家对危险化学品的生产、储存、使用实行统一规划、合理布局和严格控制

B．国家对危险化学品的生产和储存实行审批制度

C．未经审批，任何单位和个人都不得生产、储存危险化学品

D．未经审批，任何单位和个人都不得生产、储存、使用危险化学品

186．根据《危险化学品安全管理条例》，危险化学品的生产装置和储存数量构成重大危险源的储存设施，与（　）的距离必须符合国家标准或者国家有关规定（运输工具加油站、加气站除外）。

A．居民区、商业中心、公园等人口密集区域

B．学校、医院、影剧院、体育场（馆）等公共设施

C．供水水源、水厂及水源保护区

D．车站、机场以及公路、铁路、水路交通干线、地铁风亭及出入口

E．基本农田保护区，畜牧区，渔业水域和种子、种畜、水产苗种生产基地

187．根据《危险化学品安全管理条例》，危险化学品的生产装置和储存数量构

成重大危险源的储存设施，与（　）的距离必须符合国家标准或者国家有关规定（运输工具加油站、加气站除外）。

A．经批准，专门从事危险化学品装卸作业的码头

B．河流、湖泊　　C．工业区　　D．军事禁区、军事管理区

E．风景名胜区和自然保护区

188．根据《危险化学品安全管理条例》，危险化学品的生产装置和储存数量构成重大危险源的储存设施，与（　）的距离必须符合国家标准或者国家有关规定。

A．车站　　B．河流

C．基本农田　　D．运输工具加油站

189．根据《防治海岸工程建设项目污染损害海洋环境管理条例》，海岸工程建设项目的范围主要包括（　）。

A．港口、码头、航道、滨海机场工程项目、造船厂、修船厂

B．滨海火电站、核电站、风电站

C．滨海物资存储设施工程项目、滨海大型养殖场、海岸防护工程

D．砂石场和入海河口处的水利设施、滨海石油勘探开发工程项目

E．滨海矿山、化工、轻工、冶金等工业工程项目，固体废弃物、污水等污染物处理处置排海工程项目

190．根据《防治海岸工程建设项目污染损害海洋环境管理条例》，下列建设项目属于海岸工程的有（　）。

A．码头　　B．跨海桥梁

C．滨海大型养殖场　　D．污水处置排海工程

191．根据《防治海岸工程建设项目污染损害海洋环境管理条例》，建设岸边油库，应当设置（　）。

A．事故应急设施　　B．库场地面冲刷废水的处理设施

C．拦油、收油、消油设施　　D．库场地面冲刷废水的集接设施

E．含油废水接收处理设施

192．根据《防治海岸工程建设项目污染损害海洋环境管理条例》，下列海岸工程建设项目采取的环保措施中，符合规定的有（　）。

A．岸边油库设置含油废水接收处理设施

B．滨海垃圾场要建造防护堤坝和场底封闭层

C．化学危险品码头配备海上重大污染损害事故应急设备和器材

D．岸边修船厂设置与其性质规模相适应的残油、废油接收处理设施

193．根据《防治海岸工程建设项目污染损害海洋环境管理条例》，建设岸边油

库工程时应当采取的环境保护措施有（　）。

A．设置含油废水接收处理设施

B．输油管线符合国家关于防渗漏、防腐蚀的规定

C．储油设施符合国家关于防渗漏、防腐蚀的规定

D．设置库场地面冲刷废水的集接、处理设施和事故应急设施

194．根据《防治海洋工程建设项目污染损害海洋环境管理条例》，下列属于该条例规定的海洋工程建设项目的是（　）。

A．小型海水养殖场　　B．海底隧道工程

C．海上娱乐及运动、景观开发工程　　D．海上人工岛

E．海上潮汐电站、波浪电站、温差电站

195．根据《防治海洋工程建设项目污染损害海洋环境管理条例》，严格控制围填海工程，禁止在经济生物的（　）进行围填海活动。

A．自然产卵场　　B．繁殖场　　C．索饵场

D．鸟类栖息地　　E．人工产卵场

196．根据《防治海洋工程建设项目污染损害海洋环境管理条例》，关于围填海工程，下列说法中，正确的有（　）。

A．禁止在滨海风景区附近进行围填海工程

B．禁止在大型养殖场进行围填海工程

C．围填海工程使用的填充材料应当符合环保标准

D．采取相应的防护措施后，可在经济生物的自然繁殖场进行围填海工程

197．根据《防治海洋工程建设项目污染损害海洋环境管理条例》，关于海洋工程污染物排放管理，下列说法正确的有（　）。

A．塑料制品、残油、废油、油基泥浆、含油垃圾和其他有毒有害残液残渣，不得直接排放或者弃置入海

B．严格控制向水基泥浆中添加油类

C．限制向海域排放含油量超过国家规定标准的水基泥浆和钻屑

D．排污者应当到指定的商业银行缴纳排污费

198．根据《防治海洋工程建设项目污染损害海洋环境管理条例》，海洋工程环境影响报告书应当包括下列内容：（　）。

A．工程所在海域环境现状和相邻海域开发利用情况

B．工程对海洋环境和海洋资源可能造成影响的分析、预测和评估

C．工程对海洋环境影响的经济损益分析和环境风险分析

D．公众参与情况

199．禁止在（　）内建设畜禽养殖场、养殖小区。

A. 饮用水水源保护区、风景名胜区　　B. 人口集中区

C. 山区　　D. 自然保护区的核心区和缓冲区

200. 根据《畜禽规模养殖污染防治条例》，对于下列畜禽粪便、污水综合利用的有关规定，正确的是（　）。

A. 国家鼓励和支持采取粪肥还田、制取沼气、制造有机肥等方法

B. 国家鼓励和支持采取种植和养殖相结合的方式消纳利用畜禽养殖废弃物

C. 国家鼓励和支持沼气制取、有机肥生产等废弃物综合利用

D. 建设沼渣沼液输送和施用、沼气发电等相关配套设施

201. 根据《畜禽规模养殖污染防治条例》，对于下列畜禽养殖废弃物处理的有关规定，正确的是（　）。

A. 从事畜禽养殖活动和畜禽养殖废弃物处理活动，应当及时对畜禽粪便、畜禽尸体、污水等进行收集、贮存、清运，防止恶臭和畜禽养殖废弃物渗出、泄漏

B. 向环境排放经过处理的畜禽养殖废弃物，应当符合国家和地方规定的污染物排放标准和总量控制指标。畜禽养殖废弃物未经处理，不得直接向环境排放

C. 染疫畜禽以及染疫畜禽排泄物、染疫畜禽产品、病死或者死因不明的畜禽尸体等病害畜禽养殖废弃物，应当按照有关法律、法规和国务院农牧主管部门的规定，进行深埋、化制、焚烧等无害化处理，不得随意处置

D. 畜禽养殖场、养殖小区应当定期将畜禽养殖品种、规模以及畜禽养殖废弃物的产生、排放和综合利用等情况，报县级人民政府环境保护主管部门备案

202. 根据《城镇排水与污水处理条例》，关于禁止从事危及城镇排水与污水处理设施安全活动的有关规定，下列说法正确的是（　）。

A. 禁止向城镇排水与污水处理设施排放、倾倒剧毒、易燃易爆、腐蚀性废液和废渣

B. 禁止向城镇排水与污水处理设施倾倒垃圾、渣土、施工泥浆等废物

C. 禁止建设占压城镇排水与污水处理设施的建筑物、构筑物或者其他设施

D. 禁止穿凿、堵塞城镇排水与污水处理设施

203. 根据《防治船舶污染海洋环境管理条例》，船舶不得向依法划定的（　）排放船舶污染物。

A. 海洋自然保护区　　B. 海滨风景名胜区

C. 重要渔业水域　　D. 其他需要特别保护的海域

204. 根据《防治船舶污染海洋环境管理条例》，对于船舶拆解管理的有关规定，说法正确的是（　）。

A. 船舶修造、水上拆解的地点应当符合环境功能区划和海洋功能区划

B. 从事船舶拆解的单位在船舶拆解作业，应当对船舶上的残余物和废弃物进行处

置，将油舱（柜）中的存油驳出，进行船舶清舱、洗舱、测爆等工作

C. 从事船舶拆解的单位应当及时清理船舶拆解现场，并按照国家有关规定处理船舶拆解产生的污染物

D. 允许采取冲滩方式进行船舶拆解作业

205. 根据《防治船舶污染海洋环境管理条例》，船舶修造、水上拆解的地点应当符合（　）和（　）。

A. 环境功能区划　　B. 海洋功能区划

C. 主体功能区划　　D. 经济区域发展

206. 根据《消耗臭氧层物质管理条例》，对于消耗臭氧层物质的生产、使用单位防止或者减少消耗臭氧层物质的泄漏和排放的有关规定，下列选项中，正确的是（　）。

A. 从事含消耗臭氧层物质的制冷设备、制冷系统或者灭火系统的维修、报废处理等经营活动的单位，应当按照国务院环境保护主管部门的规定对消耗臭氧层物质进行回收、循环利用或者交由从事消耗臭氧层物质回收、再生利用、销毁等经营活动的单位进行无害化处置

B. 从事消耗臭氧层物质回收、再生利用、销毁等经营活动的单位，应当按照国务院环境保护主管部门的规定对消耗臭氧层物质进行无害化处置，允许直接排放

C. 从事消耗臭氧层物质的生产、销售、使用、回收、再生利用、销毁等经营活动的单位，应当完整保存有关生产经营活动的原始资料至少 3 年，并按照国务院环境保护主管部门的规定报送相关数据

D. 专门从事消耗臭氧层物质回收、再生利用或者销毁等经营活动的单位，应当向所在地省、自治区、直辖市人民政府环境保护主管部门备案

207. 根据《消耗臭氧层物质管理条例》，县级以上人民政府环境保护主管部门和其他有关部门进行监督检查，有权采取措施，包括（　）。

A. 要求被检查单位提供有关资料

B. 进入被检查单位的生产、经营、储存场所进行调查和取证

C. 责令被检查单位停止违反本条例规定的行为，履行法定义务

D. 扣押、查封违法生产、销售、使用、进出口的消耗臭氧层物质及其生产设备、设施、原料及产品

参考答案

一、单项选择题

1. A 【解析】省、自治区、直辖市人民政府可以制定大气污染物排放标准。

2. A 3. C

4. A 【解析】省、自治区、直辖市人民政府应当按照国务院下达的总量控制目标，控制或者削减本行政区域的重点大气污染物排放总量。

5. A

6. B 【解析】选项B的正确说法是：地方各级人民政府应当采取措施，加强民用散煤的管理，禁止销售不符合民用散煤质量标准的煤炭，鼓励居民燃用优质煤炭和洁净型煤，推广节能环保型炉灶。

7. D 【解析】选项A的正确说法是：城市人民政府可以划定并公布高污染燃料禁燃区，并根据大气环境质量改善要求，逐步扩大高污染燃料禁燃区范围。其余选项关于禁燃区内的说法正确的是：在禁燃区内，禁止销售、燃用高污染燃料；禁止新建、扩建燃用高污染燃料的设施，已建成的，应当在城市人民政府规定的期限内改用天然气、页岩气、液化石，油气、电或者其他清洁能源。

8. C 【解析】城市建设应当统筹规划，在燃煤供热地区，推进热电联产和集中供热。在集中供热管网覆盖地区，禁止新建、扩建分散燃煤供热锅炉；已建成的不能达标排放的燃煤供热锅炉，应当在城市人民政府规定的期限内拆除。

9. B 【解析】选项A的正确说法是：国家鼓励生产、进口、销售和使用低毒、低挥发性有机溶剂；选项C和D的正确说法是：储油储气库、加油加气站、原油成品油码头、原油成品油运输船舶和油罐车、气罐车等，应当按照国家有关规定安装油气回收装置并保持正常使用。

10. A 【解析】工业涂装企业应当使用低挥发性有机物含量的涂料，并建立台账，记录生产原料、辅料的使用量、废弃量、去向以及挥发性有机物含量。台账保存期限不得少于三年。含挥发性有机物废气的生产和服务活动，应当在密闭空间或者设备中进行，并按照规定安装、使用污染防治设施；无法密闭的，应当采取措施减少废气排放。

11. B 【解析】选项A是旧大气污染防治法的内容，新法没有这个规定。选项C和D的正确说法是：可燃性气体回收利用装置不能正常作业的，应当及时修复或者更新。在回收利用装置不能正常作业期间确需排放可燃性气体的，应当将排放的可燃性气体充分燃烧或者采取其他控制大气污染物排放的措施，并向当地生态环境主管部门报告，按照要求限期修复或者更新。

12．B　【解析】地方各级人民政府应当加强对建设施工和运输的管理，保持道路清洁，控制料堆和渣土堆放，扩大绿地、水面、湿地和地面铺装面积，防治扬尘污染。

13．C　【解析】选项 A 的正确说法是：建设单位应当将防治扬尘污染的费用列入工程造价，并在施工承包合同中明确施工单位扬尘污染防治责任。施工单位应当制定具体的施工扬尘污染防治实施方案。选项 B 的正确说法是：暂时不能开工的建设用地，建设单位应当对裸露地面进行覆盖；超过三个月的，应当进行绿化、铺装或者遮盖。选项 D 的正确说法是：运输煤炭、垃圾、渣土、砂石、土方、灰浆等散装、流体物料的车辆应当采取密闭或者其他措施防止物料遗撒造成扬尘污染，并按照规定路线行驶。

14．B　【解析】地方各级人民政府应当推动转变农业生产方式，发展农业循环经济，加大对废弃物综合处理的支持力度，加强对农业生产经营活动排放大气污染物的控制。

15．C

16．A　【解析】省、自治区、直辖市人民政府应当划定区域，禁止露天焚烧秸秆、落叶等产生烟尘污染的物质。

17．C　【解析】选项 A、B 的正确说法是：企业事业单位和其他生产经营者在生产经营活动中产生恶臭气体的，应当科学选址，设置合理的防护距离，并安装净化装置或者采取其他措施，防止排放恶臭气体。这里的“防护距离”并没有明确是卫生防护距离还是大气环境防护距离。选项 D 的正确说法是：禁止在人口集中地区和其他依法需要特殊保护的区域内焚烧沥青、油毡、橡胶、塑料、皮革、垃圾以及其他产生有毒有害烟尘和恶臭气体的物质。

18．A　【解析】并不是所有的餐饮服务业经营者都应当安装油烟净化设施，如一些经营甜点、炖品的餐饮服务单位，只有排放油烟的餐饮服务业经营者才需安装。

19．D　【解析】禁止在人口集中地区和其他依法需要特殊保护的区域内焚烧沥青、油毡、橡胶、塑料、皮革、垃圾以及其他产生有毒有害烟尘和恶臭气体的物质。

20．D　【解析】《中华人民共和国水污染防治法》适用于中华人民共和国领域内江河、湖泊、运河、渠道、水库等地表水体以及地下水水体的污染防治。海洋污染防治适用《中华人民共和国海洋环境保护法》。

21．C　22．C　23．B　24．B　25．C

26．B　【解析】选项 B 是旧法的内容，新法对水污染防治设施的验收有了新的规定，不是由环境保护行政主管部门验收，结合其他相关规定，企业自主验收。

27．B　【解析】约谈情况应当向社会公开。

28．B　29．D

30．D　【解析】选项A和B都是旧法的内容。

31．A　32．B

33．D　【解析】《水污染防治法》第七十五条：在风景名胜区水体、重要渔业水体和其他具有特殊经济文化价值的水体的保护区内，不得新建排污口。在保护区附近新建排污口，应当保证保护区水体不受污染。

34．A　【解析】船舶排放含油污水、生活污水，应当符合船舶污染物排放标准。从事海洋航运的船舶进入内河和港口的，应当遵守内河的船舶污染物排放标准。进入中华人民共和国内河的国际航线船舶排放压载水的，应当采用压载水处理装置或者采取其他等效措施，对压载水进行灭活等处理。禁止排放不符合规定的船舶压载水。

35．A　【解析】城镇污水集中处理设施的运营单位，应当对城镇污水集中处理设施的出水水质负责。

36．C　【解析】船舶排放含油污水、生活污水，应当符合船舶污染物排放标准；船舶的残油、废油应当回收，禁止排入水体；禁止向水体倾倒船舶垃圾。

37．A　【解析】禁止在江河、湖泊、运河、渠道、水库最高水位线以下的滩地和岸坡堆放、存贮固体废弃物和其他污染物。

38．C　【解析】禁止向水体排放油类、酸液、碱液或者剧毒废液；《水污染防治法》第三十四条：禁止向水体排放、倾倒放射性固体废物或者含有高放射性和中放射性物质的废水。

39．C　【解析】禁止向农田灌溉渠道排放工业废水或者医疗污水。向农田灌溉渠道排放城镇污水以及未综合利用的畜禽养殖废水、农产品加工废水的，应当保证其下游最近的灌溉取水点的水质符合农田灌溉水质标准。

40．D　41．D

42．D

43．C　44．A　45．D　46．B　47．D　48．B　49．A　50．D　51．A　52．D

53．C　【解析】噪声污染有两方面的定义：一是要超标；二是要干扰他人正常生活、工作和学习，两者缺一不可。此题也可出多项选择题。

54．C　55．A　56．C　57．C　58．B　59．A

60．A　【解析】《环境噪声污染防治法》第十四条：建设项目在投入生产或者使用之前，其环境噪声污染防治设施必须按照国家规定的标准和程序进行验收；达不到国家规定要求的，该建设项目不得投入生产或者使用。此次修订是为后续建设项目环境噪声污染防治设施的自主验收提供法律依据。

61．D　62．B　63．C　64．A　65．C　66．A　67．D

68．A　【解析】违反《固体废物污染环境防治法》第十四条的规定，建设项目中需要配套建设的环境噪声污染防治设施没有建成或者没有达到国家规定的要求，擅自投入生产或者使用的，由县级以上生态环境主管部门责令限期改正，并对单位和个人处以罚款；造成重大环境污染或者生态破坏的，责令停止生产或者使用，或者报经有批准权的人民政府批准，责令关闭。

69．A　70．C　71．B　72．A　73．B　74．C　75．C　76．C

77．A　【解析】《固体废物污染环境防治法》第十七条：收集、贮存、运输、利用、处置固体废物的单位和个人，必须采取防扬散、防流失、防渗漏或者其他防止污染环境的措施；不得擅自倾倒、堆放、丢弃、遗散固体废物。

78．B　79．C　80．B

81．D　【解析】ABC 三个答案都属于“危险废物管理计划”的内容，因是单项选择题，最合适的答案应是 D。《固体废物污染环境防治法》中规定所谓危险废物管理计划应当包括减少危险废物产生量和危害性的措施以及危险废物贮存、利用、处置措施。危险废物管理计划应当报产生危险废物的单位所在地县级以上地方人民政府环境保护行政主管部门备案。

82．B　83．C　84．B　85．B　86．D　87．D

88．A　【解析】《土壤污染防治法》第二条：本法所称土壤污染，是指因人为因素导致某种物质进入陆地表层土壤，引起土壤化学、物理、生物等方面特性的改变，影响土壤功能和有效利用，危害公众健康或者破坏生态环境的现象。

89．B

90．B　【解析】《土壤污染防治法》第二十五条：地方人民政府生态环境主管部门应当定期对污水集中处理设施、固体废物处置设施周边土壤进行监测；对不符合法律法规和相关标准要求的，应当根据监测结果，要求污水集中处理设施、固体废物处置设施运营单位采取相应改进措施。

91．C　【解析】《土壤污染防治法》第二十三条：各级人民政府生态环境、自然资源主管部门应当依法加强对矿产资源开发区域土壤污染防治的监督管理，按照相关标准和总量控制的要求，严格控制可能造成土壤污染的重点污染物排放。

92．D　【解析】《土壤污染防治法》第五十三条：对安全利用类农用地地块，地方人民政府农业农村、林业草原主管部门，应当结合主要作物品种和种植习惯等情况，制定并实施安全利用方案。

93．D　94．A　95．A

96．D　【解析】《土壤污染防治法》第五十条：县级以上地方人民政府应当依法将符合条件的优先保护类耕地划为永久基本农田，实行严格保护。

97．A　【解析】《土壤污染防治法》第五十九条：对土壤污染状况普查、详查和监测、现场检查表明有土壤污染风险的建设用地地块，地方人民政府生态环境主管部门应当要求土地使用权人按照规定进行土壤污染状况调查。用途变更为住宅、公共管理与公共服务用地的，变更前应当按照规定进行土壤污染状况调查。

98. B　99. D　100. D　101. D

102. A　【解析】《海洋环境保护法》第三十三条：严格限制向海域排放低水平放射性废水；确需排放的，必须严格执行国家辐射防护规定。严格控制向海域排放含有不易降解的有机物和重金属的废水。第三十四条：含病原体的医疗污水、生活污水和工业废水必须经过处理，符合国家有关排放标准后，方能排入海域。第三十五条：含有机物和营养物质的工业废水、生活污水，应当严格控制向海湾、半封闭海及其他自净能力较差的海域排放。第三十六条：向海域排放含热废水，必须采取有效措施，保证邻近渔业水域的水温符合国家海洋环境质量标准，避免热污染对水产资源的危害。

103. B　104. D　105. C　106. D　107. A　108. C

109. A　【解析】选项D是不得从事的行为。《海洋环境保护法》第四十六条：严格限制在海岸采挖砂石。露天开采海滨砂矿和从岸上打井开采海底矿产资源，必须采取有效措施，防止污染海洋环境。

110. C　【解析】核设施在铀（钍）矿开发利用、核设施选址、核设施在营运、核设施退役前都需要单独编制环境影响报告书，这点与其他建设项目有很大的区别。

111. C　112. A

113. C　【解析】此题把“了解产生放射性废液的单位排放或处理、贮存放射性废液的有关规定”的内容全考了。这类题的出现增加了难度，要求考生复习很仔细了。

114. B　115. C　116. C　117. B　118. A

119. A　【解析】开发、利用水资源，应当首先满足城乡居民生活用水，并兼顾农业、工业、生态环境用水以及航运等需要。

120. D

121. B　【解析】此题较综合，有一定的迷惑性。此题把“了解禁止围湖造地、围垦河道的规定”内容全考了。

122. B　123. A　124. C

125. D　【解析】《水法》第三十四条：禁止在饮用水水源保护区内设置排污口。在江河、湖泊新建、改建或者扩大排污口，应当经过有管辖权的水行政主管部门或者流域管理机构同意，由环境保护行政主管部门负责对该建设项目的环境影响报告书进行审批。

126. D　127. C　128. A　129. D

130．B　【解析】选项C、D的说法有一定的迷惑性。选项C的正确说法是“沙化土地封禁保护区范围内尚未迁出的农牧民的生产生活，由沙化土地封禁保护区主管部门妥善安排”，选项D的正确说法是“对沙化土地封禁保护区范围内的农牧民，当地人民政府应当有计划地组织迁出”。修建铁路并不是禁止的行为。

131．D　132．D

133．A　【解析】《草原法》第四十六条：禁止开垦草原。对水土流失严重、有沙化趋势、需要改善生态环境的已垦草原，应当有计划、有步骤地退耕还草；已造成沙化、盐碱化、石漠化的，应当限期治理。

134．D　135．D

136．D　【解析】《文物保护法》第十七条：文物保护单位的保护范围内不得进行其他建设工程或者爆破、钻探、挖掘等作业。但是，因特殊情况需要在文物保护单位的保护范围内进行其他建设工程或者爆破、钻探、挖掘等作业的，必须保证文物保护单位的安全，并经核定公布该文物保护单位的人民政府批准，在批准前应当征得上一级人民政府文物行政部门同意；在全国重点文物保护单位的保护范围内进行其他建设工程或者爆破、钻探、挖掘等作业的，必须经省、自治区、直辖市人民政府批准，在批准前应当征得国务院文物行政部门同意。

137．D　【解析】此题内容为高频考点。在2010年的不定项选择题中也有此考点题目。全国重点文物保护单位不得拆除，A和C应排除。全国重点文物保护单位的迁移保护需国务院批准。

138．A　【解析】《文物保护法》第二十条：全国重点文物保护单位不得拆除；需要迁移的，须由省、自治区、直辖市人民政府报国务院批准。

139．B　【解析】环境保护林为特种保护林。

140．A

141．A　【解析】此题有一定的综合性。选项B的正确说法为：“开采矿藏必须占用林地的，应当经县级以上人民政府林业主管部门批准”；选项C的正确说法为：“修建铁路已占用林地的，应当由林业主管部门统一安排植树造林、恢复植被”。

142．C　143．B　144．C　145．B

146．C　【解析】详情见《森林法》第三十一条、第四条。

147．D　【解析】《森林法》第三十一条：成熟的用材林应当根据不同情况，分别采取择伐、皆伐和渐伐方式，皆伐应当严格控制，并在采伐的当年或者次年内完成更新造林。

148．D　149．B

150．D　【解析】高频考点。关闭矿山时要提交环境保护的资料，但不一定是闭矿环境影响报告书。

151. B 【解析】选项B的正确说法是“矿山企业的开采回采率应当达到设计要求”。

152. B 153. B 154. A 155. B 156. B 157. C

158. C 【解析】《土地管理法》第三十条：国家实行占用耕地补偿制度。非农业建设经批准占用耕地的，按照“占多少，垦多少”的原则，由占用耕地的单位负责开垦与所占用耕地的数量和质量相当的耕地；没有条件开垦或者开垦的耕地不符合要求的，应当按照省、自治区、直辖市的规定缴纳耕地开垦费，专款用于开垦新的耕地。

159. C 160. D

161. D 【解析】《土地管理法》第四十五条：征用基本农田以外的耕地超过35 hm^2的，由国务院批准。1 hm^2=10 000 m^2=0.01 km^2。

162. B 163. D 164. A 165. C

166. D 【解析】珍贵、濒危的水生野生动物以外的其他水生野生动物的保护，适用《渔业法》等有关法律的规定。

167. C 168. C 169. C

170. D 【解析】选项A的正确说法是：省级以上人民政府依法划定相关自然保护区域，保护野生动物及其重要栖息地，保护、恢复和改善野生动物生存环境。选项B的正确说法是：禁止或者限制在相关自然保护区域内引入外来物种、营造单一纯林、过量施洒农药等人为干扰、威胁野生动物生息繁衍的行为。选项C的正确说法是：国家或者地方重点保护野生动物受到自然灾害、重大环境污染事故等突发事件威胁时，当地人民政府应当及时采取应急救助措施。

171. A 172. A 173. A 174. C 175. B

176. D 【解析】《河道管理条例》第二条：本条例适用于中华人民共和国领域内的河道（包括湖泊、人工水道、行洪区、蓄洪区、滞洪区）。

177. C 178. C 179. C

180. A 【解析】教材中没有原文，但在《河道管理条例》中有。第二十四条：在河道管理范围内，禁止修建围堤、阻水渠道、阻水道路；种植高秆农作物、芦苇、杞柳、荻柴和树木（堤防防护林除外）；设置拦河渔具；弃置矿渣、石渣、煤灰、泥土、垃圾等。

在堤防和护堤地，禁止建房、放牧、开渠、打井、挖窖、葬坟、晒粮、存放物料、开采地下资源、进行考古发掘以及开展集市贸易活动。

181. B 182. C

183. C 【解析】选项A说法太绝对了；选项B对自然保护区的划分错误。选项D的正确说法是：自然保护区核心区内的原有居民确有必要迁出的，由自然保护区所在地的地方人民政府予以妥善安置。此题为单项，但考了四个知识点。

184. D 【解析】此考点为高频考点，年年有题，单选和不定项选择题都可以出题解。

185. B 【解析】《自然保护区条例》第三十二条：在自然保护区的核心区和缓冲区内，不得建设任何生产设施。在自然保护区的实验区内，不得建设污染环境、破坏资源或者景观的生产设施；建设其他项目，其污染物排放不得超过国家和地方规定的污染物排放标准。在自然保护区的实验区内已经建成的设施，其污染物排放超过国家和地方规定的排放标准的，应当限期治理；造成损害的，必须采取补救措施。在自然保护区的外围保护地带建设的项目，不得损害自然保护区的环境质量；已造成损害的，应当限期治理。所以选项 ADE 都是正确的。

186. C 187. B 188. D

189. C 【解析】选项 C 的正确说法是：风景名胜区管理机构应当对风景名胜区的重要景观进行调查、鉴定，并制定相应的保护措施。

190. D 191. D

192. D 【解析】《基本农田保护条例》第十条规定：蔬菜生产基地可以划分为基本农田保护区。因此，选项 D 错误。

193. C 194. B 195. A 196. D

197. A 【解析】选项 B 的正确说法是：国家军事设施选址无法避开基本农田，需要占用基本农田的，必须经国务院批准；选项 C 的正确说法是：占用基本农田的单位应当按照县级以上地方人民政府的要求，将所占用基本农田耕作层的土地用于新开垦耕地的土壤改良；选项 D 的正确说法是：经国务院批准占用基本农田的，当地人民政府应当按照国务院的批准文件修改土地利用总体规划，并补充划入数量和质量相当的基本农田。

198. B 199. C 200. D 201. C 202. A

203. C 【解析】《医疗废物管理条例》第十二条：医疗卫生机构和医疗废物集中处置单位，应当对医疗废物进行登记，登记内容应当包括医疗废物的来源、种类、重量或者数量、交接时间、处置方法、最终去向以及经办人签名等项目。登记资料至少保存 3 年。

204. D 205. C 206. A 207. B 208. A 209. D 210. C 211. B 212. D 213. C 214. D 215. D 216. A 217. B 218. B

219. D 【解析】《畜禽规模养殖污染防治条例》第十一条：禁止在下列区域内建设畜禽养殖场、养殖小区：（一）饮用水水源保护区，风景名胜区；（二）自然保护区的核心区和缓冲区；（三）城镇居民区、文化教育科学研究区等人口集中区域；（四）法律、法规规定的其他禁止养殖区域。

220. A 【解析】《畜禽规模养殖污染防治条例》第二十三条：县级以上人民政府环境保护主管部门应当依据职责对畜禽养殖污染防治情况进行监督检查，并加强对畜禽养殖环境污染的监测。

221. A 【解析】《畜禽规模养殖污染防治条例》第二十二条：畜禽养殖场、养殖小区应当定期将畜禽养殖品种、规模以及畜禽养殖废弃物的产生、排放和综合利用等情况，报县级人民政府环境保护主管部门备案。环境保护主管部门应当定期将备案情况抄送同级农牧主管部门。

222. C 【解析】《防治船舶污染海洋环境管理条例》第三十一条：禁止船舶经过中华人民共和国内水、领海转移危险废物。经过中华人民共和国管辖的其他海域转移危险废物的，应当事先取得国务院环境保护主管部门的书面同意，并按照海事管理机构指定的航线航行，定时报告船舶所处的位置。

223. D 【解析】《消耗臭氧层物质管理条例》第二条：本条例所称消耗臭氧层物质，是指对臭氧层有破坏作用并列入《中国受控消耗臭氧层物质清单》的化学品。《中国受控消耗臭氧层物质清单》由国务院环境保护主管部门会同国务院有关部门制定、调整和公布。

224. A 【解析】《消耗臭氧层物质管理条例》中第十条：消耗臭氧层物质的生产、使用单位，应当依照本条例的规定申请领取生产或者使用配额许可证。但是，使用单位有下列情形之一的，不需要申请领取使用配额许可证：（一）维修单位为了维修制冷设备、制冷系统或者灭火系统使用消耗臭氧层物质的；（二）实验室为了实验分析少量使用消耗臭氧层物质的；（三）出入境检验检疫机构为了防止有害生物传入传出使用消耗臭氧层物质实施检疫的；（四）国务院环境保护主管部门规定的不需要申请领取使用配额许可证的其他情形；第十四条规定：消耗臭氧层物质的生产、使用单位需要调整其配额的，应当向国务院环境保护主管部门申请办理配额变更手续；第十五条规定：禁止无生产配额许可证生产消耗臭氧层物质。第十七条规定：消耗臭氧层物质的销售单位，应当按照国务院环境保护主管部门的规定办理备案手续。

225. B 【解析】《消耗臭氧层物质管理条例》第五条：国家逐步削减并最终淘汰作为制冷剂、发泡剂、灭火剂、溶剂、清洗剂、加工助剂、杀虫剂、气雾剂、膨胀剂等用途的消耗臭氧层物质。

226. B 【解析】B选项的正确说法是：在中华人民共和国境内从事消耗臭氧层物质的生产、销售、使用和进出口等活动，适用本条例。前款所称生产，是指制造消耗臭氧层物质的活动。前款所称使用，是指利用消耗臭氧层物质进行的生产经营等活动，不包括使用含消耗臭氧层物质的产品的活动。

227. B 【解析】《消耗臭氧层物质管理条例》第二十七条：县级以上人民政

府环境保护主管部门和其他有关部门进行监督检查，监督检查人员不得少于 2 人，并应当出示有效的行政执法证件。

228．A 【解析】《消耗臭氧层物质管理条例》第二十七条：从事消耗臭氧层物质的生产、销售、使用、回收、再生利用、销毁等经营活动的单位，以及从事含消耗臭氧层物质的制冷设备、制冷系统或者灭火系统的维修、报废处理等经营活动的单位，应当完整保存有关生产经营活动的原始资料至少 3 年，并按照国务院环境保护主管部门的规定报送相关数据。

二、不定项选择题

1．ABD 2．BC

3．BD 【解析】选项 A 的正确说法是：确定总量控制目标和分解总量控制指标的具体办法，由国务院生态环境主管部门会同国务院有关部门规定。选项 C 的正确说法是：国家逐步推行重点大气污染物排污权交易。

4．AC 【解析】选项 A 的正确说法是：县级以上地方人民政府生态环境主管部门负责组织建设与管理本行政区域大气环境质量和大气污染源监测网，开展大气环境质量和大气污染源监测，统一发布本行政区域大气环境质量状况信息。选项 C 的正确说法是：重点排污单位应当安装、使用大气污染物排放自动监测设备，与生态环境主管部门的监控设备联网，保证监测设备正常运行并依法公开排放信息。

5．BD 【解析】选项 A 的正确说法是：限制高硫分、高灰分煤炭的开采。选项 C 的正确说法是：禁止开采含放射性和砷等有毒有害物质超过规定标准的煤炭。

6．BCD 7．ABCD

8．B 【解析】燃煤电厂和其他燃煤单位应当采用清洁生产工艺，配套建设除尘、脱硫、脱硝等装置，或者采取技术改造等其他控制大气污染物排放的措施。

9．ABD 【解析】钢铁、建材、有色金属、石油、化工等企业生产过程中排放粉尘、硫化物和氮氧化物的，应当采用清洁生产工艺，配套建设除尘、脱硫、脱硝等装置，或者采取技术改造等其他控制大气污染物排放的措施。

10．ABCD 【解析】除了上述单位外，《大气污染防治法》规定：储油储气库、加油加气站、原油成品油码头、原油成品油运输船舶和油罐车、气罐车等，应当按照国家有关规定安装油气回收装置并保持正常使用。

11．AD 【解析】选项 B 的正确说法是：工业生产企业应当采取密闭、围挡、遮盖、清扫、洒水等措施，减少内部物料的堆存、传输、装卸等环节产生的粉尘和气态污染物的排放。选项 C 的正确说法是：国家鼓励生产、进口、销售和使用低毒、低挥发性有机溶剂。

12．AC 【解析】选项 A、C 的正确说法是：贮存煤炭、煤矸石、煤渣、煤灰、水泥、石灰、石膏、砂土等易产生扬尘的物料应当密闭；不能密闭的，应当设置不低于堆放物高度的严密围挡，并采取有效覆盖措施防治扬尘污染。

13. AB

14. AB 【解析】选项 A 的正确说法是：省、自治区、直辖市人民政府应当划定区域，禁止露天焚烧秸秆、落叶等产生烟尘污染的物质。选项 B 的正确说法是：禁止在人口集中地区对树木、花草喷洒剧毒、高毒农药。

15. BC 【解析】持久性有机污染物指人类合成的能持久存在于环境中，通过生物食物链（网）累积，并对人类健康造成有害影响的化学物质。它具备四种特性：高毒、持久、生物积累性、亲脂憎水性，而位于生物链顶端的人类，则把这些毒性放大到了 7 万倍，如二噁英。向大气排放持久性有机污染物的企业事业单位和其他生产经营者以及废弃物焚烧设施的运营单位，应当按照国家有关规定，采取有利于减少持久性有机污染物排放的技术方法和工艺，配备有效的净化装置，实现达标排放。

16. ABC 【解析】禁止在人口集中地区和其他依法需要特殊保护的区域内焚烧沥青、油毡、橡胶、塑料、皮革、垃圾以及其他产生有毒有害烟尘和恶臭气体的物质。这里的“其他依法需要特殊保护的区域”包括自然保护区、风景名胜区等。

17. ABC 【解析】禁止在居民住宅楼、未配套设立专用烟道的商住综合楼以及商住综合楼内与居住层相邻的商业楼层内新建、改建、扩建产生油烟、异味、废气的餐饮服务项目。

18. ABD 【解析】国务院生态环境主管部门根据主体功能区划、区域大气环境质量状况和大气污染传输扩散规律，划定国家大气污染防治重点区域，报国务院批准。

19. ABCD 20. AD

21. ACDE 【解析】海洋污染防治不适用本法，在《海洋环境保护法》中另有规定。

22. ABD

23. ACD 【解析】选项 B 的正确说法是：严格控制工业污染、城镇生活污染，防治农业面源污染，积极推进生态治理工程建设。

24. AD

25. BD 【解析】《水污染防治法》第十一条：省、自治区、直辖市人民政府可以对国家水环境质量标准中未作规定的项目，制定地方标准，并报国务院环境保护主管部门备案。该条并未说可以制定严于国家水环境质量标准的地方水环境质量标准。

26. AC

27. AD 【解析】《水污染防治法》第二十一条：直接或者间接向水体排放工业

废水和医疗污水以及其他按照规定应当取得排污许可证方可排放的废水、污水的企业事业单位和其他生产经营者，应当取得排污许可证；城镇污水集中处理设施的运营单位，也应当取得排污许可证。排污许可证应当明确排放水污染物的种类、浓度、总量和排放去向等要求。排污许可的具体办法由国务院规定。禁止企业事业单位和其他生产经营者无排污许可证或者违反排污许可证的规定向水体排放前款规定的废水、污水。

28．BC　【解析】《水污染防治法》第二十四条：实行排污许可管理的企业事业单位和其他生产经营者应当对监测数据的真实性和准确性负责。环境保护主管部门发现重点排污单位的水污染物排放自动监测设备传输数据异常，应当及时进行调查。第二十八条　国务院环境保护主管部门应当会同国务院水行政等部门和有关省、自治区、直辖市人民政府，建立重要江河、湖泊的流域水环境保护联合协调机制，实行统一规划、统一标准、统一监测、统一的防治措施。

29．AB　【解析】《水污染防治法》第三十二条：国务院环境保护主管部门应当会同国务院卫生主管部门，根据对公众健康和生态环境的危害和影响程度，公布有毒有害水污染物名录，实行风险管理。排放前款规定名录中所列有毒有害水污染物的企业事业单位和其他生产经营者，应当对排污口和周边环境进行监测，评估环境风险，排查环境安全隐患，并公开有毒有害水污染物信息，采取有效措施防范环境风险。

30．ABCD　【解析】《水污染防治法》第三十九条：禁止利用渗井、渗坑、裂隙、溶洞，私设暗管，篡改、伪造监测数据，或者不正常运行水污染防治设施等逃避监管的方式排放水污染物。

31．AD　32．AC　33．ABCD

34．ACD　【解析】《水污染防治法》第四十条：化学品生产企业以及工业集聚区、矿山开采区、尾矿库、危险废物处置场、垃圾填埋场等的运营、管理单位，应当采取防渗漏等措施，并建设地下水水质监测井进行监测，防止地下水污染。加油站等的地下油罐应当使用双层罐或者采取建造防渗池等其他有效措施，并进行防渗漏监测，防止地下水污染。

禁止利用无防渗漏措施的沟渠、坑塘等输送或者存贮含有毒污染物的废水、含病原体的污水和其他废弃物。

35．ABD　【解析】人工回灌补给地下水，不得恶化地下水质。

36．BCD　【解析】《水污染防治法》第四十五条：排放工业废水的企业应当采取有效措施，收集和处理产生的全部废水，防止污染环境。含有毒有害水污染物的工业废水应当分类收集和处理，不得稀释排放。工业集聚区应当配套建设相应的污水集中处理设施，安装自动监测设备，与环境保护主管部门的监控设备联网，并保证监测设备正常运行。

37. AC

38. ABCD 【解析】选项A的正确说法是“县级以上地方人民政府组织建设、经济综合宏观调控、环境保护、水行政等部门编制本行政区域的城镇污水处理设施建设规划”。选项B和C属旧法的内容，新法已删除。选项D的正确说法是“城镇污水集中处理设施的运营单位，应当对城镇污水集中处理设施的出水水质负责。环境保护主管部门应当对城镇污水集中处理设施的出水水质和水量进行监督检查”。

39. CD 【解析】选项A和B属旧法的内容。

40. CD 【解析】《水污染防治法》第五十二条：国家支持农村污水、垃圾处理设施的建设，推进农村污水、垃圾集中处理。地方各级人民政府应当统筹规划建设农村污水、垃圾处理设施，并保障其正常运行。

41. AC 42. ABD

43. CD 【解析】选项A的正确说法是：有关地方人民政府应当在饮用水水源保护区的边界设立明确的地理界标和明显的警示标志。选项B的正确说法是：在饮用水水源保护区内，禁止设置排污口。

44. BC 【解析】《水污染防治法》第六十九条：县级以上地方人民政府应当组织环境保护等部门，对饮用水水源保护区、地下水型饮用水水源的补给区及供水单位周边区域的环境状况和污染风险进行调查评估，筛查可能存在的污染风险因素，并采取相应的风险防范措施。选项D的正确说法是：县级以上地方人民政府应当合理安排、布局农村饮用水水源，有条件的地区可以采取城镇供水管网延伸或者建设跨村、跨乡镇联片集中供水工程等方式，发展规模集中供水

45. AC 【解析】《水污染防治法》第七十一条：饮用水供水单位应当做好取水口和出水口的水质检测工作。发现取水口水质不符合饮用水水源水质标准或者出水口水质不符合饮用水卫生标准的，应当及时采取相应措施，并向所在地市、县级人民政府供水主管部门报告。供水主管部门接到报告后，应当通报环境保护、卫生、水行政等部门。饮用水供水单位应当对供水水质负责，确保供水设施安全可靠运行，保证供水水质符合国家有关标准。第七十二条：县级以上地方人民政府应当组织有关部门监测、评估本行政区域内饮用水水源、供水单位供水和用户水龙头出水的水质等饮用水安全状况。县级以上地方人民政府有关部门应当至少每季度向社会公开一次饮用水安全状况信息。

46. ABD 【解析】《水污染防治法》第七十三条：国务院和省、自治区、直辖市人民政府根据水环境保护的需要，可以规定在饮用水水源保护区内，采取禁止或者限制使用含磷洗涤剂、化肥、农药以及限制种植养殖等措施。第七十五条：在风景名胜区水体、重要渔业水体和其他具有特殊经济文化价值的水体的保护区内，不得新建排污口。在保护区附近新建排污口，应当保证保护区水体不受污染。

47. ABCD　48. ABC

49. AD　【解析】禁止在饮用水水源准保护区内新建、扩建对水体污染严重的建设项目；改建建设项目，不得增加排污量。注意区别三句话：“与供水设施和保护水源无关的建设项目”“排放污染物的建设项目”“排放污染物严重的建设项目”，它们在一级、二级、准保护区的应用是不同的。

50. ABD

51. ABCE　【解析】噪声敏感建筑物是指医院、学校、机关、科研单位、住宅等需要保持安静的建筑物。

52. BCDE　【解析】噪声敏感建筑物集中区域是指医疗区、文教科研区和机关或者居民住宅为主的区域。

53. ABC　54. ABC　55. AD　56. ABCD　57. ABC　58. BCD　59. CD　60. BCD　61. AD

62. BD　【解析】选项 A 的正确说法是：禁止在商业经营活动中使用高声广播喇叭或者采用其他发出高噪声的方法招揽顾客；选项 C 的正确说法是：禁止任何单位、个人在城市市区噪声敏感建筑物集中区域内使用高音广播喇叭。

63. ABC　【解析】没有半液态这种说法。

64. BD　【解析】选项 AC 虽然是危险废物的特点，但作为危险废物的定义不够严密。

65. ABD

66. CE　【解析】《固体废物污染环境防治法》第八十九条：液态废物的污染防治，适用本法；但是，排入水体的废水的污染防治适用有关法律，不适用本法。第二条规定：固体废物污染海洋环境的防治和放射性固体废物污染环境的防治不适用本法。

67. ABD　【解析】《固体废物污染环境防治法》第三条：国家对固体废物污染环境的防治，实行减少固体废物的产生量和危害性、充分合理利用固体废物和无害化处置固体废物的原则，促进清洁生产和循环经济发展。“回收利用固体废物”的说法没有错，但不是法中所说的原则。

68. ABC

69. ABC　【解析】因题中有“对暂时不利用或者不能利用的工业固体废物”定义，选项 D 不适合。

70. ABD　71. ABCD　72. BC

73. DE　【解析】产生危险废物的单位，不处置的，由所在地县级以上地方人民政府环境保护行政主管部门责令限期改正。

74. BCD　【解析】《固体废物污染环境防治法》第五十八条：收集、贮存危险废物，必须按照危险废物特性分类进行。禁止混合收集、贮存、运输、处置性质不相容而未经安全性处置的危险废物。禁止将危险废物混入非危险废物中贮存。

75. ABD 【解析】高频考点。对于性质不相容的危险废物，在进行混合收集、贮存、运输或处置前，必须经过安全性处理、处置。如果不采取安全性混合，就可能会使一般废物转化为危险废物，或使危险废物的危害性质更为强烈、严重，或产生新的或更为严重污染环境的危险废物，甚至产生爆炸事故、火灾或其他严重事故。

76. ABC 【解析】从事收集、贮存、处置、利用危险废物经营活动的单位都需经营许可证才能经营，但从事利用危险废物经营活动的单位，必须向国务院生态环境主管部门或者省、自治区、直辖市人民政府生态环境主管部门申请领取经营许可证。

77. ABCD 78. ABCD

79. CD 【解析】《固体废物污染环境防治法》第六十一条：收集、贮存、运输、处置危险废物的场所、设施、设备和容器、包装物及其他物品转作他用时，必须经过消除污染的处理，方可使用。选项 B 中，应急预案只需备案，无需审批。

80. BCD

81. BD 【解析】《固体废物污染环境防治法》第六十四条：在发生或者有证据证明可能发生危险废物严重污染环境、威胁居民生命财产安全时，县级以上地方人民政府环境保护行政主管部门或者其他固体废物污染环境防治工作的监督管理部门必须立即向本级人民政府和上一级人民政府有关行政主管部门报告，由人民政府采取防止或者减轻危害的有效措施。有关人民政府可以根据需要责令停止导致或者可能导致环境污染事故的作业。

82. ABCD 【解析】《土壤污染防治法》第十七条：地方人民政府生态环境主管部门应当会同自然资源主管部门对下列建设用地地块进行重点监测：（一）曾用于生产、使用、贮存、回收、处置有毒有害物质的；（二）曾用于固体废物堆放、填埋的；（三）曾发生过重大、特大污染事故的；（四）国务院生态环境、自然资源主管部门规定的其他情形。

83. AB 【解析】《土壤污染防治法》第十八条：各类涉及土地利用的规划和可能造成土壤污染的建设项目，应当依法进行环境影响评价。环境影响评价文件应当包括对土壤可能造成的不良影响及应当采取的相应预防措施等内容。

84. ABCD 【解析】《土壤污染防治法》第五十四条：对严格管控类农用地地块，地方人民政府农业农村、林业草原主管部门应当采取下列风险管控措施：（一）提出划定特定农产品禁止生产区域的建议，报本级人民政府批准后实施；（二）按照规定开展土壤和农产品协同监测与评价；（三）对农民、农民专业合作社及其他农业生产经营主体进行技术指导和培训；（四）其他风险管控措施。

85．ABCD　【解析】尾矿库运营、管理单位应当按照规定，加强尾矿库的安全管理，采取措施防止土壤污染。危库、险库、病库以及其他需要重点监管的尾矿库的运营、管理单位应当按照规定，进行土壤污染状况监测和定期评估。

86．ABCD　87．ABCD　88．AD　89．ABCD

90．BCD　【解析】选项 A 的正确说法是：禁止毁坏海岸防护设施、沿海防护林、沿海城镇园林和绿地。

91．ABCDE　92．ABCD　93．ABCD　94．BCD

95．ABCD　【解析】《海洋环境保护法》第三十三条：禁止向海域排放油类、酸液、碱液、剧毒废液和高、中水平放射性废水。“向海域排放低水平放射性废水”在《海洋环境保护法》中属“严格限制”，但“高、中水平放射性废水”属禁止行为。

96．BD　97．ACE　98．AD

99．ACD　【解析】选项 B 的正确说法是：海岸工程的环保设施未经环境保护行政主管部门验收，海岸工程建设项目不得投入生产。

100．AC

101．BCD　【解析】《海洋环境保护法》第四十三条：环境影响报告书经海洋行政主管部门提出审核意见后，报环境保护行政主管部门审查批准。也就是说，在环境保护行政主管部门批准海岸工程建设项目环境影响报告书之前，首先要征得海洋行政主管部门的意见。因此，A 不是此题的选项。

102．BCD　103．ABDE　104．ABCD　105．AB　106．ABCD　107．CD

108．CD　【解析】《放射性污染防治法》第四十三条：低、中水平放射性固体废物在符合国家规定的区域实行近地表处置。高水平放射性固体废物实行集中的深地质处置。α 放射性固体废物依照前款规定处置。禁止在内河水域和海洋上处置放射性固体废物。

109．ABCD

110．BCD　【解析】《水法》第三十三条：国家建立饮用水水源保护区制度。省、自治区、直辖市人民政府应当划定饮用水水源保护区，并采取措施，防止水源枯竭和水体污染，保证城乡居民饮用水安全。

111．BCD　112．ABC　113．ABCD　114．AD

115．C　【解析】禁止在饮用水水源保护区内设置排污口。

116．ABCD

117．AD　【解析】在地下水严重超采地区，经省、自治区、直辖市人民政府批准，可以划定地下水禁止开采或者限制开采区。

118．ABD　119．BD

120．AC 【解析】《防沙治沙法》第二十二条：在沙化土地封禁保护区范围内，禁止一切破坏植被的活动。禁止在沙化土地封禁保护区范围内安置移民。未经国务院或者国务院指定的部门同意，不得在沙化土地封禁保护区范围内进行修建铁路、公路等建设活动。

121．BD 122．ABCD

123．ABCD 【解析】《草原法》第十九条：草原保护、建设、利用规划应当包括：草原保护、建设、利用的目标和措施，草原功能分区和各项建设的总体部署，各项专业规划等。第二十条：草原保护、建设、利用规划应当与土地利用总体规划相衔接，与环境保护规划、水土保持规划、防沙治沙规划、水资源规划、林业长远规划、城市总体规划、村庄和集镇规划以及其他有关规划相协调。此题是“草原保护、建设、利用规划应当包括的内容”，而选项E是对内容的具体要求。

124．AB 【解析】《草原法》高频考点。本法第四十六条：禁止开垦草原。对水土流失严重、有沙化趋势、需要改善生态环境的已垦草原，应当有计划、有步骤地退耕还草；已造成沙化、盐碱化、石漠化的，应当限期治理。

125．ABCDE 126．ABCDE

127．ABCD 【解析】《文物保护法》第十七条：文物保护单位的保护范围内不得进行其他建设工程或者爆破、钻探、挖掘等作业。

128．ABD

129．AB 【解析】历年高频考点。全国重点文物保护单位不得拆除，因此，选项D是错误的。

130．CDE 【解析】选项AB是特种用途林。

131．ABCE 【解析】选项D是防护林。

132．ABD 【解析】选项C是防护林，选项E是经济林。

133．BC

134．CD 【解析】高频考点。此题问的是“错误的有”。特种用途林中砍柴是禁止的，自然保护区森林严禁采伐。选项C和D的表达有一定的迷惑性。此题有一定的综合性，要做对这类题必须对禁止行为和采伐森林和林木的各项规定要清楚。

135．AC 【解析】选项B的审核部门应是县级以上人民政府林业主管部门。选项D：进行植树造林恢复森林植被应由林业主管部门统一安排，因为建设单位已缴纳森林植被恢复费。具体原文见第十八条。

136．ABCE

137．BD 【解析】《森林法》第三十一条：防护林和特种用途林中的国防林、母树林、环境保护林、风景林，只准进行抚育和更新性质的采伐；特种用途林中的名胜古迹和革命纪念地的林木、自然保护区的森林，严禁采伐。

138．ABCE 【解析】特种用途林包括：以国防、环境保护、科学实验等为主要目的的森林和林木，包括国防林、实验林、母树林、环境保护林、风景林，名胜古迹和革命纪念地的林木，自然保护区的森林。因此，只有“实验林”没有受到第三十一条的限制。

139．ABCD

140．ACD 【解析】此题把几个法的适用范围放在一起进行比较，有利于考生加强记忆。

《渔业法》第二条：在中华人民共和国的内水、滩涂、领海、专属经济区以及中华人民共和国管辖的一切其他海域从事养殖和捕捞水生动物、水生植物等渔业生产活动，都必须遵守本法。

《海洋保护法》第二条：本法适用于中华人民共和国内水、领海、毗连区、专属经济区、大陆架以及中华人民共和国管辖的其他海域。

《河道管理条例》第二条：本条例适用于中华人民共和国领域内的河道（包括湖泊、人工水道、行洪区、蓄洪区、滞洪区）。

《水污染防治法》第二条：本法适用于中华人民共和国领域内的江河、湖泊、运河、渠道、水库等地表水体以及地下水体的污染防治。

141．ABD 【解析】“大型水利工程设施附近一定距离以内”不得开采矿产资源，但“小型水利工程设施附近一定距离以内”在本法没有明确界定。

142．ABCD

143．AB 【解析】《土地管理法》规定：各省、自治区、直辖市划定的永久基本农田应当占本行政区域内耕地的80%以上。没有对县、地级市作出上述规定，因此CE是错误的。选项D错误在于征用永久基本农田必须国务院批准。

144．ABD 【解析】此题为高频考点。经国务院批准方可征用的土地有：永久基本农田；耕地超35 hm^2；其他土地超70 hm^2。

145．ACDE

146．ABC 【解析】本法规定保护的野生动物，是指珍贵、濒危的陆生、水生野生动物和有重要生态、科学、社会价值的陆生野生动物。

147．ABCD

148．AD 【解析】禁止在相关自然保护区域建设法律法规规定不得建设的项目。机场、铁路、公路、水利水电、围堰、围填海等建设项目的选址选线，应当避让相关自然保护区域、野生动物迁徙洄游通道；无法避让的，应当采取修建野生动物通道、过鱼设施等措施，消除或者减少对野生动物的不利影响。

149．ABCD 【解析】禁止在相关自然保护区域建设法律法规规定不得建设的项目。机场、铁路、公路、水利水电、围堰、围填海等建设项目的选址选线，应当避让相关自然保护区域、野生动物迁徙洄游通道；无法避让的，应当采取修建野生动物通道、过鱼设施等措施，消除或者减少对野生动物的不利影响。

150. AC 151. ABCDE

152. ACD 【解析】选项 B 是城市总体规划的内容。

153. DE 154. ABCD

155. ABCD 【解析】该考点属“掌握”的内容。禁止擅自改变用途的用地较多，多复习练习。该法第三十五条规定：城乡规划确定的铁路、公路、港口、机场、道路、绿地、输配电设施及输电线路走廊、通信设施、广播电视设施、管道设施、河道、水库、水源地、自然保护区、防汛通道、消防通道、核电站、垃圾填埋场及焚烧厂、污水处理厂和公共服务设施的用地以及其他需要依法保护的用地，禁止擅自改变用途。

156. ABD

157. ABC 【解析】“洪水泛滥可能淹没的地区”指防洪区，防洪区是《防洪法》的内容。河道内的航道适用《航道管理条例》。

158. ABCDE

159. A 【解析】《河道管理条例》第十六条：城镇建设和发展不得占用河道滩地。从《河道管理条例》的第二十五条内容看，其他选项的活动必须报经河道主管机关批准。

160. CD 161. ABCDE 162. ABC 163. CDE

164. AB 【解析】选项 D 是核心区所要求的。

165. ABCD 【解析】内部未分区的自然保护区按核心区和缓冲区的规定管理。“采挖草药”是自然保护区内禁止的行为，A、B、D 选项仅是实验区允许的活动。

166. CD 【解析】《自然保护区条例》第三十条：自然保护区的内部未分区的，依照本条例有关核心区和缓冲区的规定管理。

167. ABC 【解析】答案 E 的法律原文是《自然保护区条例》第二十七条：禁止任何人进入自然保护区的核心区。因科学研究的需要，必须进入核心区从事科学研究观测、调查活动的，应当事先向自然保护区管理机构提交申请和活动计划，并经省级以上人民政府有关自然保护区行政主管部门批准；其中，进入国家级自然保护区核心区的，必须经国务院有关自然保护区行政主管部门批准。

168. ABD 【解析】《自然保护区条例》第二十七条：禁止任何人进入自然保护区的核心区。当然，也不能开展旅游和生产经营活动，因此，选项 A 是正确的。第二十八条规定：禁止在自然保护区的缓冲区开展旅游和生产经营活动。第三十二条规定：在自然保护区的核心区和缓冲区内，不得建设任何生产设施。在自然保护区的实验区内，不得建设污染环境、破坏资源或者景观的生产设施。

169. ABCDE 170. ABD

171. ABD 【解析】《风景名胜区条例》第九条：风景名胜区及其外围保护地带内的林木，不分权属都应当按照规划进行抚育管理，不得砍伐。确需进行更新、抚育性采伐的，须经地方主管部门批准。在风景名胜区内采集标本、野生药材和其他林副产品，必须经管理机构同意，并应限定数量，在指定的范围内进行。

172. ABCD 173. ABCDE 174. ACD 175. ABCD 176. BD 177. AD

178. ABD 【解析】《土地复垦条例》第十六条：受重金属污染物或者其他有毒有害物质污染的土地复垦后，达不到国家有关标准的，不得用于种植食用农作物。也就是说土地复垦后如能达到国家有关标准，还是可以用于种植食用农作物的。

179. BCD 180. ABD 181. AC 182. ABCDE 183. ABCDE 184. ABCD 185. AD 186. ABCDE

187. BDE 【解析】选项 A 在《危险化学品安全管理条例》第十条中特别注明。

188. ABC 189. ABCDE 190. ACD

191. ABDE 【解析】选项 C 属建设岸边造船厂、修船厂的要求。《防治海岸工程建设项目污染损害海洋环境管理条例》第十八条：建设岸边油库，应当设置含油废水接收处理设施，库场地面冲刷废水的集接、处理设施和事故应急设施。

192. ABCD 193. ABCD 194. BCDE 195. ABCD

196. C 【解析】禁止进行围填海活动的区域是经济生物的自然产卵场、繁殖场、索饵场、鸟类栖息地。

197. ABD 198. ABD

199. ABD 【解析】《畜禽规模养殖污染防治条例》第十一条：禁止在下列区域内建设畜禽养殖场、养殖小区：（一）饮用水水源保护区，风景名胜区；（二）自然保护区的核心区和缓冲区；（三）城镇居民区、文化教育科学研究区等人口集中区域；（四）法律、法规规定的其他禁止养殖区域。

200. ABCD 201. ABCD

202. ABCD 【解析】《城镇排水与污水处理条例》第四十二条：禁止从事下列危及城镇排水与污水处理设施安全的活动：（一）损毁、盗窃城镇排水与污水处理设施；（二）穿凿、堵塞城镇排水与污水处理设施；（三）向城镇排水与污水处理设施排放、倾倒剧毒、易燃易爆、腐蚀性废液和废渣；（四）向城镇排水与污水处理设施倾倒垃圾、渣土、施工泥浆等废弃物；（五）建设占压城镇排水与污水处理设施的建筑物、构筑物或者其他设施；（六）其他危及城镇排水与污水处理设施安全的活动。

203. ABCD 【解析】《防治船舶污染海洋环境管理条例》第十五条：船舶不得向依法划定的海洋自然保护区、海滨风景名胜区、重要渔业水域以及其他需要特别保护的海域排放船舶污染物。

204. AC 【解析】选项B的正确说法是：从事船舶拆解的单位在船舶拆解作业前，应当对船舶上的残余物和废弃物进行处置，将油舱（柜）中的存油驳出，进行船舶清舱、洗舱、测爆等工作；选项D的正确说法是：禁止采取冲滩方式进行船舶拆解作业。

205. AB 【解析】《防治船舶污染海洋环境管理条例》第二十九条：船舶修造、水上拆解的地点应当符合环境功能区划和海洋功能区划。

206. ACD 【解析】《消耗臭氧层物质管理条例》第二十条：消耗臭氧层物质的生产、使用单位，应当按照国务院环境保护主管部门的规定采取必要的措施，防止或者减少消耗臭氧层物质的泄漏和排放；从事含消耗臭氧层物质的制冷设备、制冷系统或者灭火系统的维修、报废处理等经营活动的单位，应当按照国务院环境保护主管部门的规定对消耗臭氧层物质进行回收、循环利用或者交由从事消耗臭氧层物质回收、再生利用、销毁等经营活动的单位进行无害化处置；从事消耗臭氧层物质回收、再生利用、销毁等经营活动的单位，应当按照国务院环境保护主管部门的规定对消耗臭氧层物质进行无害化处置，不得直接排放。

第二十一条：从事消耗臭氧层物质的生产、销售、使用、回收、再生利用、销毁等经营活动的单位，以及从事含消耗臭氧层物质的制冷设备、制冷系统或者灭火系统的维修、报废处理等经营活动的单位，应当完整保存有关生产经营活动的原始资料至少3年，并按照国务院环境保护主管部门的规定报送相关数据。

207. ABCD 【解析】《消耗臭氧层物质管理条例》第二十六条：县级以上人民政府环境保护主管部门和其他有关部门进行监督检查，有权采取下列措施：（一）要求被检查单位提供有关资料；（二）要求被检查单位就执行本条例规定的有关情况作出说明；（三）进入被检查单位的生产、经营、储存场所进行调查和取证；（四）责令被检查单位停止违反本条例规定的行为，履行法定义务；（五）扣押、查封违法生产、销售、使用、进出口的消耗臭氧层物质及其生产设备、设施、原料及产品。

第七章　环境政策

一、单项选择题（每题的备选选项中，只有一个最符合题意）

1．根据《生态文明体制改革总体方案》，下列（　）不属于健全环境治理体系的内容。

A．完善污染物排放许可制　　B．建立污染防治区域联动机制

C．建立农村环境治理体制机制　　D．推行排污权交易制度

2．根据《生态文明体制改革总体方案》，关于污染防治区域联动机制的说法，错误的是（　）。

A．完善京津冀、长三角、珠三角等重点区域大气污染防治联防联控协作机制

B．在重点区域开展环境保护管理体制创新试点，统一规划、统一标准、统一环评、统一监测、统一执法

C．建立陆海统筹的污染防治机制和重点海域污染物排海总量控制制度

D．完善突发环境事件应急机制，提高与环境风险程度、污染物种类等相匹配的突发环境事件应急处置能力

3．根据《生态文明体制改革总体方案》，关于健全环境信息公开制度的说法，错误的是（　）。

A．建立环境保护网络举报平台和举报制度，健全举报、听证、舆论监督等制度

B．健全环境新闻发言人制度

C．引导人民群众树立环保意识，建立公众参与制度，保障人民群众依法有序行使环境监督权

D．全面推进大气和水等环境信息公开、排污单位环境信息公开

4．根据《生态文明体制改革总体方案》，关于严格实行生态环境损害赔偿制度的说法，错误的是（　）。

A．强化生产者环境保护法律责任，大幅度提高违法成本

B．健全环境损害赔偿方面的法律制度、评估方法和实施机制，对违反环保法律法规的，依法严惩重罚

C．对造成生态环境损害的，由政府据损害程度等因素依法确定赔偿额度

D．对造成严重后果的，依法追究刑事责任

5．根据《生态文明体制改革总体方案》，对于排污权交易制度，根据行业先进排污水平，逐步强化（　）进行总量控制、通过排污权交易获得减排收益的机制。

A．以企业为单元　　B．以事业单位为单元

C．以行政区域为单元　　D．以流域为单元

6．根据《国务院关于加快推进生态文明建设的意见》，关于加快推进生态文明建设中的生态环境质量总体改善目标，说法错误的是（　）。

A．主要污染物排放总量继续减少

B．重要江河湖泊水功能区水质达标率提高到80%以上

C．森林覆盖率达到30%以上

D．大气环境质量、重点流域和近岸海域水环境质量得到改善

7．根据《国务院关于加快推进生态文明建设的意见》，下列（　）不属于“加大自然生态系统和环境保护力度，切实改善生态环境质量”的内容。

A．保护和修复自然生态系统　　B．全面推进污染防治

C．推进节能减排　　D．积极应对气候变化

8．根据《国务院关于加快推进生态文明建设的意见》，下列（　）不属于健全生态文明制度体系的内容。

A．完善生态环境监管制度　　B．严守资源环境生态红线

C．完善科技创新制度　　D．健全法律法规

9．根据《关于划定并严守生态保护红线的若干意见》，下列（　）不属于生态保护红线的范畴。

A．重要水源涵养区　　B．水土流失区

C．海岸生态稳定区　　D．一般滩涂

10．根据《关于划定并严守生态保护红线的若干意见》，关于严守生态保护红线的说法，正确的是（　）。

A．明确划定范围　　B．明确属地管理责任

C．落实生态保护红线边界　　D．有序推进划定工作

11．《全国生态环境保护纲要》中将生态功能保护区分为（　）。

A．陆地重要生态功能保护区和水域重要生态功能保护区

B．重点流域生态功能保护区和重点区域生态功能保护区

C．生态环境安全保护区和重点资源保护功能区

D．国家级生态功能保护区和省级、地（市）级生态功能保护区

12．根据《全国生态环境保护纲要》，下列区域不属于重要生态功能区的是（　）。

A．防风固沙区　　B．农作物种植区

C．江河洪水调蓄区　　D．水土保持重点监督区

13．根据《全国生态环境保护纲要》，符合建立省级生态功能保护区的是（　）重要生态功能区。

A．跨省域的　　B．跨重点流域的

C．跨重点区域的　　D．跨地（市）的

14．根据《全国生态环境保护纲要》，关于重点资源开发的生态环境保护要求，未列入严禁行为的是（　）。

A．在沿海地区采矿　　B．在森林公园内采矿

C．在泥石流易发区采石　　D．向水体倾倒建筑废料

15．根据《全国生态环境保护纲要》，对生态功能保护区应采取的保护措施是（　）。

A．限制一切导致生态功能继续退化的开发活动

B．停止一切产生严重环境污染的工程项目建设

C．控制人口增长，区内人口已超出承载能力的应全部采取移民措施

D．禁止粗放生产经营方式，走生态经济型发展道路，尽快遏制生态环境恶化趋势

16．根据《全国生态环境保护纲要》，跨省域和重点流域、重点区域的重要生态功能区，应建立（　）。

A．省级生态功能保护区　　B．国家级生态功能保护区

C．市级生态功能保护区　　D．县级生态功能保护区

17．根据《全国生态环境保护纲要》，跨地（市）和县（市）的重要生态功能区，应建立（　）。

A．国家级和省级生态功能保护区　　B．地（市）级和县级生态功能保护区

C．省级和地（市）级生态功能保护区　　D．省级和县（市）级生态功能保护区

18．根据《全国生态环境保护纲要》，建设项目确需占用生态用地的，应严格依法报批和补偿，并实行（　）的制度，确保恢复面积不少于占用面积。

A．占一补一　　B．分级审批　　C．分类审批　　D．占一补二

19．根据《全国生态环境保护纲要》，生物物种资源的开发应在保护（　）的前提下进行。

A．物种多样性或确保生物安全　　B．物种多样性和确保生物安全

C．群落完整性和确保生物安全　　D．物种多样性和生境完好性

20．某重要水源涵养区 60%的面积位于甲省、40%的面积位于相邻的乙省。按照《全国生态环境保护纲要》的规定，在该水源涵养区建立生态功能保护区的级别应当是（　）。

A. 县级　　B. 省级　　C. 国家级　　D. 地（市）级

21. 根据《全国生态环境保护纲要》，在重点资源开发的生态环境保护的要求中，未列为被禁止行为的是（　）。

A. 沿江地区采矿　　B. 采集和销售发菜

C. 泥石流易发区采砂　　D. 随意填占溪、河、渠、塘

22. 根据《国家重点生态功能保护区规划纲要》“合理引导产业发展”的主要任务不包括（　）。

A. 推广清洁能源　　B. 发展资源环境可承载的特色产业

C. 限制损害区域生态功能的产业扩张　　D. 禁止在重要防风固沙区发展沙产业

23. 《全国生态脆弱区保护规划纲要》的规划目标是（　）。

A. 到2015年，生态脆弱区新增治理面积达到30%以上

B. 到2020年，生态脆弱区新增治理面积达到40%以上

C. 到2015年，生态脆弱区30%以上土地得到不同程度的治理

D. 到2020年，生态脆弱区40%以上土地得到不同程度的治理

24. 根据《全国生态脆弱区保护规划纲要》，关于规划总体目标的要求，下列说法中，正确的是（　）。

A. 到2015年，生态脆弱区40%以上适宜治理的土地得到不同程度治理

B. 到2015年，生态脆弱区30%以上适宜治理的土地得到不同程度治理

C. 到2020年，生态脆弱区30%以上适宜治理的土地得到不同程度治理

D. 到2020年，生态脆弱区40%以上适宜治理的土地得到不同程度治理

25. 《全国生态脆弱区保护规划纲要》的指导思想包括（　）。

A. 以改善生态系统功能，恢复和改善脆弱生态系统为目标

B. 以维护生态系统完整性，恢复和改善脆弱生态系统为目标

C. 倡导生态文明，积极增进群众参与意识，逐步恢复脆弱区生态系统

D. 倡导生态文明，积极增进群众参与意识，优先恢复脆弱区生态系统

26. 《全国生态脆弱区保护规划纲要》的具体任务不包括（　）。

A. 研究制定生态脆弱区资源开发监管条例

B. 构建生态补偿机制，多渠道筹措脆弱区保护资金

C. 在全国生态脆弱典型区建立长期定位生态监测站

D. 按流域或区域编制生态脆弱区环境友好产业发展规划

27. 根据《全国生态脆弱区保护规划纲要》，全国生态脆弱区保护规划的总体目标之一是：到（　）年，在生态脆弱区建立起比较完善的生态保护与建设的政策保障体系、生态监测预警体系和资源开发监管执法体系。

A. 2010　　B. 2015　　C. 2020　　D. 2025

28．根据《全国生态脆弱区保护规划纲要》，全国生态脆弱区保护规划的总体目标之一是：到 2020 年，生态脆弱区（　）以上适宜治理的土地得到不同程度治理，水土流失得到基本控制，退化生态系统基本得到恢复，生态环境质量总体良好。

A．30%　　B．40%　　C．60%　　D．80%

29．根据《全国生态脆弱区保护规划纲要》，到 2015 年，全国生态脆弱区战略环境影响评价执行率达到（　），新增治理面积达到（　）以上。

A．100%　30%　　B．80%　40%　　C．90%　60%　　D．90%　80%

30．根据《全国生态脆弱区保护规划纲要》，重点生态功能保护区规划和生态脆弱区保护规划共有的原则有（　）。

A．高度重视，精心组织　　B．避免重复，互为补充

C．分区推进，分类指导　　D．统筹规划，分步实施

E．预防为主，保护优先

31．根据《全国主体功能区规划》，按开发方式，该规划将我国国土空间分为（　）主体功能区。

A．国家和省级

B．城市化地区、农产品主产区和重点生态功能区

C．优化开发区域、重点开发区域、限制开发区域和禁止开发区域

D．优化开发区域、限制开发区域和禁止开发区域

32．根据《全国主体功能区规划》，按开发内容，该规划将我国国土空间分为（　）主体功能区。

A．国家和省级

B．城市化地区、农产品主产区和重点生态功能区

C．优化开发区域、重点开发区域、限制开发区域和禁止开发区域

D．城市化地区、农村地区和重点生态功能区

33．根据《全国主体功能区规划》，全国主体功能区规划开发原则中，要按照建设环境友好型社会的要求，根据国土空间的不同特点，以保护自然生态为前提、以（　）为基础进行有度有序开发，走人与自然和谐的发展道路。

A．区域资源环境承载能力和环境容量　　B．水土资源承载能力和环境容量

C．水资源承载能力和环境容量　　D．可持续发展和环境容量

34．根据《全国主体功能区规划》，全国主体功能区规划开发原则中，关于保护自然的有关规定，工业化城镇化开发必须建立在对所在区域资源环境承载能力综合评价的基础上，严格控制在（　）允许的范围内。

A．区域资源环境承载能力和环境容量　B．水土资源承载能力和环境容量

C．水资源承载能力和环境容量　　D．可持续发展和环境容量

35．根据《全国主体功能区规划》，国家优化开发区域的功能定位是（　）。

A．支撑全国经济增长的重要增长极，落实区域发展总体战略、促进区域协调发展的重要支撑点，全国重要的人口和经济密集区

B．提升国家竞争力的重要区域，带动全国经济社会发展的龙头，全国重要的创新区域，我国在更高层次上参与国际分工及有全球影响力的经济区，全国重要的人口和经济密集区

C．保障国家生态安全的重要区域，人与自然和谐相处的示范区

D．我国保护自然文化资源的重要区域，珍稀动植物基因资源保护地

36．根据《全国主体功能区规划》，国家重点开发区域的功能定位是（　）。

A．支撑全国经济增长的重要增长极，落实区域发展总体战略、促进区域协调发展的重要支撑点，全国重要的人口和经济密集区

B．提升国家竞争力的重要区域，带动全国经济社会发展的龙头，全国重要的创新区域，我国在更高层次上参与国际分工及有全球影响力的经济区，全国重要的人口和经济密集区

C．保障国家生态安全的重要区域，人与自然和谐相处的示范区

D．我国保护自然文化资源的重要区域，珍稀动植物基因资源保护地

37．根据《全国主体功能区规划》，国家重点生态功能区的功能定位是（　）。

A．支撑全国经济增长的重要增长极，落实区域发展总体战略、促进区域协调发展的重要支撑点，全国重要的人口和经济密集区

B．提升国家竞争力的重要区域，带动全国经济社会发展的龙头，全国重要的创新区域，我国在更高层次上参与国际分工及有全球影响力的经济区，全国重要的人口和经济密集区

C．保障国家生态安全的重要区域，人与自然和谐相处的示范区

D．我国保护自然文化资源的重要区域，珍稀动植物基因资源保护地

38．根据《全国主体功能区规划》，国家层面主体功能区中禁止开发区域的功能定位是（　）。

A．支撑全国经济增长的重要增长极，落实区域发展总体战略、促进区域协调发展的重要支撑点，全国重要的人口和经济密集区

B．保障农产品供给安全的重要区域，农村居民安居乐业的美好家园，社会主义新农村建设的示范区

C．保障国家生态安全的重要区域，人与自然和谐相处的示范区

D．我国保护自然文化资源的重要区域，珍稀动植物基因资源保护地

39．根据《全国主体功能区划》，国家主体功能区划环境政策中说法错误的是（　）。

A．优化开发区域要实行更严格的污染物排放和环保标准，大幅度减少污染排放

B．重点开发区域要保持环境承载能力，做到增产不增污

C．限制开发区域要坚持保护优先，确保生态功能的恢复和保育

D．禁止开发区域要依法严格保护

40．根据《水污染防治行动计划》，关于水污染防治行动计划的总体要求，说法错误的是（　）。

A．按照“保护优先、预防为主、防治结合、公众参与、污染者担责”原则进行推进水污染防治、水生态保护和水资源管理

B．坚持政府市场协同，注重改革创新

C．坚持全面依法推进，实行最严格环保制度

D．坚持落实各方责任，严格考核问责

41．根据《水污染防治行动计划》，关于水污染防治行动计划的工作目标，说法正确的是（　）。

A．到 2020 年，力争全国水环境质量总体改善，水生态系统功能初步恢复

B．到 2030 年，全国水环境质量得到阶段性改善，污染严重水体较大幅度减少，饮用水安全保障水平持续提升

C．到 2040 年，生态环境质量全面改善，生态系统实现良性循环

D．到 2020 年，地下水超采得到严格控制，地下水污染加剧趋势得到初步遏制，近岸海域环境质量稳中趋好，京津冀、长三角、珠三角等区域水生态环境状况有所好转

42．根据《水污染防治行动计划》，到 2020 年，长江、黄河、珠江、松花江、淮河、海河、辽河等七大重点流域水质优良（达到或优于Ⅲ类）比例总体达到（　）。

A．60%以上　　B．70%以上　　C．75%以上　　D．80%以上

43．根据《水污染防治行动计划》，到 2030 年，全国七大重点流域水质优良比例总体达到（　）。

A．60%以上　　B．70%以上　　C．75%以上　　D．80%以上

44．根据《水污染防治行动计划》，关于全面控制污染物排放的说法，正确的是（　）。

A．2017 年底前，工业集聚区应按规定建成污水集中处理设施，并安装自动在线监控装置

B．现有城镇污水处理设施，应于 2017 年底前全面达到一级 A 排放标准

C．到 2030 年，全国所有县城和重点镇具备污水收集处理能力，县城、城市污水处理率分别达到 85%、95%左右

D．到 2020 年，直辖市、省会城市、计划单列市建成区污水基本实现全收集、全

处理

45．根据《水污染防治行动计划》，下列（　）不是全面控制污染物排放的工作。

A．狠抓工业污染防治　　B．强化城镇生活污染治理

C．推进农业农村污染防治　　D．着力节约保护水资源

46．根据《水污染防治行动计划》，下列（　）不是推进农业农村污染防治的内容。

A．防治畜禽养殖污染　　B．控制农业面源污染

C．严格农业环境准入　　D．调整种植业结构与布局

47．根据《水污染防治行动计划》，不属于推动经济结构转型的工作是（　）。

A．优化空间布局　　B．提高用水效率

C．调整产业结构　　D．推进循环发展

48．根据《水污染防治行动计划》，关于加强水环境管理的说法，错误的是（　）。

A．强化环境质量目标管理　　B．深化污染物排放总量控制

C．严格环境风险控制　　D．逐步推行排污许可

49．根据《水污染防治行动计划》，关于全力保障水生态环境安全的内容，说法错误的是（　）。

A．保障饮用水水源安全　　B．深化重点流域污染防治

C．全面整治黑臭水体　　D．保护水和湿地生态系统

50．根据《水污染防治行动计划》，关于强化公众参与和社会监督的内容，说法错误的是（　）。

A．依法公开环境信息　　B．加强部门协调联动

C．加强社会监督　　D．构建全民行动格局

51．根据《土壤污染防治行动计划》，下列哪个（　）不属于按污染程度将农用地划分的类别。

A．优先保护类　　B．安全利用类

C．严格管控类　　D．禁止类

52．根据《土壤污染防治行动计划》，关于加强未利用地环境管理的说法，错误的是（　）。

A．拟开发为农用地的，有关县（市、区）政府要组织开展土壤环境质量状况评估

B．各地要加强纳入耕地后备资源的未利用地保护，定期开展巡查

C．依法严查向沙漠、滩涂、盐碱地、沼泽地等非法排污、倾倒有毒有害物质的环境违法行为

D．加强对矿山、油田等矿产资源开采活动影响区域内未利用地的环境监管，发现土壤污染问题的，要及时督促有关企业采取防治措施

53．根据《土壤污染防治行动计划》，关于加强污染源监管，做好土壤污染预防工作中严控工矿污染的有关要求，说法错误的是（　）。

A．有重点监管尾矿库的企业要开展环境风险评估，完善污染治理设施，储备应急物资

B．工矿企业每年要自行对其用地进行土壤环境监测，结果向社会公开

C．有色金属冶炼、石油加工、化工、焦化、电镀、制革等行业企业拆除生产设施设备、构筑物和污染治理设施，要事先制定土壤残留污染物清理和安全处置方案，并报所在地县级环境保护、工业和信息化部门备案

D．对电子废物、废轮胎、废塑料等再生利用活动进行清理整顿，引导有关企业采用先进适用加工工艺、集聚发展，集中建设和运营污染治理设施，防止污染土壤和地下水

54．根据《土壤污染防治行动计划》，关于明确治理与修复主体的说法，错误的是（　）。

A．按照"谁污染，谁治理"原则，造成土壤污染的单位或个人要承担治理与修复的主体责任

B．土地使用权依法转让的，由土地使用权受让人或双方约定的责任人承担相关责任

C．责任主体灭失或责任主体不明确的，由所在地县级人民政府依法承担相关责任

D．责任主体发生变更的，由变更前继承其债权、债务的单位或个人承担相关责任

55．根据《土壤污染防治行动计划》，关于强化治理与修复工程监管的说法，错误的是（　）。

A．土壤治理与修复工程只能在原址进行，并采取必要措施防止污染土壤挖掘、堆存等造成二次污染

B．土壤治理与修复工程需要转运污染土壤的，有关责任单位要将运输时间、方式、线路和污染土壤数量、去向、最终处置措施等，提前向所在地和接收地环境保护部门报告

C．土壤治理与修复工程完工后，责任单位要委托第三方机构对治理与修复效果进行评估，结果向社会公开

D．实行土壤污染治理与修复终身责任制

56．根据《工矿用地土壤环境管理办法（试行）》，关于工矿用地土壤环境重点监管单位污染防控的有关规定，错误的是（　）。

A．重点单位新、改、扩建项目，应当在开展建设项目环境影响评价时，按照

国家有关技术规范开展工矿用地土壤和地下水环境现状调查，编制调查报告，并按规定上报环境影响评价基础数据库

B. 重点单位新、改、扩建项目用地应当符合国家或者地方有关建设用地土壤污染风险管控标准

C. 重点单位通过新、改、扩建项目的土壤和地下水环境现状调查，发现项目用地污染物含量超过国家或者地方有关建设用地土壤污染风险筛选标准的，土地使用权人或者污染责任人应当参照污染地块土壤环境管理有关规定开展详细调查、风险评估、风险管控、治理与修复等活动

D. 重点单位建设涉及有毒有害物质的生产装置、储罐和管道，或者建设污水处理池、应急池等存在土壤污染风险的设施，应当按照国家有关标准和规范的要求，设计、建设和安装有关防腐蚀、防泄漏设施和泄漏监测装置，防止有毒有害物质污染土壤和地下水

57. 根据《工矿用地土壤环境管理办法（试行）》，关于工矿用地土壤环境重点监管单位污染防控的有关规定，错误的是（　）。

A. 重点单位应当建立土壤和地下水污染隐患排查治理制度，定期对重点区域、重点设施开展隐患排查。发现污染隐患的，应当及时制定整改方案，及时采取技术、管理措施消除隐患。隐患排查、治理情况应当如实记录并建立档案

B. 重点单位应当按照相关技术规范要求，自行或者委托第三方定期开展土壤和地下水监测，重点监测存在污染隐患的区域和设施周边的土壤、地下水，并按照规定公开相关信息

C. 重点单位在隐患排查、监测等活动中发现工矿用地土壤和地下水存在污染迹象的，应当排查污染源，查明污染原因，采取措施防止新增污染，并参照污染地块土壤环境管理有关规定及时开展土壤和地下水环境调查与风险评估，根据调查与风险评估结果采取风险管控或者治理与修复等措施

D. 重点单位拆除涉及有毒有害物质的生产设施设备、构筑物和污染治理设施的，应当按照有关规定，事先制定企业拆除活动污染防治方案，并在拆除活动前十个工作日报所在地县级生态环境主管部门备案

58. 根据《污染地块土壤环境管理办法》，以下说法错误的是（　）。

A. 按照国家技术规范确认超过有关土壤环境标准的疑似污染地块，称为污染地块

B. 疑似污染地块，是指从事过有色金属冶炼、石油加工、化工、焦化、电镀、制革等行业生产经营活动，以及从事过危险废物贮存、利用、处置活动的用地

C. 疑似污染地块和污染地块相关活动，是指对疑似污染地块开展的土壤环境初

步调查活动，以及对污染地块开展的土壤环境详细调查、风险评估、风险管控、治理与修复及其效果评估等活动

D. 地方各级政府负责本行政区域内的疑似污染地块和污染地块相关活动的监督管理

59. 根据《污染地块土壤环境管理办法》，污染地块（ ）应当根据风险评估结果，并结合污染地块相关开发利用计划，有针对性地实施风险管控。

A. 土壤污染责任人　　B. 第三方机构

C. 土地使用权人　　D. 所在地县级人民政府

60. 根据《污染地块土壤环境管理办法》，对拟开发利用为居住用地和商业、学校、医疗、养老机构等公共设施用地的污染地块，实施以（ ）为目的的风险管控。

A. 安全利用　B. 防止污染扩散　C. 污染治理与修复　D. 预防

61. 根据《污染地块土壤环境管理办法》，关于污染地块土壤环境管理中风险管控的说法，正确的是（ ）。

A. 对暂不开发利用的污染地块，实施以安全利用为目的的风险管控

B. 对拟开发利用为居住用地和商业、学校、医疗、养老机构等公共设施用地的污染地块，实施以防止污染扩散为目的的风险管控

C. 污染地块土地使用权人应当根据风险评估结果，并结合污染地块相关开发利用计划，有针对性地实施风险管控

D. 所在地县级人民政府应当按照国家有关环境标准和技术规范，编制风险管控方案，及时上传污染地块信息系统，并将方案主要内容通过其网站等便于公众知晓的方式向社会公开

62. 根据《污染地块土壤环境管理办法》，污染地块土地使用权人应当按照国家有关环境标准和技术规范，编制风险管控方案，及时上传污染地块信息系统，同时抄送（ ），并将方案主要内容通过其网站等便于公众知晓的方式向社会公开。

A. 所在地环境保护主管部门　　B. 所在地县级人民政府

C. 所在地土地主管部门　　D. 所在地镇级以上人民政府

63. 根据《污染地块土壤环境管理办法》，下列关于土地使用权人按照风险管控方案要求采取的措施，说法错误的是（ ）。

A. 及时移除或者清理污染源

B. 发现污染扩散的，及时采取有效补救措施

C. 采取污染隔离、阻断等措施，防止污染扩散

D. 开展土壤环境监测

64. 根据《污染地块土壤环境管理办法》，对暂不开发利用的污染地块，由（ ）配合有关部门提出划定管控区域的建议，报（ ）批准后设立标识、发布

公告，并组织开展土壤、地表水、地下水、空气环境监测。

A. 土地使用权人，所在地县级环境保护主管部门

B. 土地使用权人，同级人民政府

C. 所在地县级环境保护主管部门，同级人民政府

D. 所在地环境保护主管部门，同级人民政府

65. 根据《农用地土壤环境管理办法》，下列农用地土壤污染预防的有关规定，说法错误的是（ ）。

A. 排放污染物的企业事业单位和其他生产经营者应当采取有效措施，确保废水、废气排放和固体废物处理、处置符合国家有关规定要求，防止对周边农用地土壤造成污染

B. 从事固体废物和化学品储存、运输、处置的企业，应当采取措施防止固体废物和化学品的泄露、渗漏、遗撒、扬散污染农用地

C. 县级以上地方环境保护主管部门应当加强对企业事业单位和其他生产经营者排污行为的监管，将土壤污染防治作为环境执法的重要内容

D. 县级以上地方环境保护主管部门应当根据本行政区域内工矿企业分布和污染排放情况，确定土壤环境重点监管企业名单，上传农用地环境信息系统，实行动态更新，并向社会公布

66. 根据《农用地土壤环境管理办法》，下列农用地土壤污染预防的有关规定，说法错误的是（ ）。

A. 从事规模化畜禽养殖和农产品加工的单位和个人，应当按照相关规范要求，确定废物无害化处理方式和消纳场地

B. 县级以上地方农业主管部门应当依据法定职责加强畜禽养殖污染防治工作，指导畜禽养殖废弃物综合利用，防止畜禽养殖活动对农用地土壤环境造成污染

C. 县级以上地方农业主管部门应当加强农用地土壤污染防治知识宣传，提高农业生产者的农用地土壤环境保护意识，引导农业生产者合理使用肥料、农药、兽药、农用薄膜等农业投入品，根据科学的测土配方进行合理施肥，鼓励采取种养结合、轮作等良好农业生产措施

D. 禁止在农用地排放、倾倒、使用污泥、清淤底泥、尾矿（渣）等可能对土壤造成污染的固体废物。禁止在农用地排放、倾倒、使用污泥、清淤底泥、尾矿（渣）等可能对土壤造成污染的固体废物

67. 根据《国务院办公厅关于推进城镇人口密集区危险化学品生产企业搬迁改造的指导意见》，下列关于城镇人口密集区危险化学品生产企业强化搬迁改造环保管理的有关规定，说法错误的是（ ）。

A. 要加强腾退土地污染风险管控和治理修复，确保腾退土地符合规划用地土壤

环境质量标准

B．搬迁改造企业拆除危险化学品生产装置、构筑物和防污染设施，要事先制定废弃危险化学品、残留污染物清理和安全处置方案，采取切实有效措施，防范拆除活动造成人员伤亡和环境污染

C．地方各级人民政府要加强项目审批、选址、安全、环保等管理措施，严格限制搬迁改造企业在原址新建、扩建危险化学品项目

D．要加强剧毒化学品、易制爆化学品安全管理，严防丢失被盗

68．根据《关于做好生物多样性保护优先区域有关工作的通知》，关于加强优先区域监管的说法，错误的是（　）。

A．优先区域内新增规划和项目的环境影响评价要将生物多样性影响评价作为重要内容

B．新增项目选址要尽可能避开生态敏感区及重要物种栖息地，针对可能对生物多样性造成的不利影响，提出相关保护与恢复措施

C．优先区域内要优化城镇开发建设活动的规模、结构和布局，禁止高耗能、高排放行业发展

D．城镇绿化应优先选用本地物种资源，科学规范外来物种引进，防止外来物种入侵

69．《产业结构调整指导目录（2019 年本）》的分类类别不包括（　）。

A．鼓励类　　B．禁止类　　C．限制类　　D．淘汰类

70．根据《国家危险废物名录》，下列哪种情形（　）的固体废物不列入本名录。

A．腐蚀性　　B．反应性　　C．易燃性　　D．易爆性

71．根据《国家危险废物名录》，关于危险废物范围的原则规定，下列说法中，正确的是（　）。

A．医疗废物不属于危险废物

B．国家危险废物名录仅包括具有危险特性的固体废物

C．家庭日常生活中产生的废镍镉电池和氧化汞电池应按照危险废物全程进行管理

D．危险废物和非危险废物混合物的性质判定，按照国家危险废物鉴别标准执行

72．未被列入《国家危险废物名录》的废物有（　）。

A．电站锅炉粉煤灰　　B．生活垃圾焚烧飞灰

C．废矿物油　　D．医疗废物

73．根据《国家危险废物名录》，关于危险废物豁免的说法，错误的是（　）。

A．列入名录中《危险废物豁免管理清单》中的危险废物不属于危险废物

B. 列入名录中《危险废物豁免管理清单》的危险废物，在所列的豁免环节，且满足相应的豁免条件时，可以按照豁免内容的规定实行豁免管理

C. 生活垃圾焚烧飞灰在满足《生活垃圾填埋场污染控制标准》(GB 16889—2008)中的相关要求下，进入生活垃圾填埋场填埋，填埋过程不按危险废物管理

D. 废弃的含油抹布、劳保用品混入生活垃圾时，全过程不按危险废物管理

74. 根据《国家危险废物名录》，对不明确是否具有危险特性的固体废物，应当（　）予以认定。

A. 由国家环境保护主管部门

B. 按照国家规定的危险废物鉴别标准和鉴别方法予以认定

C. 由省级以上环境保护主管部门

D. 由省级以上环境保护检测机构

75. 根据《“十三五”挥发性有机物污染防治工作方案》，到2020年，建立健全以改善环境空气质量为核心的VOCs污染防治管理体系，实施重点地区、重点行业VOCs污染减排，排放总量下降（　）以上。

A. 5%　　B. 10%　　C. 20%　　D. 30%

76. 根据《“十三五”挥发性有机物污染防治工作方案》，关于该工作方案的主要目标说法，错误的是（　）。

A. 到2020年，建立健全以改善环境空气质量为核心的VOCs污染防治管理体系

B. 到2020年，实施重点地区、重点行业VOCs污染减排，排放总量下降10%以上

C. 到2020年，通过与NO_x等污染物的协同控制，实现环境空气质量持续改善

D. 到2020年，实施重点行业VOCs污染减排，排放总量下降20%以上

77. 根据《“十三五”挥发性有机物污染防治工作方案》，关于建设项目环境准入的有关任务要求，说法错误的是（　）。

A. 提高VOCs排放重点行业环保准入门槛，严格控制新增污染物排放量

B. 重点地区要禁止石化、化工、包装印刷、工业涂装等高VOCs排放建设项目

C. 新建涉VOCs排放的工业企业要入园区

D. 未纳入《石化产业规划布局方案》的新建炼化项目一律不得建设

78. 根据《“十三五”挥发性有机物污染防治工作方案》，关于建设项目环境准入的有关任务要求，说法正确的是（　）。

A. 提高VOCs排放重点行业环保准入门槛，禁止新增污染物排放量

B. 重点地区要严格限制石化、化工、包装印刷、工业涂装、有色金属等高VOCs排放建设项目

C. 新、改、扩建涉VOCs排放的工业企业要入园区

D. 新、改、扩建涉VOCs排放项目，应从源头加强控制，使用低（无）VOCs

含量的原辅材料，加强废气收集，安装高效治理设施

79．根据《“十三五”挥发性有机物污染防治工作方案》，关于石化行业挥发性有机物污染防治的有关要求，说法错误的是（　）。

A．全面实施石化行业达标排放

B．在确保安全前提下，非正常工况排放的有机废气严禁直接排放，需全部通过火炬系统处理后达标排放，禁止熄灭火炬长明灯

C．对事故工况，企业应开展事后评估并及时向当地环境保护主管部门报告

D．加强操作管理，减少非计划停车及事故工况发生频次

80．根据《“十三五”挥发性有机物污染防治工作方案》，关于包装印刷行业挥发性有机物污染防治的有关要求，说法错误的是（　）。

A．大力推广使用水性、大豆基、能量固化等低（无）VOCs 含量的油墨和低（无）VOCs 含量的胶粘剂、清洗剂、润版液、洗车水、涂布液，到 2019 年底前，低（无）VOCs 含量绿色原辅材料替代比例不低于 60%

B．对油墨、胶粘剂等有机原辅材料调配和使用等，要采取车间环境负压改造、安装高效集气装置等措施，有机废气收集率达到 80%以上

C．对转运、储存等，要采取密闭措施，减少无组织排放

D．对烘干过程，要采取循环风烘干技术，减少废气排放

81．根据《全国海洋主体功能区规划》，海洋主体功能区按开发内容分类不包括（　）。

A．产业与城镇建设　　B．农渔业生产

C．生态环境服务　　D．优化开发区域

82．根据《全国海洋主体功能区规划》，海洋主体功能区依据主体功能，海洋空间划分不包括（　）。

A．优化开发区域　　B．重点开发区域

C．限制开发区域　　D．生态环境服务

83．根据《全国海洋主体功能区规划》，关于内水和领海主体功能区限制开发区域管理的有关要求的说法，错误的是（　）。

A．在海洋渔业保障区，实施禁渔区、休渔期管制，加强水产种质资源保护，禁止开展对海洋经济生物繁殖生长有较大影响的开发活动

B．在海洋特别保护区，限制在无居民海岛弃置或者向其周边海域倾倒废水和固体废物

C．在海岛及其周边海域，禁止以建设实体坝方式连接岛礁，严格限制无居民海岛开发和改变海岛自然岸线的行为

D．在海洋特别保护区，严格限制不符合保护目标的开发活动，不得擅自改变海

岸、海底地形地貌及其他自然生态环境状况

84．根据《全国海洋主体功能区规划》，关于内水和领海主体功能区禁止开发区中海洋自然保护区管理的有关要求的说法，错误的是（　）。

A．对海洋自然保护区依法实行保护，实施分类管理

B．在保护区核心区和缓冲区内不得开展任何与保护无关的工程建设活动，海洋基础设施建设原则上不得穿越保护区，涉及保护区的航道、管线和桥梁等基础设施经严格论证并批准后方可实施

C．对具有特殊保护价值的海岛、海域等，要依法设立海洋自然保护区或扩大现有保护区面积

D．在保护区内开展科学研究，要合理选择考察线路

85．根据《中共中央　国务院关于全面加强生态环境保护坚决打好污染防治攻坚战的意见》，关于坚决打赢蓝天保卫战中加强工业企业大气污染综合治理的有关要求，说法错误的是（　）。

A．强化工业企业无组织排放管理，推进挥发性有机物排放综合整治，开展大气氨排放控制试点。到2020年，挥发性有机物排放总量比2015年下降10%以上

B．重点区域和大气污染严重城市加大钢铁、铸造、炼焦、建材、电解铝等产能压减力度，实施大气污染物特别排放限值。加大排放高、污染重的煤电机组淘汰力度，在重点区域加快推进

C．到2020年，燃煤电厂全部完成超低排放改造，不具备改造条件的高污染燃煤电厂逐步关停。推动钢铁等行业超低排放改造

D．坚决关停用地、工商手续不全并难以通过改造达标的企业，限期治理可以达标改造的企业，逾期依法一律关停

86．根据《中共中央　国务院关于全面加强生态环境保护坚决打好污染防治攻坚战的意见》，关于坚决打赢蓝天保卫战中大力推进煤炭治理和煤炭消费减量替代的有关要求，说法错误的是（　）。

A．鼓励余热、浅层地热能等清洁能源取暖。加强煤层气（煤矿瓦斯）综合利用，实施生物天然气工程

B．到2020年，京津冀及周边、汾渭平原的平原地区基本完成生活和冬季取暖散煤替代

C．重点区域基本淘汰每小时30蒸吨以下燃煤锅炉。推广清洁高效燃煤锅炉

D．加快重点输电通道建设，提高重点区域接受外输电比例。因地制宜、加快实施北方地区冬季清洁取暖五年规划

87．根据《中共中央　国务院关于全面加强生态环境保护坚决打好污染防治攻坚战的意见》，关于着力打好碧水保卫战的有关要求，说法错误的是（　）。

A．加强水源水、出厂水、管网水、末梢水的全过程管理。单一水源供水的地级及以上城市应当建设应急水源或备用水源。定期监（检）测、评估集中式饮用水水源、供水单位供水和用户水龙头水质状况，县级及以上城市至少每季度向社会公开一次

B．加强城市初期雨水收集处理设施建设，有效减少城市面源污染。到 2020 年，地级及以上城市建成区黑臭水体消除比例达 90%以上。鼓励京津冀、长三角、珠三角区域城市建成区尽早全面消除黑臭水体

C．优化长江经济带产业布局和规模，严禁污染型产业、企业向上中游地区转移。排查整治入河入湖排污口及不达标水体，市、县级政府制定实施不达标水体限期达标规划。到 2020 年，长江流域基本消除劣Ⅴ类水体

D．到 2020 年，全国畜禽粪污综合利用率达到 70%以上，规模养殖场粪污处理设施装备配套率达到 90%以上

88．根据《国务院关于印发打赢蓝天保卫战三年行动计划的通知》，关于打赢蓝天保卫战三年行动计划的目标指标，说法错误的是（　）。

A．到 2020 年，二氧化硫、氮氧化物排放总量分别比 2015 年下降 15%以上

B．尚未完成的，要确保全面实现“十三五”约束性目标；北京市环境空气质量改善目标应在“十三五”目标基础上进一步提高

C．$PM_{2.5}$ 未达标地级及以上城市浓度比 2015 年下降 18%以上，地级及以上城市空气质量优良天数比率达到 80%，重度及以上污染天数比率比 2015 年下降 20%以上

D．提前完成“十三五”目标任务的省份，要保持和巩固改善成果

89．根据《国务院关于印发打赢蓝天保卫战三年行动计划的通知》，关于调整优化产业结构，推进产业绿色发展的有关要求，说法错误的是（　）。

A．各地完成生态保护红线、环境质量底线、资源利用上线、环境准入清单编制工作，明确禁止和限制发展的行业、生产工艺和产业目录。修订完善高耗能、高污染和资源型行业准入条件，环境空气质量未达标城市应制订更严格的产业准入门槛

B．加快重污染企业搬迁改造或关闭退出，推动实施一批水泥、平板玻璃、焦化、化工等重污染企业搬迁工程；城市钢铁企业要切实采取彻底关停、转型发展、就地改造、域外搬迁等方式，推动转型升级

C．重点区域禁止新增化工园区，加大现有化工园区整治力度。各地已明确的退城企业，要明确时间表，逾期不退城的予以停产

D．积极推行区域、规划环境影响评价，新、改、扩建钢铁、石化、化工、焦化、建材、有色等项目的环境影响评价，应满足区域、规划环评要求

90．根据《国务院关于印发打赢蓝天保卫战三年行动计划的通知》，关于调整

优化产业结构，推进产业绿色发展的有关要求，说法错误的是（　）。

A. 重点区域严禁新增钢铁、焦化、电解铝、铸造、水泥和平板玻璃等产能；严格执行钢铁、水泥、平板玻璃等行业产能置换实施办法；新、改、扩建涉及大宗物料运输的建设项目，不得采用公路运输

B. 重点区域二氧化硫、氮氧化物、颗粒物、挥发性有机物（VOCs）全面执行大气污染物特别排放限值。推动实施钢铁等行业超低排放改造，重点区域城市建成区内焦炉实施炉体加罩封闭，并对废气进行收集处理

C. 根据产业政策、产业布局规划，以及土地、环保、质量、安全、能耗等要求，制定“散乱污”企业及集群整治标准

D. 对开发区、工业园区、高新区等进行集中整治，限期进行达标改造，减少工业集聚区污染。完善园区集中供热设施，积极推广集中供热。工业集聚区建设集中喷涂工程中心，配备高效治污设施，替代企业独立喷涂工序

91. 根据《国务院关于印发打赢蓝天保卫战三年行动计划的通知》，关于加快调整能源结构，构建清洁低碳高效能源体系的有关要求，说法错误的是（　）。

A. 力争2020年天然气占能源消费总量比重达到10%。新增天然气量优先用于城镇居民和大气污染严重地区的生活和冬季取暖散煤替代，重点支持京津冀及周边地区和汾渭平原，实现“增气减煤”

B. 按照煤炭集中使用、清洁利用的原则，重点削减非电力用煤，提高电力用煤比例，2020年全国电力用煤占煤炭消费总量比重达到55%以上

C. 县级及以上城市建成区基本淘汰每小时10蒸吨及以下燃煤锅炉及茶水炉、经营性炉灶、储粮烘干设备等燃煤设施，原则上不再新建每小时35蒸吨以下的燃煤锅炉，其他地区原则上不再新建每小时10蒸吨以下的燃煤锅炉

D. 重点区域基本淘汰每小时35蒸吨以下燃煤锅炉，每小时60蒸吨及以上燃煤锅炉，全部完成节能和超低排放改造；燃气锅炉基本完成低氮改造；生物质锅炉实施超低排放改造

92. 根据《农村农业污染治理攻坚战行动计划》，关于着力解决养殖业污染的有关要求，说法错误的是（　）。

A. 优化调整畜禽养殖布局，推进畜禽养殖标准化示范创建升级，带动畜牧业绿色可持续发展。引导生猪生产向粮食主产区和环境容量大的地区转移。推广节水、节料等清洁养殖工艺和干清粪、微生物发酵等实用技术，实现源头减量

B. 鼓励和引导第三方处理企业将养殖场户畜禽粪污进行专业化集中处理。加强畜禽粪污资源化利用技术集成，因地制宜推广粪污全量收集还田利用等技术模式。到2020年，全国畜禽粪污综合利用率达到75%以上

C. 到2019年，大型规模养殖场实现粪污处理设施装备全配套；到2020年，所有

规模养殖场粪污处理设施装备配套率达到 95%以上

D．禁止河流、近岸海域投饵网箱养殖。推进以黄河为重点的水生生物保护行动，修复水生生态环境，加强水域环境监测

93．根据《农村农业污染治理攻坚战行动计划》，关于有效防控种植业污染的有关要求，说法错误的是（　）。

A．到 2020 年，全国主要农作物化肥农药使用量实现负增长，化肥、农药利用率均达到 40%以上，测土配方施肥技术覆盖率达到 90%以上，全国主要农作物绿色防控覆盖率达到 30%以上、主要农作物病虫害专业化统防统治覆盖率达到 40%以上，鄱阳湖和洞庭湖周边地区化肥、农药使用量比 2015 年减少 10%以上

B．重点区域建立网格化监管制度，在夏收和秋收阶段加大监管力度。到 2020 年，全国秸秆综合利用率达到 80%以上，全国农膜回收率达到 80%以上

C．到 2020 年，基本完成大型灌区、重点中型灌区续建配套和节水改造任务，农业灌溉用水量控制在 3 720 亿 m^3 以内，农田灌溉水有效利用系数达到 0.55 以上，有效减少农田退水对水体的污染

D．以耕地重金属污染问题突出区域和铅、锌、铜等有色金属采选及冶炼集中区域为重点，聚焦涉镉等重金属重点行业企业，开展排查整治行动，切断污染物进入农田的途径

94．根据《关于加强涉重金属行业污染防控的意见》，关于涉重金属行业污染防控的目标任务和工作重点的说法，错误的是（　）。

A．进一步遏制“血铅事件”、粮食镉超标风险；建立企事业单位重金属污染物排放总量控制制度

B．进一步聚焦铅锌矿采选、铜矿采选以及铅锌冶炼、铜冶炼等涉铅、涉铜行业

C．进一步聚焦铅、镉减排，在各重点重金属污染物排放量下降前提下，原则上优先削减铅、镉

D．进一步聚焦群众反映强烈的重金属污染区域

95．根据《关于加强涉重金属行业污染防控的意见》，以下行业（　）不属于涉重金属重点行业的是（　）。

A．铜采选业　　B．镍钴冶炼业　　C．电池制造业　　D．电镀行业

96．根据《关于加强涉重金属行业污染防控的意见》，以下哪种金属（　）不属于重点重金属。

A．铅　　B．汞　　C．铜　　D．镉

97．根据《关于加强涉重金属行业污染防控的意见》，关于严格环境准入的有关要求的说法，错误的是（　）。

A．新、改、扩建涉重金属重点行业建设项目必须遵循重点重金属污染物排放“减

量置换”或“等量替换”的原则，应在本省（区、市）行政区域内有明确具体的重金属污染物排放总量来源

B. 对全口径清单内的企业落实减排措施和工程削减的重点重金属污染物排放量，经监测并可核实的，可作为涉重金属行业新、改、扩建企业重金属污染物排放总量的来源

C. 实施总量替代的，其替代方案应纳入全口径清单企业信息

D. 严禁在优先保护类耕地集中区域新、改、扩建增加重金属污染物排放的项目

98. 以下选项不属于大气污染防治重点区域的是（ ）。

A. 京津冀及周边地区　　B. 长三角地区

C. 汾渭平原　　D. 华北平原

99. 以下不属于《工业炉窑大气污染综合治理方案》基本原则的是（ ）。

A. 坚持全面推进与突出重点相结合　　B. 坚持严格监管与激励引导相结合

C. 坚持结构优化与深度治理相结合　　D. 坚持统筹规划与分布实施相结合

100. 2020 年年底前，重点区域淘汰炉膛直径（ ）米以下燃料类煤气发生炉。

A. 4　　B. 2　　C. 3　　D. 5

101.《工业炉窑大气污染综合治理方案》重点任务中要求加快燃料清洁低碳替代的要求，正确的有（ ）。

A. 2020 年年底前，全部淘汰燃料类煤气发生炉

B. 集中使用煤气发生炉的工业园区，全部改用天然气

C. 加快推动铸造（10 吨/小时及以下）、岩棉等行业冲天炉改为电炉

D. 加快淘汰燃煤工业炉窑，全部取缔燃煤热风炉，基本淘汰热电联产供热管网覆盖范围内的燃煤加热、烘干炉（窑）

102. 以下哪个地区（ ）不属于《重点行业挥发性有机物综合治理方案》中的重点区域。

A. 河北省石家庄市　　B. 浙江省杭州市

C. 西安市　　D. 湖北省武汉市

103. 以下选项不属于《重点行业挥发性有机物综合治理方案》挥发性有机物控制思路与要求的是（ ）。

A. 大力推进源头替代　　B. 全面加强有组织排放控制

C. 推进建设适宜高效的治污设施　　D. 深入实施精细化管控

104. 以下关于《重点行业挥发性有机物综合治理方案》中石化行业 VOCs 综合治理的说法，不正确的是（ ）。

A. 重点加强密封点泄漏、废水和循环水系统、储罐、有机液体装卸、工艺废气等源项 VOCs 治理工作，确保稳定达标排放

B．重点区域要进一步加大其他源项治理力度，禁止熄灭火炬系统长明灯，设置视频监控装置

C．鼓励重点区域对泄漏量大的密封点实施包袋法检测，对不可达密封点采用红外法检测

D．加强循环水监测，石化企业每三个月至少开展一次循环水塔和含 VOCs 物料换热设备进出口总有机碳（TOC）或可吹扫有机碳（POC）监测工作

二、不定项选择题（每题的备选项中至少有一个符合题意）

1．根据《生态文明体制改革总体方案》，（　）属于健全环境治理体系的内容。

A．严格实行生态环境损害赔偿制度　　B．建立污染防治区域联动机制

C．建立农村环境治理体制机制　　D．健全环境信息公开制度

2．根据《生态文明体制改革总体方案》，关于健全环境信息公开制度的说法，正确的是（　）。

A．全面推进大气和水等环境信息公开

B．全面推进排污单位环境信息公开

C．全面推进监管部门环境信息公开

D．建立建设项目环境影响评价信息公开机制

3．根据《生态文明体制改革总体方案》，关于排污权交易制度的有关规定，说法正确的是（　）。

A．在企业污染物排放许可制基础上，尽快完善初始排污权核定，扩大涵盖的污染物覆盖面

B．在重点流域和大气污染重点区域，合理推进跨行政区排污权交易

C．扩大排污权有偿使用和交易试点，将更多条件成熟地区纳入试点

D．在现行以行政区为单元层层分解机制基础上，根据行业先进排污水平，逐步强化以企业为单元进行总量控制、通过排污权交易获得减排收益的机制

4．根据《生态文明体制改革总体方案》，关于排污权交易制度的有关规定，说法正确的是（　）。

A．加强排污权交易平台建设

B．在重点流域和大气污染重点区域，合理推进跨行政区排污权交易

C．制定排污权核定、使用费收取使用和交易价格等规定

D．在现行以行政区为单元层层分解机制基础上，根据行业平均排污水平，逐步强化以企业为单元进行总量控制、通过排污权交易获得减排收益的机制

5．根据《国务院关于加快推进生态文明建设的意见》，加快推进生态文明建设

的主要目标是（　）。

A．国土空间开发格局进一步优化　　B．资源利用更加高效

C．生态环境质量总体改善　　D．生态文明重大制度基本确立

6．根据《国务院关于加快推进生态文明建设的意见》，下列哪些内容属于“加大自然生态系统和环境保护力度，切实改善生态环境质量”的说法，正确的是（　）。

A．制定实施土壤污染防治行动计划，优先保护耕地土壤环境，强化工业污染场地治理，开展土壤污染治理与修复试点

B．推进重金属污染治理

C．制定水污染防治行动计划，严格饮用水水源保护，全面推进涵养区、源头区等水源地环境整治

D．推进地下水污染防治

7．根据《国务院关于加快推进生态文明建设的意见》，下列（　）属于健全生态文明制度体系的内容。

A．完善生态环境监管制度　　B．严守资源环境生态红线

C．完善标准体系　　D．健全自然资源资产产权制度和用途管制制度

8．根据《国务院关于加快推进生态文明建设的意见》，下列（　）属于健全生态文明制度体系的内容。

A．完善经济政策　　B．推行市场化机制

C．健全生态保护补偿机制　　D．健全政绩考核制度

9．根据《关于划定并严守生态保护红线的若干意见》，关于生态保护红线的说法，正确的有（　）。

A．生态保护红线是指在生态空间范围内具有特殊重要生态功能、必须强制性严格保护的区域

B．生态保护红线是保障和维护国家生态安全的底线和生命线

C．生态保护红线通常包括生态功能重要区域和生态环境敏感脆弱区域

D．生态保护红线包含了城镇空间、农业空间

10．根据《关于划定并严守生态保护红线的若干意见》，关于严守生态保护红线的说法，正确的有（　）。

A．确立生态保护红线优先地位　　B．加强生态保护与修复

C．实行严格管控　　D．加大生态保护补偿力度

11．根据《全国生态环境保护纲要》，建立生态功能保护区的范围包括（　）。

A．江河源头区　　B．重要水源涵养区

C．江河洪水调蓄区　　D．山地丘陵区

12．按照《全国生态环境保护纲要》的要求，严禁采矿的区域有（　）。

A．森林公园　　B．风景名胜区　　C．自然保护区

D．取土场生态恢复区　　E．严重水土流失区

13．根据《全国生态环境保护纲要》，下列关于“重点资源开发的生态环境保护”说法中，正确的包括（　）。

A．严禁在生态功能保护区、自然保护区、风景名胜区内采矿

B．海洋和渔业资源开发利用必须按功能区划进行，做到统一规划，合理开发利用

C．建立缺水地区高耗水项目管制制度，限制新上高耗水项目，确保流域生态用水

D．对具有重要生态功能的林区、草原，应划为禁垦区、禁伐区或禁牧区，严格管护

14．根据《全国生态环境保护纲要》，下列区域需要建立生态功能保护区的是（　）。

A．水土保持的重点预防保护区　　B．重要水源涵养区　　C．江河源头区

D．江河洪水调蓄区　　E．风景名胜区

15．下列区域需要建立生态功能保护区的有（　）。

A．水土保持的重点监督区　　B．旅游区　　C．防风固沙区

D．重要渔业水域　　E．商品粮、棉、油生产基地

16．根据《全国生态环境保护纲要》，下列区域中，不属于重要生态功能区的有（　）。

A．防风固沙区　　B．资源性缺水地区

C．江河洪水调蓄区　　D．水土保持重点监督区

17. 根据《全国生态环境保护纲要》，对生态功能保护区应采取的保护措施有（　）。

A．停止一切产生严重环境污染的工程项目建设

B．停止一切导致生态功能继续退化的开发活动和其他人为破坏活动

C．改变粗放生产经营方式，走生态经济型发展道路

D．严格控制人口增长，区内人口已超出承载能力的应采取必要的移民措施

E. 对已经破坏的重要生态系统，要结合生态环境建设措施，认真组织重建与恢复，尽快遏制生态环境恶化趋势

18．根据《全国生态环境保护纲要》，对具有重要生态功能的林区、草原，应划为（　），严格管护。

A．禁垦区　　B．禁伐区　　C．禁牧区　　D．实验区

19．《全国生态环境保护纲要》要求：严禁在（　）内采矿。

A．风景名胜区　　B．生态功能保护区　　C．自然保护区

D．森林公园　　E．泥石流易发区

20．根据《国家重点生态功能保护区规划纲要》，“保护和恢复生态功能的主要任务”包括（　）。

A．提高水源涵养能力　　B．增强防风固沙功能

C．提高调洪蓄洪能力　　D．增强生物多样性维护能力

21．《国家重点生态功能保护区规划纲要》中，国家重点生态功能保护区规划的原则有（　）。

A．保护优先，预防为主　　B．避免重复，互为补充

C．高度重视，精心组织　　D．统筹规划，分步实施

22．下列内容属于《国家重点生态功能保护区规划纲要》的主要目标的有（　）。

A．以《中华人民共和国国民经济和社会发展第十一个五年规划纲要》明确的省级限制开发区为重点，合理布局国家重点生态功能保护区

B．使我国重要生态功能区的生态恶化趋势得到遏制，主要生态功能得到有效恢复和完善

C．到 2020 年，生态脆弱区 40%以上适宜治理的土地得到不同程度治理，退化生态系统已得到基本恢复，生态环境质量总体良好

D．区域可更新资源不断增值，生物多样性保护水平稳步提高

E．使我国限制开发区有关政策得到有效落实

23．下列说法中，符合《国家重点生态功能保护区规划纲要》目标要求的有（　）。

A．合理布局国家重点生态功能保护区

B．形成较完善的生态功能保护区建设体系

C．重要生态功能区的生态恶化趋势得到遏制

D．建立较完备的生态功能保护区相关政策、法规、标准和技术规范体系

24．根据《国家重点生态功能保护区规划纲要》，国家重点生态功能保护区规划的主要任务有（　）。

A．合理引导产业发展

B．保护和恢复生态功能

C．加强生态保育，促进生态脆弱区修复进程

D．强化生态环境监管

E．强化资源开发监管执法力度，防止无序开发和过度开发

25．《国家重点生态功能保护区规划纲要》中，“合理引导产业发展”的主要内容有（　）。

A．限制损害区域生态功能的产业扩张　　B. 禁止损害区域生态功能的产业扩张

C．发展资源环境可承载的特色产业　　D．推广清洁能源

E．强化产业政策的制定

26．《国家重点生态功能保护区规划纲要》中，保护和恢复生态功能区的主要任务包括（　）。

A．提高水源涵养能力　　B．增强防风固沙能力

C．提高调洪蓄洪能力　　D．加强退化草场的改良和建设

27．《国家重点生态功能保护区规划纲要》中，保护和恢复生态功能区的主要内容有（　）。

A．增强生物多样性维护能力　B．提高水源涵养能力，恢复水土保持功能

C．保护重要海洋生态功能　D．增强防风固沙功能

E．提高调洪蓄洪能力

28．根据《全国生态脆弱区保护规划纲要》，关于生态脆弱区保护规划的基本原则和主要任务，下列说法中，正确的有（　）。

A．强化“环境准入”，科学指导生态保育与产业发展活动，促进生态恢复

B．发展与当地资源环境承载力相适应的特色产业和环境友好产业，从源头控制生态退化

C．全面开展生态环境监察工作，严格禁止超采、过牧、乱垦、滥挖等资源破坏行为的发生

D．高度重视环境极度脆弱、生态退化严重、具有重要保护价值地区的生态应急工程建设与技术创新

29．根据《全国生态脆弱区保护规划纲要》，全国生态脆弱区保护规划是以（　）为主要指导思想。

A．邓小平理论　B．科学发展观　C．“三个代表”重要思想

D．毛泽东思想　E．马克思、列宁主义

30．根据《全国生态脆弱区保护规划纲要》，生态脆弱区保护规划的原则有（　）。

A．保护优先，限制开发　B．强化监管，适度开发

C．分区推进，分类指导　D．统筹规划，分步实施

E．预防为主，保护优先

31．根据《全国生态脆弱区保护规划纲要》，中远期（2016—2020年）目标是（　）。

A．研究构建生态脆弱区产业准入机制，全面限制有损生态系统健康发展的产业扩张，防止因人为过度干扰所产生新的生态退化

B．生态脆弱区生态退化趋势已得到基本遏止，人地矛盾得到有效缓减，生态系统基本处于健康、稳定发展状态

C．到2020年，生态脆弱区40%以上适宜治理的土地得到不同程度治理，退化生态系统已得到基本恢复

D．明确生态脆弱区空间分布、重要生态问题及其成因和压力，初步建立起有利于生态脆弱区保护和建设的政策法规体系、监测预警体系和长效监管机制

E．生态产业示范区在生态脆弱区全面开展

32．下列内容属于《全国生态脆弱区保护规划纲要》的总体目标的是（ ）。

A．到 2020 年，建设一批水源涵养、水土保持、防风固沙、洪水调蓄、生物多样性维护生态功能保护区，形成较完善的生态功能保护区建设体系

B．到 2020 年，在生态脆弱区建立起比较完善的生态保护与建设的政策保障体系、生态监测预警体系和资源开发监管执法体系

C．到 2020 年，生态脆弱区 40%以上适宜治理的土地得到不同程度治理，退化生态系统已得到基本恢复，生态环境质量总体良好

D．区域可更新资源不断增值，生物多样性保护水平稳步提高

E．生态产业成为脆弱区的主导产业，生态保护与产业发展有序、协调，区域经济、社会、生态复合系统结构基本合理，系统服务功能呈现持续、稳定态势

33．全国生态脆弱区保护规划的具体任务是（ ）。

A．加强生态保育，促进生态脆弱区修复进程

B．强化资源开发监管执法力度，防止无序开发和过度开发

C．保护和恢复生态功能

D．调整产业结构，促进脆弱区生态与经济的协调发展

E．加强生态监测与评估能力建设，构建脆弱区生态安全预警体系

34．全国生态脆弱区保护规划的总体任务包括（ ）。

A．合理引导产业发展

B．强化生态环境监管

C．保护和恢复生态功能

D．全面限制有损脆弱区生态环境的产业扩张

35．全国生态脆弱区保护规划的总体任务是（ ）。

A．强化资源开发监管和执法力度，促进脆弱区资源环境协调发展

B．建立健全脆弱区生态环境监测、评估及预警体系

C．加强生态保育，增强脆弱区生态系统的抗干扰能力

D．全面限制有损于脆弱区生态环境的产业扩张，发展与当地资源环境承载力相适应的特色产业和环境友好产业，从源头控制生态退化

E．建设一批水源涵养、水土保持、防风固沙、洪水调蓄、生物多样性维护生态功能保护区，形成较完善的生态功能保护区建设体系

36．根据《全国主体功能区规划》，到 2020 年，全国主体功能区规划的主要目标为（ ）。

A．区域发展协调性增强　　B．空间利用效率提高

C．空间结构得到优化　　D．可持续发展能力提升

E．空间开发格局清晰

37．根据《全国主体功能区规划》，全国主体功能区规划开发原则中，关于保护自然的有关规定，把保护（　）放到与保护耕地同等重要位置。

A．水面　　B．湿地　　C．林地　　D．草地

38．根据《全国主体功能区规划》，在水资源严重短缺、生态脆弱、生态系统重要、环境容量小、地震和地质灾害等自然灾害危险性大的地区，要（　），缓解开发活动对自然生态的压力。

A．严格控制工业化城镇化开发　　B．禁止工业化城镇化开发

C．适度控制其他开发活动　　D．严格控制其他开发活动

39．根据《全国主体功能区规划》，全国主体功能区规划开发原则中关于保护自然的有关规定，下列说法正确的是（　）。

A．严禁各类破坏生态环境的开发活动

B．禁止地下水超采，加强对超采的治理和对地下水源的涵养与保护

C．交通、输电等基础设施建设要尽量避免对重要自然景观和生态系统的分割，从严控制穿越禁止开发区域

D．在确保省域内耕地和基本农田面积不减少的前提下，继续在适宜的地区实行退耕还林、退牧还草、退田还湖、退耕还水

40．根据《全国主体功能区规划》，全国主体功能区规划开发原则中关于保护自然的有关规定，下列说法正确的是（　）。

A．在保护河流生态的基础上有序开发水能资源

B．严禁有损自然生态系统的开荒以及侵占水面、湿地、林地、草地等农业开发活动

C．生态遭到破坏的地区要尽快偿还生态欠账

D．保护天然草地、沼泽地、苇地、滩涂、冻土、冰川及永久积雪等自然空间

41．根据《全国主体功能区规划》，国家优化开发区域的发展方向是（　）。

A．优化空间结构、城镇布局、生态系统格局

B．形成现代产业体系、提高发展质量

C．优化人口分布、优化基础设施布局

D．优化产业结构、优化发展方式

42．根据《全国主体功能区规划》，重点开发区域的发展方向是（　）。

A．统筹规划国土空间、健全城市规模结构

B．形成现代产业体系、提高发展质量、促进人口加快集聚

C．完善基础设施、保护生态环境、把握开发时序

D．优化产业结构、城镇布局、生态系统格局

43．根据《全国主体功能区规划》，国家重点生态功能区的发展方向是（　）。

A．引导人口逐步有序转移，实现污染物“零排放”，提高环境质量

B．以保护和修复生态环境、提供生态产品为首要任务

C．因地制宜地发展不影响主体功能定位的适宜产业

D．引导超载人口逐步有序转移

44．根据《全国主体功能区规划》，下列（ ）是国家层面主体功能区中禁止开发区域的管制原则。

A．依据法律法规规定和相关规划实施强制性保护

B．严禁不符合主体功能定位的各类开发活动

C．严禁人为因素对自然生态和文化自然遗产原真性、完整性的干扰

D．引导人口逐步有序转移，实现污染物“零排放”，提高环境质量

45．根据《全国主体功能区划》，下列（ ）属于国家主体功能区环境政策。

A．根据不同主体功能区的环境承载能力，提出分类管理的环境保护政策。优化开发区域要实行更严格的污染物排放和环保标准，大幅度减少污染排放

B．重点开发区域要保持环境承载能力，做到增产减污

C．限制开发区域要坚持保护优先，确保生态功能的恢复和保育

D．禁止开发区域要依法严格保护

46．根据《水污染防治行动计划》，关于水污染防治行动计划的主要指标，说法正确的是（ ）。

A．到2020年，全国七大重点流域水质优良比例总体达到75%以上，地级及以上城市建成区黑臭水体均控制在10%以内

B．到2030年，全国七大重点流域水质优良比例总体达到75%以上，城市建成区黑臭水体总体得到消除

C．到2020年，城市集中式饮用水水源水质达到或优于Ⅲ类比例总体高于93%

D．到2030年，城市集中式饮用水水源水质达到或优于Ⅲ类比例总体为95%左右

47．根据《水污染防治行动计划》，狠抓工业污染防治主要从（ ）方面入手。

A．取缔“十小”企业

B．取缔“十五小”企业

C．集中治理工业集聚区水污染

D．专项整治十大重点行业

48．根据《水污染防治行动计划》，全面控制污染物排放主要抓（ ）方面工作。

A．狠抓工业污染防治

B．强化城镇生活污染治理

C．推进农业农村污染防治

D．加强船舶港口污染控制

49．根据《水污染防治行动计划》，关于严格环境准入的说法，正确的是（ ）。

A．根据流域水质目标和主体功能区规划要求，明确区域环境准入条件，细化功能分区，实施差别化环境准入政策

B．建立水资源、水环境承载能力监测评价体系，实行承载能力监测预警

C．已超过水资源、水环境承载能力的地区要实施水污染物削减方案，加快调整发展规划和产业结构

D．到 2030 年，组织完成市、县域水资源、水环境承载能力现状评价

50．根据《水污染防治行动计划》，以下（　）属于全力保障水生态环境安全的做法。

A．保障饮用水水源安全　　B．深化重点流域污染防治

C．加强近岸海域环境保护　　D．保护水和湿地生态系统

51．根据《水污染防治行动计划》，关于强化公众参与和社会监督的内容，说法错误的是（　）。

A．综合考虑水环境质量及达标情况等因素，国家每年公布最差、最好的 5 个城市名单和各省（区、市）水环境状况

B．各省（区、市）人民政府要定期公布本行政区域内各地级市（州、盟）水环境质量状况

C．所有排污单位应依法向社会公开其产生的主要污染物名称、排放方式、排放浓度和总量、超标排放情况，以及污染防治设施的建设和运行情况，主动接受监督

D．限期办理群众举报投诉的环境问题，一经查实，可给予举报人奖励

52．根据《土壤污染防治行动计划》，按污染程度将农用地划为（　）类别。

A．未污染和轻微污染的划为优先保护类

B．轻度和中度污染的划为安全利用类

C．重度污染的划为严格管控类

D．重度污染的划为禁止类

53．根据《土壤污染防治行动计划》，关于“实施农用地分类管理，保障农业生产环境安全”的措施，说法正确的是（　）。

A．划定农用地土壤环境质量类别　　B．切实加大保护力度

C．着力推进安全利用　　D．加强林地草地园地土壤环境管理

54．根据《土壤污染防治行动计划》，关于“强化未污染土壤保护，严控新增土壤污染”的措施，说法正确的是（　）。

A．严控工矿污染　　B．强化空间布局管控

C．防范建设用地新增污染　　D．加强未利用地环境管理

55．根据《土壤污染防治行动计划》，关于防范建设用地新增污染的说法，正确的是（　）。

A. 排放污染物的建设项目，在开展环境影响评价时，要增加对土壤环境影响的评价内容，并提出防范土壤污染的具体措施

B. 需要建设的土壤污染防治设施，要与主体工程同时设计、同时施工、同时投产使用

C. 有关环境保护部门要做好有关措施落实情况的监督管理工作

D. 自2017年起，有关地方人民政府要与重点行业企业签订土壤污染防治责任书，明确相关措施和责任，责任书向社会公开

56. 根据《土壤污染防治行动计划》，关于加强污染源监管，做好土壤污染预防工作中严控工矿污染的有关要求，说法正确的是（　）。

A. 加强工业固体废物综合利用　　B. 严防矿产资源开发污染土壤

C. 加强涉重金属行业污染防　　D. 加强工业废物处理处置

57. 根据《土壤污染防治行动计划》，关于开展污染治理与修复，改善区域土壤环境质量的有关要求，说法正确的是（　）。

A. 有序开展治理与修复　　B. 制定治理与修复规划

C. 强化空间布局管控　　D. 明确治理与修复主体

58. 根据《污染地块土壤环境管理办法》，风险管控方案应当包括管控区域和（　）等内容。

A. 管控目标　　B. 主要措施　　C. 环境监测计划　　D. 应急措施

59. 根据《污染地块土壤环境管理办法》，土地使用权人应当按照风险管控方案要求，采取以下哪些主要措施（　）。

A. 及时移除或者清理污染源

B. 发现污染扩散的，及时采取有效补救措施

C. 采取污染隔离、阻断等措施，防止污染扩散

D. 开展土壤、地表水、地下水、空气环境监测

60. 根据《污染地块土壤环境管理办法》，关于污染地块土壤环境管理中风险管控的说法，正确的有（　）。

A. 因采取风险管控措施不当等原因，造成污染地块周边的土壤突发环境事件的，土地使用权人应当及时采取环境应急措施，并向所在地县级以上环境保护主管部门和其他有关部门报告

B. 因采取风险管控措施不当等原因，造成空气污染等突发环境事件的，土地使用权人应当及时采取环境应急措施，并向所在地环境保护主管部门和其他有关部门报告

C. 因采取风险管控措施不当等原因，造成污染地块周边的地表水污染突发环境事件的，土地使用权人应当及时采取环境应急措施，并向所在地县级以上环

境保护主管部门和其他有关部门报告

D．因采取风险管控措施不当等原因，造成污染地块周边的地下水污染突发环境事件的，土地使用权人应当及时采取环境应急措施，并向所在地县级以上土地主管部门和其他有关部门报告

61．根据《污染地块土壤环境管理办法》，关于污染地块土壤治理和修复责任主体确定的有关规定的说法，正确的有（　）。

A．按照“谁污染，谁治理”原则，造成土壤污染的单位或者个人应当承担治理与修复的主体责任

B．责任主体发生变更的，由变更后继承其债权、债务的单位或者个人承担相关责任

C．责任主体灭失或者责任主体不明确的，由所在地县级人民政府依法承担相关责任

D．土地使用权依法转让的，由土地使用权受让人或者双方约定的责任人承担相关责任

E．土地使用权终止的，由原土地使用权人对其使用该地块期间所造成的土壤污染承担相关责任

62．根据《工矿用地土壤环境管理办法》，关于工矿用地土壤环境污染重点监管单位污染防控的有关规定的说法，正确的有（　）。

A．重点单位现有地下储罐储存有毒有害物质的，应当在本办法公布后一年之内，将地下储罐的信息报所在县区生态环境主管部门备案

B．重点单位新、改、扩建项目地下储罐储存有毒有害物质的，应当在项目投入生产或者使用之前，将地下储罐的信息报所在地设区的市级生态环境主管部门备案

C．重点区域包括涉及有毒有害物质的生产区，原材料及固体废物的堆存区、储放区和转运区等；重点设施包括涉及有毒有害物质的地下储罐、地下管线，以及污染治理设施等

D．重点单位突发环境事件造成或者可能造成土壤和地下水污染的，应当采取应急措施避免或者减少土壤和地下水污染；应急处置结束后，应当立即组织开展环境影响和损害评估工作，评估认为需要开展治理与修复的，应当制定并落实污染土壤和地下水治理与修复方案

63．根据《工矿用地土壤环境管理办法》，关于工矿用地土壤环境污染重点监管单位污染防控的有关规定的说法，正确的有（　）。

A．重点单位拆除活动应当严格按照有关规定实施残留物料和污染物、污染设备和设施的安全处理处置，并做好拆除活动相关记录，防范拆除活动污染土壤

和地下水。拆除活动相关记录应当长期保存

B. 重点单位终止生产经营活动前，应当参照污染地块土壤环境管理有关规定，开展土壤和地下水环境初步调查，编制调查报告，及时上传全国污染地块土壤环境管理信息系统

C. 重点单位应当将前款规定的调查报告主要内容通过其网站等便于公众知晓的方式向社会公开

D. 土壤和地下水环境初步调查发现该重点单位用地污染物含量超过国家或者地方有关建设用地土壤污染风险管控标准的，应当参照污染地块土壤环境管理有关规定开展详细调查、风险评估、风险管控、治理与修复等活动

64. 根据《农用地土壤环境管理办法》，关于农用地土壤污染预防的有关规定的说法，正确的有（　）。

A. 排放污染物的企业事业单位和其他生产经营者应当采取有效措施，确保废水、废气排放和固体废物处理、处置符合国家有关规定要求，防止对周边农用地土壤造成污染

B. 从事固体废物和化学品储存、运输、处置的企业，应当采取措施防止固体废物和化学品的泄露、渗漏、遗撒、扬散污染农用地

C. 设区的市级以上地方各级环境保护主管部门应当加强对企业事业单位和其他生产经营者排污行为的监管，将土壤污染防治作为环境执法的重要内容

D. 设区的市级以上地方环境保护主管部门应当根据本行政区域内工矿企业分布和污染排放情况，确定土壤环境重点监管企业名单，上传农用地环境信息系统，实行动态更新，并向社会公布

65. 根据《全国海洋主体功能区规划》，海洋主体功能区按照开发内容分为（　）。

A. 优化开发区域　　B. 产业与城镇建设

C. 重点开发区域　　D. 生态环境服务

66. 根据《全国海洋主体功能区规划》，海洋主体功能区依据主体功能，将海洋空间划分为（　）。

A. 优化开发区域　　B. 重点开发区域

C. 限制开发区域　　D. 禁止开发区域

67. 根据《全国海洋主体功能区规划》，关于内水和领海主体功能区限制开发区域管理的有关要求，说法正确的有（　）。

A. 在海洋渔业保障区，实施禁渔区、休渔期管制，加强水产种质资源保护，禁止开展对海洋经济生物繁殖生长有较大影响的开发活动

B. 在海洋特别保护区，严格限制不符合保护目标的开发活动，不得擅自改变海岸、海底地形地貌及其他自然生态环境状况

C．在海岛及其周边海域，禁止以建设实体坝方式连接岛礁，严格限制无居民海岛开发和改变海岛自然岸线的行为

D．在海岛及其周边海域，禁止在无居民海岛弃置或者向其周边海域倾倒废水和固体废物

68．根据《全国海洋主体功能区规划》，关于内水和领海主体功能区禁止开发区域中海洋自然保护区管理的有关要求，说法正确的有（ ）。

A．在保护区核心区和缓冲区内不得开展任何与保护无关的工程建设活动，海洋基础设施建设原则上不得穿越保护区，涉及保护区的航道、管线和桥梁等基础设施经严格论证并批准后方可实施

B．在保护区内开展科学研究，要合理选择考察线路

C．对具有特殊保护价值的海岛、海域等，要依法设立海洋自然保护区或扩大现有保护区面积

D．领海基点在有居民海岛的，应实施全岛保护

69．根据《国务院办公厅关于推进城镇人口密集区危险化学品生产企业搬迁改造的指导意见》，下列关于城镇人口密集区危险化学品生产企业强化搬迁改造环保管理的有关规定，说法正确的是（ ）。

A．要加强腾退土地污染风险管控和治理修复，确保腾退土地符合规划用地土壤环境质量标准

B．依法依规及时向就地改造、异地迁建后的企业核发排污许可证

C．地方各级人民政府要督促企业依法开展搬迁改造项目环境影响评价，严格执行建设项目污染防治设施“三同时”制度，及时组织项目竣工验收，确保项目建成投产后满足环保要求

D．地方各级人民政府要加强项目审批、选址、安全、环保等管理措施，严禁搬迁改造企业在原址新建、扩建危险化学品项目

70．《产业结构调整指导目录（2019 年本）》分类包括（ ）。

A．鼓励类　　B．限制类　　C．淘汰类　　D．禁止类

71．下列固体废物和液态废物应列入《国家危险废物名录》的危险废物类别的是（ ）。

A．具有腐蚀性、毒性、易燃性、反应性或者感染性等几种危险特性的

B．具有腐蚀性、毒性、易燃性、反应性或者感染性等一种危险特性的

C．医疗废物

D．不排除具有危险特性，可能对环境或者人体健康造成有害影响，需要按照危险废物进行管理的

72．根据《国家危险废物名录》，危险废物包括（ ）。

A．医疗废物　B．农药废物　C．爆炸性废物　D．焚烧处置残渣

73．关于列入《国家危险废物名录》危险废物范围的原则，下列说法正确的是（　）。

A．家庭日常生活中产生的废药品及其包装物、废杀虫剂和消毒剂及其包装物等，未分类收集时，全过程不按照危险废物进行管理

B．家庭日常生活中产生的废胶片及废相纸、废荧光灯管、废温度计、废血压计、废镍镉电池和氧化汞电池以及电子类危险废物等，要按照危险废物进行管理

C．从生活垃圾中分类收集后的废荧光灯管、废温度计等，其运输、贮存、利用或者处置，按照危险废物进行管理

D．列入《危险化学品目录》的化学品废弃后属于危险废物

74．根据《国家危险废物名录》，关于危险废物豁免的说法，正确的是（　）。

A．家庭日常生活中产生的废杀虫剂和消毒剂及其包装物，全过程不按危险废物管理

B．村、镇农户分散产生的农药废弃包装物的收集活动，收集过程不按危险废物管理

C．从事床位总数在 10 张的西医门诊，其产生的医疗废物仅收集过程可以不按危险废物管理

D．家庭日常生活中产生的废油漆和溶剂及其包装物、废矿物油及其包装物，未分类收集时，全过程不按危险废物管理

75．根据《“十三五”挥发性有机物污染防治工作方案》，关于建设项目环境准入的有关任务要求，说法正确的是（　）。

A．严格涉 VOCs 建设项目环境影响评价，实行区域内 VOCs 排放等量或倍量削减替代，并将替代方案落实到企业排污许可证中，纳入环境执法管理

B．新、改、扩建涉 VOCs 排放项目，应从高效治理设施进行控制，并鼓励使用低（无）VOCs 含量的原辅材料，提高废气收集

C．新、改、扩建涉 VOCs 排放项目，应从源头加强控制，使用低（无）VOCs 含量的原辅材料，加强废气收集，安装高效治理设施

D．未纳入《石化产业规划布局方案》的新建石化项目一律不得建设

76．根据《“十三五”挥发性有机物污染防治工作方案》，关于汽车制造行业挥发性有机物污染防治的有关要求，说法正确的是（　）。

A．必需使用高固体分、水性涂料，配套使用“三涂一烘”“两涂一烘”或免中涂等紧凑型涂装工艺

B．推广静电喷涂等高效涂装工艺，鼓励企业采用自动化、智能化喷涂设备替代人工喷涂

C．配置密闭收集系统，有机废气收集率不低于 90%

D．对喷漆废气建设吸附燃烧等高效治理设施，对烘干废气建设燃烧治理设施，实现达标排放

77．根据《“十三五”挥发性有机物污染防治工作方案》，关于木质家具制造行业挥发性有机物污染防治的有关要求，说法正确的是（　）。

A．大力推广使用水性、紫外光固化涂料，到 2020 年底前，替代比例达到 50%以上

B．全面使用水性胶粘剂，到 2020 年底前，替代比例达到 100%

C．加强废气收集与处理，有机废气收集效率不低于 90%

D．建设吸附燃烧等高效治理设施，实现达标排放

78．根据《“十三五”挥发性有机物污染防治工作方案》，关于钢结构制造行业挥发性有机物污染防治的有关要求，说法正确的是（　）。

A．大力推广使用高固体分涂料，到 2020 年底前，使用比例达到 50%以上

B．大力推行水性涂料

C．大力推广高压无气喷涂、空气辅助无气喷涂、热喷涂等涂装技术，禁止空气喷涂使用

D．逐步淘汰钢结构露天喷涂，推进钢结构制造企业在车间内作业，建设废气收集与治理设施

79．根据《中共中央　国务院关于全面加强生态环境保护坚决打好污染防治攻坚战的意见》，关于坚决打赢蓝天保卫战中加强工业企业大气污染防治综合治理和大力推进煤炭治理和煤炭消费减量替代的有关要求，说法正确的有（　）。

A．强化工业企业无组织排放管理，推进挥发性有机物排放综合整治，开展大气氨排放控制试点。到 2020 年，挥发性有机物排放总量比 2015 年下降 10%以上

B．重点区域和大气污染严重城市加大钢铁、铸造、炼焦、建材、电解铝等产能压减力度，实施大气污染物特别排放限值。加大排放高、污染重的煤电机组淘汰力度，在重点区域加快推进

C．增加清洁能源使用，拓宽清洁能源消纳渠道，落实可再生能源发电全额保障性收购政策。安全高效发展核电。推动清洁低碳能源优先上网

D．加快重点输电通道建设，提高重点区域接受外输电比例。因地制宜、加快实施北方地区冬季清洁取暖五年规划

80．根据《中共中央　国务院关于全面加强生态环境保护坚决打好污染防治攻坚战的意见》，关于着力打好碧水保卫战有关要求，正确的有（　）。

A．打好水源地保护攻坚战　　B．打好城市黑臭水体治理攻坚战

C. 打好长江保护修复攻坚战　　　　D. 打好渤海综合治理攻坚战

E. 打好农业农村污染治理攻坚战

81. 根据《中共中央　国务院关于全面加强生态环境保护坚决打好污染防治攻坚战的意见》，关于着力打好碧水保卫战有关要求，正确的有（　）。

A. 划定集中式饮用水水源保护区，推进规范化建设。强化南水北调水源地及沿线生态环境保护。深化地下水污染防治

B. 实施城镇污水处理“提质增效”三年行动，加快补齐城镇污水收集和处理设施短板，尽快实现污水管网全覆盖、全收集、全处理。完善污水处理收费政策，各地要按规定将污水处理收费标准尽快调整到位，原则上补偿到污水处理和污泥处置设施正常运营并合理盈利

C. 加强沿河环湖生态保护，修复湿地等水生态系统，因地制宜建设人工湿地水质净化工程。实施长江流域上中游水库群联合调度，保障干流、主要支流和湖泊基本生态用水

D. 全面整治入海污染源，规范入海排污口设置，全部清理非法排污口。严格控制海水养殖等造成的海上污染，推进海洋垃圾防治和清理

82. 根据《国务院关于印发打赢蓝天保卫战三年行动计划的通知》，关于调整优化产业结构，推进产业绿色发展的有关要求，正确的有（　）。

A. 优化产业布局　　　　B. 严控“两高”行业产能

C. 强化“散乱污”企业综合整治　　　　D. 深化工业污染治理

E. 大力培育绿色环保产业

83. 根据《国务院关于印发打赢蓝天保卫战三年行动计划的通知》，关于调整优化产业结构，推进产业绿色发展的有关要求，说法正确的是（　）。

A. 加大落后产能淘汰和过剩产能压减力度。严格执行质量、环保、能耗、安全等法规标准。修订《产业结构调整指导目录》，提高重点区域过剩产能淘汰标准

B. 列入整合搬迁类的，要按照产业发展规模化、现代化的原则，搬迁至工业园区；列入升级改造类的，树立行业标杆，实施清洁生产技术改造，全面提升污染治理水平

C. 持续推进工业污染源全面达标排放，将烟气在线监测数据作为执法依据，加大超标处罚和联合惩戒力度，未达标排放的企业一律依法停产整治

D. 壮大绿色产业规模，发展节能环保产业、清洁生产产业、清洁能源产业，培育发展新动能

84. 根据《国务院关于印发打赢蓝天保卫战三年行动计划的通知》，关于加快调整能源结构，构建清洁低碳高效能源体系的有关要求，正确的是（　）。

A．有效推进西北地区清洁取暖

B．重点区域继续实施煤炭消费总量控制

C．开展燃煤锅炉综合整治

D．提高能源利用效率

E．加快发展清洁能源和新能源

85．根据《国务院关于印发打赢蓝天保卫战三年行动计划的通知》，关于加快调整能源结构，构建清洁低碳高效能源体系的有关要求，说法正确的是（ ）。

A．2020 年采暖季前，在保障能源供应的前提下，京津冀及周边地区、汾渭平原的平原地区基本完成生活和冬季取暖散煤替代；对暂不具备清洁能源替代条件的山区，积极推广洁净煤，并加强煤质监管，严厉打击销售使用劣质煤行为

B．“煤改气”坚持“以气定改”，确保安全施工、安全使用、安全管理。有序发展天然气调峰电站等可中断用户，原则上不再新建天然气热电联产和天然气化工项目。限时完成天然气管网互联互通，打通“南气北送”输气通道

C．加快农村“煤改电”电网升级改造。制定实施工作方案。电网企业要统筹推进输变电工程建设，满足居民采暖用电需求。鼓励推进蓄热式等电供暖

D．制定专项方案，大力淘汰关停环保、能耗、安全等不达标的 30 万千瓦以下燃煤机组。对于关停机组的装机容量、煤炭消费量和污染物排放量指标，允许进行交易或置换，可统筹安排建设等容量超低排放燃煤机组。重点区域严格控制燃煤机组新增装机规模，新增用电量主要依靠区域内非化石能源发电和外送电满足

86．根据《国务院关于印发打赢蓝天保卫战三年行动计划的通知》，关于加快调整能源结构，构建清洁低碳高效能源体系的有关要求，说法正确的是（ ）。

A．在不具备热电联产集中供热条件的地区，现有多台燃煤小锅炉的，可按照等容量替代原则建设大容量燃煤锅炉。2020 年年底前，重点区域 30 万千瓦及以上热电联产电厂供热半径 15 km 范围内的燃煤锅炉和落后燃煤小热电全部关停整合

B．重点区域新建高耗能项目单位产品（产值）能耗要达到国内先进水平。因地制宜提高建筑节能标准，加大绿色建筑推广力度，引导有条件地区和城市新建建筑全面执行绿色建筑标准

C．到 2020 年，非化石能源占能源消费总量比重达到 15%。有序发展水电，安全高效发展核电，优化风能、太阳能开发布局，因地制宜发展生物质能、地热能等

D．鼓励发展县域生物质热电联产、生物质成型燃料锅炉及生物天然气。加大可再生能源消纳力度，基本解决弃水、弃风、弃光问题

87．根据《农业农村污染治理攻坚战行动计划的通知》，关于着力解决养殖业污染的有关要求，正确的是（　）。

A．推进养殖生产清洁化和产业模式生态化

B．加强畜禽粪污资源化利用

C．加强畜禽规模养殖环境监管

D．加强水产养殖污染防治和水生生态保护

88．根据《农业农村污染治理攻坚战行动计划的通知》，关于着力解决养殖业污染的有关要求，说法正确的有（　）。

A．推动畜禽养殖场配备视频监控设施，记录粪污处理、运输和资源化利用等情况，防止粪污偷运偷排

B．南方水网地区要以水环境质量改善为导向，加快畜禽粪污资源化利用，着力提升畜禽粪污综合利用率和规模养殖场粪污处理设施装备配套率

C．优化水产养殖空间布局，依法科学划定禁止养殖区、限制养殖区和养殖区

D．推进水产生态健康养殖，积极发展大水面生态增养殖、工厂化循环水养殖、池塘工程化循环水养殖、连片池塘尾水集中处理模式等健康养殖方式，推进稻渔综合种养等生态循环农业

E．推动出台水产养殖尾水排放标准，加快推进养殖节水减排。发展不投饵滤食性、草食性鱼类增养殖，实现以渔控草、以渔抑藻、以渔净水

89．根据《农业农村污染治理攻坚战行动计划的通知》，关于有效防控种植业污染的有关要求，正确的是（　）。

A．持续推进化肥、农药减量增效

B．加强秸秆、农膜废弃物资源化利用

C．大力推进种植产业模式生态化

D．实施耕地分类管理

E．开展涉镉等重金属重点行业企业排查整治

90．根据《关于加强涉重金属行业污染防控的意见》，涉重金属行业的范围包括（　）。

A．重有色金属矿（含伴生矿）采矿业（铜、铅锌、镍钴、锡、锑和汞矿采选业等）

B．重有色金属冶炼业（铜、铅锌、镍钴、锡、锑和汞冶炼等）

C．铅蓄电池制造业、皮革及其制品业（皮革鞣制加工等）

D．化学原料及化学制品制造业、电镀行业

91．根据《关于加强涉重金属行业污染防控的意见》，重点重金属的范围包括（　）。

A．铅　　B．汞　　C.铜　　D．镉、铬

92．根据《关于加强涉重金属行业污染防控的意见》，关于严格环境准入的有关要求，说法正确的有（　）。

A．新、改、扩建涉重金属重点行业项目必须遵循重点重金属污染物排放“减量置换”或“等量置换”的原则，应在本市行政区域内有明显具体的重金属污染物排放总量来源。

B. 对全口径清单内的企业落实减排措施和工程削减的重点重金属污染物排放量，经监测并可核实的，可作为涉重金属行业新、改、扩建企业重金属污染物排放总量的来源；实施总量替代的，其替代方案应纳入全口径清单企业信息

C．严禁在优先保护类耕地集中区域新、改、扩建增加重金属污染物排放的项目

D．现有相关行业企业要采用新技术、新工艺，加快提标升级改造步伐

93 为贯彻落实《国务院关于印发打赢蓝天保卫战三年行动计划的通知》的有关要求，指导各地加强工业炉窑大气污染综合治理，协同控制温室气体排放，促进产业高质量发展，制定《工业炉窑大气污染综合治理方案》，该方案的重点任务包括（　）。

A．加大产业结构调整力度

B．加快燃料清洁低碳化替代

C．实施污染深度治理

D．开展工业园区和产业集群综合整治

94．根据《工业炉窑大气污染综合治理方案》，以下（　）属于热处理炉。

A．回火炉　　B．淬火炉

C．干燥炉　　D．炭化炉

95．以下关于《工业炉窑大气污染综合治理方案》的 2020 年达到的主要目标。描述正确的是（　）。

A．完善工业炉窑大气污染综合治理管理体系

B．推进工业炉窑全面达标排放

C．工业炉窑装备和污染治理水平明显提高，实现工业行业二氧化硫、氮氧化物、颗粒物等污染物排放进一步下降

D．促进钢铁、建材等重点行业二氧化碳排放总量得到有效控制

96．以下（　）属于重点控制的挥发性有机物物质。

A．O_3 前体物　　B．$PM_{2.5}$ 前体物

C．恶臭物质　　D．毒害物质

97．以下关于《重点行业挥发性有机物综合治理方案》工业涂装 VOCs 综合治

理，说法正确的是（ ）。

A. 加大汽车、家具、集装箱、电子产品、工程机械等行业 VOCs 治理力度，重点区域应结合本地产业特征，加快实施其他行业涂装 VOCs 综合治理

B. 软体家具制造大力推广使用水性、辐射固化、粉末等涂料和水性胶粘剂

C. 工程机械制造大力推广使用水性、粉末和高固体分涂料

D. 汽车制造整车生产推广使用"三涂一烘""两涂一烘"或免中涂等紧凑型工艺、静电喷涂技术、自动化喷涂设备

98. 以下关于《重点行业挥发性有机物综合治理方案》油品储运销 VOCs 综合治理，说法正确的是（ ）。

A. 加大汽油（含乙醇汽油）、石脑油、煤油（含航空煤油）以及原油等 VOCs 排放控制，重点推进加油站、油罐车、储油库油气回收治理

B. O_3 污染较重的地区，行政区域内大力推进加油站储油、加油油气回收治理工作，重点区域 2019 年年底前基本完成

C. 埋地油罐全面采用电子液位仪进行汽油密闭测量

D. 重点区域加快推进年销售汽油量大于 10 000 吨的加油站安装油气回收自动监控设备，并与生态环境部门联网，2020 年年底前基本完成

99. 加油站在线监控系统治理检查要点主要包括（ ）。

A. 气液比　　B. 报警记录

C. 压力　　D. 气体流量

参考答案

一、单项选择题

1. D 【解析】选项 D 属健全环境治理和生态保护市场体系的内容。健全环境治理体系主要内容有六个方面：完善污染物排放许可制、建立污染防治区域联动机制、建立农村环境治理体制机制、健全环境信息公开制度、严格实行生态环境损害赔偿制度、完善环境保护管理制度。

2. B 【解析】选项 B 的正确说法是：在部分地区开展环境保护管理体制创新试点，统一规划、统一标准、统一环评、统一监测、统一执法。

3. C 【解析】选项 C 的正确说法是：引导人民群众树立环保意识，完善公众参与制度，保障人民群众依法有序行使环境监督权。公众参与制度已经有了，目前只需完善。

4. C 【解析】选项 C 的正确说法是：对造成生态环境损害的，以损害程度等因素依法确定赔偿额度。这里没有明确赔偿的责任主体。

5．A 【解析】在现行以行政区为单元层层分解机制基础上，根据行业先进排污水平，逐步强化以企业为单元进行总量控制、通过排污权交易获得减排收益的机制。

6．C 【解析】生态环境质量总体改善目标的主要内容有：主要污染物排放总量继续减少，大气环境质量、重点流域和近岸海域水环境质量得到改善，重要江河湖泊水功能区水质达标率提高到80%以上，饮用水安全保障水平持续提升，土壤环境质量总体保持稳定，环境风险得到有效控制。森林覆盖率达到23%以上，草原综合植被覆盖度达到56%，湿地面积不低于8亿亩，50%以上可治理沙化土地得到治理，自然岸线保有率不低于35%，生物多样性丧失速度得到基本控制，全国生态系统稳定性明显增强。内容有些多，虚的知识点容易判断，但数据不是很好记，因数据较多。

7．C 【解析】选项C属于“全面促进资源节约循环高效使用，推动利用方式根本转变”的内容。加大自然生态系统和环境保护力度，切实改善生态环境质量的内容有三方面：保护和修复自然生态系统、全面推进污染防治、积极应对气候变化。注意：“积极应对气候变化”也是这部分的内容。

8．C 【解析】健全生态文明制度体系包括十方面内容：健全法律法规、完善标准体系、健全自然资源资产产权制度和用途管制制度、完善生态环境监管制度、严守资源环境生态红线、完善经济政策、推行市场化机制、健全生态保护补偿机制、健全政绩考核制度、完善责任追究制度。

9．D 【解析】生态保护红线是指在生态空间范围内具有特殊重要生态功能、必须强制性严格保护的区域，是保障和维护国家生态安全的底线和生命线，通常包括具有重要水源涵养、生物多样性维护、水土保持、防风固沙、海岸生态稳定等功能的生态功能重要区域，以及水土流失、土地沙化、石漠化、盐渍化等生态环境敏感脆弱区域。

10．B 【解析】其他三个选项属“划定生态保护红线”的内容。

11．D 【解析】生态功能保护区分为两级，跨省域和重点流域、重点区域的重要生态功能区，建立国家级生态功能保护区；跨地（市）和县（市）的重要生态功能区，建立省级和地（市）级生态功能保护区。

12．B 13．D 14．A 15．B 16．B 17．C 18．A 19．B 20．C 21．A 22．D 23．D

24．D 【解析】该题为2011年真题。与前题类似，但出现在不同的文件中。

25．B 26．B 27．C 28．B 29．A 30．D 31．C 32．B 33．B 34．C 35．B 36．A 37．C 38．D

39．B 【解析】选项B中的正确说法是：重点开发区域要保持环境承载能力，做到增产减污。

40．A 【解析】选项A中的原则中环保法的原则，水污染防治行动计划的原则是“节水优先、空间均衡、系统治理、两手发力”。

41. D 【解析】选项 A 和 B 中的时间应该互换。选项 C 的时间是 21 世纪中叶。

42. B 43. C

44. A 【解析】这题有一定的难度。选项 B 的正确说法是：现有城镇污水处理设施，要因地制宜进行改造，2020 年底前达到相应排放标准或再生利用要求。敏感区域（重点湖泊、重点水库、近岸海域汇水区域）城镇污水处理设施应于 2017 年底前全面达到一级 A 排放标准。选项 C 的时间是 2020 年。选项 D 的正确说法是：到 2017 年，直辖市、省会城市、计划单列市建成区污水基本实现全收集、全处理，其他地级城市建成区于 2020 年底前基本实现。

45. D 【解析】全面控制污染物排放的工作主要是四个大方面：狠抓工业污染防治、强化城镇生活污染治理、推进农业农村污染防治、加强船舶港口污染控制。

46. C 【解析】推进农业农村污染防治的内容主要是四个方面：防治畜禽养殖污染、控制农业面源污染、调整种植业结构与布局、加快农村环境综合整治。

47. B

48. D 【解析】选项 D 的正确说法是：全面推行排污许可。2015 年底前，完成国控重点污染源及排污权有偿使用和交易试点地区污染源排污许可证的核发工作，其他污染源于 2017 年底前完成。

49. C 【解析】全力保障水生态环境安全的内容主要有五个方面：保障饮用水水源安全、深化重点流域污染防治、加强近岸海域环境保护、整治城市黑臭水体、保护水和湿地生态系统。

50. B 【解析】强化公众参与和社会监督的内容有三个方面：依法公开环境信息、加强社会监督、构建全民行动格局。

51. D 【解析】按污染程度将农用地划为三个类别，未污染和轻微污染的划为优先保护类，轻度和中度污染的划为安全利用类，重度污染的划为严格管控类。

52. A 【解析】选项 A 的正确说法是：拟开发为农用地的，有关县（市、区）人民政府要组织开展土壤环境质量状况评估。

53. B 【解析】选项 B 的正确说法是：土壤环境重点监管企业名单每年要自行对其用地进行土壤环境监测，结果向社会公开。

54. D

55. A 【解析】选项 A 的正确说法是：治理与修复工程原则上在原址进行，并采取必要措施防止污染土壤挖掘、堆存等造成二次污染。

56. C 【解析】选项 C 的正确说法是：发现项目用地污染物含量超过国家或者地方有关建设用地土壤污染风险管控标准的，土地使用权人或者污染责任人应当参照污染地块土壤环境管理有关规定开展详细调查、风险评估、风险管控、治理与修复等活动。

57. D　【解析】选项 D 的正确说法是：重点单位拆除涉及有毒有害物质的生产设施设备、构筑物和污染治理设施的，应当按照有关规定，事先制定企业拆除活动污染防治方案，并在拆除活动前十五个工作日报所在地县级生态环境、工业和信息化主管部门备案。

58. D　【解析】选项 D 的正确说法是：地方各级环境保护主管部门负责本行政区域内的疑似污染地块和污染地块相关活动的监督管理。

59. C　【解析】《污染地块土壤环境管理办法》第十八条：污染地块土地使用权人应当根据风险评估结果，并结合污染地块相关开发利用计划，有针对性地实施风险管控。

60. A　【解析】《污染地块土壤环境管理办法》第十八条：对拟开发利用为居住用地和商业、学校、医疗、养老机构等公共设施用地的污染地块，实施以安全利用为目的的风险管控。

61. C　【解析】选项 A 应为：对暂不开发利用的污染地块，实施以防止污染扩散为目的的风险管控；选项 B 应为：对拟开发利用为居住用地和商业、学校、医疗、养老机构等公共设施用地的污染地块，实施以安全利用为目的的风险管控；选项 D 应为：污染地块土地使用权人应当按照国家有关环境标准和技术规范，编制风险管控方案，及时上传污染地块信息系统，同时抄送所在地县级人民政府，并将方案主要内容通过其网站等便于公众知晓的方式向社会公开。

62. B

63. D　【解析】《污染地块土壤环境管理办法》第二十条：土地使用权人应当按照风险管控方案要求，采取以下主要措施：①及时移除或者清理污染源；②采取污染隔离、阻断等措施，防止污染扩散；③开展土壤、地表水、地下水、空气环境监测；④发现污染扩散的，及时采取有效补救措施。

64. C　【解析】《污染地块土壤环境管理办法》第二十二条：对暂不开发利用的污染地块，由所在地县级环境保护主管部门配合有关部门提出划定管控区域的建议，报同级人民政府批准后设立标识、发布公告，并组织开展土壤、地表水、地下水、空气环境监测。

65. D　【解析】选项 D 的正确说法是：设区的市级以上地方环境保护主管部门应当根据本行政区域内工矿企业分布和污染排放情况，确定土壤环境重点监管企业名单，上传农用地环境信息系统，实行动态更新，并向社会公布。

66. B　【解析】选项 B 的正确说法是：县级以上地方环境保护主管部门、农业主管部门应当依据法定职责加强畜禽养殖污染防治工作，指导畜禽养殖废弃物综合利用，防止畜禽养殖活动对农用地土壤环境造成污染。

67. C 【解析】选项C的正确说法是：地方各级人民政府要加强项目审批、选址、安全、环保等管理措施，严禁搬迁改造企业在原址新建、扩建危险化学品项目。

68. C 【解析】优先区域内严格控制高耗能、高排放行业发展，不是禁止。

69. B 70. D 71. D 72. A

73. A 【解析】《危险废物豁免管理清单》仅豁免了危险废物特定环节的部分管理要求，并没有豁免其危险废物的属性。另外，生活垃圾焚烧飞灰在满足《水泥窑协同处置固体废物污染控制标准》（GB 30485—2013），进入水泥窑协同处置过程不按危险废物管理。

74. B 【解析】第八条：对不明确是否具有危险特性的固体废物，应当按照国家规定的危险废物鉴别标准和鉴别方法予以认定。

75. B 76. D

77. B 【解析】选项B的正确说法是：重点地区要严格限制石化、化工、包装印刷、工业涂装等高VOCs排放建设项目。

78. D 【解析】选项A的正确说法是：提高VOCs排放重点行业环保准入门槛，严格控制新增污染物排放量。选项B的正确说法是：重点地区要严格限制石化、化工、包装印刷、工业涂装等高VOCs排放建设项目。选项C的正确说法是：新建涉VOCs排放的工业企业要入园区。

79. B 【解析】选项B的正确说法是：在确保安全前提下，非正常工况排放的有机废气严禁直接排放，有火炬系统的，送入火炬系统处理，禁止熄灭火炬长明灯；无火炬系统的，应采用冷凝、吸收、吸附等处理措施，降低排放。

80. B 【解析】选项B的正确说法是：对油墨、胶黏剂等有机原辅材料调配和使用等，要采取车间环境负压改造、安装高效集气装置等措施，有机废气收集率达到70%以上。

81. D 【解析】海洋主体功能区按开发内容可分为产业与城镇建设、农渔业生产、生态环境服务三种功能。

82. D 【解析】海洋主体功能区依据主体功能，海洋空间划分为以下四类区域：优化开发区域、重点开发区域、限制开发区域和禁止开发区域。

83. B 【解析】选项B的正确说法是：在海岛及其周边海域，禁止以建设实体坝方式连接岛礁，严格限制无居民海岛开发和改变海岛自然岸线的行为，禁止在无居民海岛弃置或者向其周边海域倾倒废水和固体废物。

84. A 【解析】选项A的正确说法是：对海洋自然保护区依法实行强制性保护，实施分类管理。

85．C　【解析】选项C的正确说法是：到2020年，具备改造条件的燃煤电厂全部完成超低排放改造，重点区域不具备改造条件的高污染燃煤电厂逐步关停。推动钢铁等行业超低排放改造。

86．C　【解析】选项C的正确说法是：重点区域基本淘汰每小时35蒸吨以下燃煤锅炉。推广清洁高效燃煤锅炉。

87．D　【解析】选项D的正确说法是：到2020年，全国畜禽粪污综合利用率达到75%以上，规模养殖场粪污处理设施装备配套率达到95%以上。

88．C　【解析】选项C的正确说法是：$PM_{2.5}$未达标地级及以上城市浓度比2015年下降18%以上，地级及以上城市空气质量优良天数比率达到80%，重度及以上污染天数比率比2015年下降25%以上。

89．B　【解析】选项B的正确说法是：加快城市建成区重污染企业搬迁改造或关闭退出，推动实施一批水泥、平板玻璃、焦化、化工等重污染企业搬迁工程；重点区域城市钢铁企业要切实采取彻底关停、转型发展、就地改造、域外搬迁等方式，推动转型升级。

90．D　【解析】选项D的正确说法是：对开发区、工业园区、高新区等进行集中整治，限期进行达标改造，减少工业集聚区污染。完善园区集中供热设施，积极推广集中供热。有条件的工业集聚区建设集中喷涂工程中心，配备高效治污设施，替代企业独立喷涂工序。

91．D　【解析】选项D的正确说法是：重点区域基本淘汰每小时35蒸吨以下燃煤锅炉，每小时65蒸吨及以上燃煤锅炉，全部完成节能和超低排放改造；燃气锅炉基本完成低氮改造；城市建成区生物质锅炉实施超低排放改造。

92．D　【解析】选项D的正确说法是：严控河流、近岸海域投饵网箱养殖。推进以长江为重点的水生生物保护行动，修复水生生态环境，加强水域环境监测。

93．B　【解析】选项B的正确说法是：重点区域建立网格化监管制度，在夏收和秋收阶段加大监管力度。到2020年，全国秸秆综合利用率达到85%以上，全国农膜回收率达到80%以上。

94．B　【解析】选项B的正确说法是：进一步聚焦铅锌矿采选、铜矿采选以及铅锌冶炼、铜冶炼等涉铅、涉镉行业。

95．C　【解析】只有铅蓄电池制造业属于重点行业。

96．C　【解析】选项C的正确说法是：重点重金属污染物包括铅、汞、镉、铬和类金属砷。

97．D　【解析】选项D的正确说法是：严格控制在优先保护类耕地集中区域新、改、扩建增加重金属污染物排放的项目。

98．D　99．D　100．C

101．C 【解析】加快燃料清洁低碳化替代，具体要求为加大煤气发生炉淘汰力度；加快淘汰燃煤工业炉窑。A.2020年年底前，重点区域淘汰炉膛直径3米以下燃料类煤气发生炉，并非一刀切全部淘汰；B.集中使用煤气发生炉的工业园区，暂不具备改用天然气条件的，原则上应建设统一的清洁煤制气中心；C.正确；D.加快淘汰燃煤工业炉窑。重点区域取缔为燃煤热风炉。

102．D　103．B　104．D

二、不定项选择题

1．ABCD 【解析】《生态文明体制改革总体方案》环境治理，七、健全环境治理体系，主要内容有六个方面：完善污染物排放许可制、建立污染防治区域联动机制、建立农村环境治理体制机制、健全环境信息公开制度、严格实行生态环境损害赔偿制度、完善环境保护管理制度。大标题中的六个方面需记住。

2．ABC 【解析】《生态文明体制改革总体方案》环境治理，七、建立健全环境治理体系（三十八）健全环境信息公开制度。全面推进大气和水等环境信息公开、排污单位环境信息公开、监管部门环境信息公开，健全建设项目环境影响评价信息公开机制。健全环境新闻发言人制度。引导人民群众树立环保意识，完善公众参与制度，保障人民群众依法有序行使环境监督权。建立环境保护网络举报平台和举报制度，健全举报、听证、舆论监督等制度。建设项目环境影响评价信息公开机制已经建立，只需健全。

3．BCD 【解析】选项A的正确说法是：在企业排污总量控制制度基础上，尽快完善初始排污权核定，扩大涵盖的污染物覆盖面。

4．ABC 【解析】选项D的正确说法是：在现行以行政区为单元层层分解机制基础上，根据行业先进排污水平，逐步强化以企业为单元进行总量控制、通过排污权交易获得减排收益的机制。

5．ABCD 【解析】这四点是加快推进生态文明建设的主要目标，在文件中是四个标题。

6．ABD 【解析】水污染防治行动计划已经制定并颁布了，目前主要是实施。

7．ABCD 【解析】健全生态文明制度体系的内容有十方面：健全法律法规、完善标准体系、健全自然资源资产产权制度和用途管制制度、完善生态环境监管制度、严守资源环境生态红线、完善经济政策、推行市场化机制、健全生态保护补偿机制、健全政绩考核制度、完善责任追究制度。

8．ABCD

9．ABC 【解析】城镇空间、农业空间、生态空间是并列的三大国土空间。我国已有耕地红线、城镇开发边界等，生态保护红线是在生态空间范围内进行红线划定。

10．ABCD　【解析】严守生态保护红线的内容有：明确属地管理责任、确立生态保护红线优先地位、实行严格管控、加大生态保护补偿力度、加强生态保护与修复、建立监测网络和监管平台、开展定期评价、强化执法监督、建立考核机制、严格责任追究的内容。

11．ABC　【解析】江河源头区、重要水源涵养区、水土保持的重点预防保护区和重点监督区、江河洪水调蓄区、防风固沙区和重要渔业水域等重要生态功能区，在保持流域、区域生态平衡，减轻自然灾害，确保国家和地区生态环境安全方面具有重要的作用。

12．ABC

13．ABD【解析】选项C的正确说法是：建立缺水地区高耗水项目管制制度，逐步调整用水紧缺地区的高耗水产业，停止新上高耗水项目，确保流域生态用水。

14．ABCD　15．ACD

16．B　【解析】高频考点，此题问的是“不属于”。重要生态功能区包括：江河源头区、重要水源涵养区、水土保持的重点预防保护区和重点监督区、江河洪水调蓄区、防风固沙区和重要渔业水域等。

17．ABCDE　18．ABC　19．ABCD　20．ABCD

21．BCD　【解析】选项A的正确说法是保护优先，限制开发。

22．BE　【解析】选项A的正确说法是：以《中华人民共和国国民经济和社会发展第十一个五年规划纲要》明确的国家限制开发区为重点，合理布局国家重点生态功能保护区。C和D的内容是属于全国生态脆弱区保护规划的目标。

23．ABCD

24．ABD　【解析】C和E属于全国生态脆弱区保护规划的任务。

25．ACD

26．ABC　【解析】《国家重点生态功能保护区规划纲要》中关于保护和恢复生态功能区的主要任务有六点：①提高水源涵养能力；②恢复水土保持功能；③增强防风固沙功能；④提高调洪蓄洪能力；⑤增强生物多样性维护能力；⑥保护重要海洋生态功能。

27．ABCDE　28．ABCD　29．AC　30．BCDE

31．BC　【解析】ADE是2009—2015年目标。

32．BCDE　【解析】A是国家重点生态功能保护区规划的目标。

33．ABDE　【解析】C是《国家重点生态功能保护区规划纲要》中的任务。

34．D　【解析】ABC是《国家重点生态功能保护区规划纲要》中的总体任务。

35．ABCD　【解析】E是国家重点生态功能保护区规划的主要目标。

36．ABCDE　37．ABCD　38．AC

39．AC　【解析】选项 B 的正确说法是：严格控制地下水超采，加强对超采的治理和对地下水源的涵养与保护。选项 D 的正确说法是：在确保省域内耕地和基本农田面积不减少的前提下，继续在适宜的地区实行退耕还林、退牧还草、退田还湖，在农业用水严重超出区域水资源承载能力的地区实行退耕还水。

40．ABCD

41．ACD　【解析】国家优化开发区域的发展方向是：1．优化空间结构；2．优化城镇布局；3．优化人口分布；4．优化产业结构；5．优化发展方式；6．优化基础设施布局；7．优化生态系统格局。

42．ABC

43．BCD　【解析】选项 A 属禁止开发区域的管制原则。

44．ABD　【解析】选项 C 的正确说法是：严格控制人为因素对自然生态和文化自然遗产原真性、完整性的干扰。

45．ABCD

46．BD　【解析】这些指标比较重要，需记住。选项 C 的正确说法是：地级及以上城市集中式饮用水水源水质达到或优于Ⅲ类比例总体高于 93%。

47．ACD　【解析】“十小”企业是指小型造纸、制革、印染、染料、炼焦、炼硫、炼砷、炼油、电镀、农药等严重污染水环境的生产项目。专项整治十大重点行业是指：制定造纸、焦化、氮肥、有色金属、印染、农副食品加工、原料药制造、制革、农药、电镀等行业专项治理方案，实施清洁化改造。

48．ABCD　【解析】四个大标题，应该记住。

49．ABC　【解析】选项 D 的正确说法是：到 2020 年，组织完成市、县域水资源、水环境承载能力现状评价。

50．ABCD　【解析】全力保障水生态环境安全的内容主要有五个方面：保障饮用水水源安全、深化重点流域污染防治、加强近岸海域环境保护、整治城市黑臭水体、保护水和湿地生态系统。

51．BD　【解析】选项 A 的正确说法是：综合考虑水环境质量及达标情况等因素，国家每年公布最差、最好的 10 个城市名单和各省（区、市）水环境状况。选项 C 的正确说法是：国家确定的重点排污单位应依法向社会公开其产生的主要污染物名称、排放方式、排放浓度和总量、超标排放情况，以及污染防治设施的建设和运行情况，主动接受监督。

52．ABC　【解析】按污染程度将农用地划为三个类别，未污染和轻微污染的划为优先保护类，轻度和中度污染的划为安全利用类，重度污染的划为严格管控类。

53．ABCD

54．BCD　【解析】选项A属于“加强污染源监管，做好土壤污染预防工作中严控工矿污染的有关要求”的内容。

55．BCD　【解析】选项A的正确说法是：排放重点污染物的建设项目，在开展环境影响评价时，要增加对土壤环境影响的评价内容，并提出防范土壤污染的具体措施。

56．ABCD

57．ABD　【解析】选项C属于“强化未污染土壤保护，严控新增土壤污染的有关要求”的内容。

58．ABCD

59．ABCD　【解析】土地使用权人应当按照风险管控方案要求，采取以下主要措施：（一）及时移除或者清理污染源；（二）采取污染隔离、阻断等措施，防止污染扩散；（三）开展土壤、地表水、地下水、空气环境监测；（四）发现污染扩散的，及时采取有效补救措施。

60．AC　【解析】《污染地块土壤环境管理办法》第二十一条：因采取风险管控措施不当等原因，造成污染地块周边的土壤、地表水、地下水或者空气污染等突发环境事件的，土地使用权人应当及时采取环境应急措施，并向所在地县级以上环境保护主管部门和其他有关部门报告。

61．ABCD

62．BCD　【解析】选项A的正确说法是：重点单位现有地下储罐储存有毒有害物质的，应当在本办法公布后一年之内，将地下储罐的信息报所在地设区的市级生态环境主管部门备案。

63．ABCD

64．ABD　【解析】选项C的正确说法是：县级以上地方环境保护主管部门应当加强对企业事业单位和其他生产经营者排污行为的监管，将土壤污染防治作为环境执法的重要内容。

65．BD　【解析】海洋主体功能区按开发内容可分为产业与城镇建设、农渔业生产、生态环境服务三种功能。

66．ABCD　【解析】海洋主体功能区依据主体功能，将海洋空间划分为以下四类区域：优化开发区域、重点开发区域、限制开发区域、禁止开发区域。

67．ABCD

68．ABC　【解析】选项D的正确说法是：领海基点在有居民海岛的，应根据需要划定保护范围。

69．ABCD

70．ABC　【解析】《产业结构调整指导目录（2019年本）》分类包括鼓励类、限制类、淘汰类。

71. ABCD 【解析】医疗废物属于危险废物。

72. ABCD

73. ACD 【解析】从生活垃圾中产生的废荧光灯管、废温度计等分类收集时，仅收集过程不按危险废物管理。

74. BCD 【解析】家庭日常生活中产生的废药品及其包装物、废杀虫剂和消毒剂及其包装物、废油漆和溶剂及其包装物、废矿物油及其包装物、废胶片及废相纸、废荧光灯管、废温度计、废血压计、废镍镉电池和氧化汞电池以及电子类危险废物等未分类收集时，全过程不按危险废物管理，但分类收集时，仅收集过程不按危险废物管理。从事床位总数在19张以下（含19张）的医疗机构产生的医疗废物的收集活动，收集过程不按危险废物管理。

75. AC 【解析】选项D的正确说法是：未纳入《石化产业规划布局方案》的新建炼化项目一律不得建设。

76. BD 【解析】选项A的正确说法是：推广使用高固体分、水性涂料，配套使用“三涂一烘”“两涂一烘”或免中涂等紧凑型涂装工艺。选项C的正确说法是：配置密闭收集系统，整车制造企业有机废气收集率不低于90%，其他汽车制造企业不低于80%。

77. BD 【解析】选项A的正确说法是：大力推广使用水性、紫外光固化涂料，到2020年底前，替代比例达到60%以上。选项C的正确说法是：加强废气收集与处理，有机废气收集效率不低于80%。

78. AD 【解析】选项B的正确说法是：试点推行水性涂料。选项C的正确说法是：大力推广高压无气喷涂、空气辅助无气喷涂、热喷涂等涂装技术，限制空气喷涂使用。

79. ABCD 80. ABCDE

81. ABCD

82. ABCDE

83. ACD 【解析】选项B的正确说法是：列入整合搬迁类的，要按照产业发展规模化、现代化的原则，搬迁至工业园区并实施升级改造。

84. BCDE 【解析】选项A的正确说法是：有效推进北方地区清洁取暖。

85. ABCD

86. AC 【解析】选项B的正确说法是：重点区域新建高耗能项目单位产品（产值）能耗要达到国际先进水平。因地制宜提高建筑节能标准，加大绿色建筑推广力度，引导有条件地区和城市新建建筑全面执行绿色建筑标准。选项D的正确说法是：在具备资源条件的地方，鼓励发展县域生物质热电联产、生物质成型燃料锅炉及生物天然气。加大可再生能源消纳力度，基本解决弃水、弃风、弃光问题。

87．ABD 【解析】选项 C 的正确说法是：严格畜禽规模养殖环境监管。

88．ABCDE 89．ABCDE 90．ABCD

91．ABCD 【解析】重点重金属污染物包括铅、汞、铬和类金属砷。

92．BD 【解析】选项 A 的正确说法是：新、改、扩建涉重金属重点行业项目必须遵循重点重金属污染物排放“减量置换”或“等量置换”的原则，应在本省（区、市）行政区域内有明显具体的重金属污染物排放总量来源。选项 C 的正确说法是：严格控制在优先保护类耕地集中区域新、改、扩建增加重金属污染物排放的项目。

93．ABCD 94．AB

95．ABD 【解析】选项 C 的目标只针对大气污染防治重点区域。

96．ABC 【解析】选项 D 应为高毒害物质。

97．ACD 【解析】木质家具制造大力推广使用水性、辐射固化、粉末等涂料和水性胶粘剂。

98．ABC 【解析】选项 D 的正确说法是：重点区域加快推进年销售汽油量大于 5 000 t 的加油站安装油气回收自动监控设备，并与生态环境部门联网，2020 年年底前基本完成。

99．ABCD 【解析】根据《重点行业挥发性有机物综合治理方案》油品储运销 VOCs 治理检查要点，加油站在线监控系统检查要点包括气液比、气体流量、压力、报警记录等。

参考文献

[1] 生态环境部．环境影响评价工程师职业资格考试大纲（2020 年版）．北京：中国环境出版集团，2020．

[2] 生态环境部环境工程评估中心．环境影响评价相关法律法规（2020 年版）．北京：中国环境出版集团，2020．